グローバルな正義
Global Justice

宇佐美 誠 ［編著］

勁草書房

はしがき

　正義論はミネルヴァの梟である．現実世界において不正義が長年存続した末に，あるいはそれを正す社会実践が多かれ少なかれ蓄積された後に，哲学者たちはようやく，正義理念と結びつけた考察に取りかかる．女性に対する抑圧・差別・暴力は有史以前からあっただろうが，正義の観点からジェンダーを論じる国際的研究が始まったのは，管見のかぎり1980年代である．障碍者に対する古来の排除・放置にもかかわらず，障碍と正義の研究が進んだのは，じつに2000年以降である．

　国境を越えた正義をめぐる諸問題もまた，長い歴史をもつ．とりわけ，かつての植民地および独立後の途上国における極度の貧困や，富裕な旧宗主国・先進国との巨大な経済格差は，大きな深刻さをもって長年にわたり存続してきた．ようやく1970年代初頭に，途上国の飢餓に対する倫理学的応答の端緒が開かれ，やがて慢性的貧困および南北格差へと視野を広げつつ加速度的な発展をとげて，今日にいたっている．かつては「国際倫理」という名称で呼ばれたこの研究主題は，現在では「グローバルな正義」という確立した呼称を得ている．もっとも，「グローバルな正義」は，国際人権とくに移行期社会・紛争後社会での人権侵害対処や，より最近では気候変動に代表される地球環境問題など，他の世界規模の諸問題を考察する際にもときに用いられる．また，戦争・人道的干渉，移民・難民，国際貿易や経済のグローバル化のように，越境的正義が問われる他の諸問題も少なくない．

　わが国では，2000年代に入って，グローバルな正義をはじめとして国境を越える正義の研究が開始され，急速に発展しつつある．途上国の貧困と南北格差に焦点をあわせた著書（伊藤2010）や，より広く地球規模の正義をめぐる諸問題をあつかった著作（押村2010; 井上2012; 土佐2012），さらには越境的倫理に関する教科書（小田川・五野井・高橋2011）・論文集（寺田・舟場2008; 内藤・岡野2013）が公刊されている．学会誌での特集（日本平和学会2011; 日本国際政

治学会 2013；日本法哲学会 2013；世界法学会 近刊）も相次いでおり，論文はいまや枚挙にいとまがない．

　こうした研究の進展により，グローバルな正義を含む越境的正義の問題群について，欧米の主要学説を学び，またわが国の論者たちの洞察に触れることが可能となった．だが，いくつかの課題がなお残されていると思われる．第一に，国境を越える正義の諸問題は，途上国の貧困に加えて移民・国際貿易など多岐にわたり，また各問題は，法的・政治的・経済的・倫理的な側面をあわせもつ．それゆえ，規範的考察の幅を，その対象と視角の双方について従来よりも広げてゆく必要がある．

　第二に，グローバルな正義の研究は，もともとは一国内部で妥当する理念として論じられてきた正義を地球規模に拡大するよう努める．それゆえ，そもそも地球規模の正義を語りうるための条件は何か，また正義を成り立たせる国内状況と国際社会状況の共通点・相違点をどのように考えるかなどが問われる．これらの基底的な問いに答える試みは，規範理論の奥行きを深めることになろう．

　第三に，グローバルな正義に限らずおよそ正義に関する規範的研究は，原理的・抽象的な理念的理論のレベルから，現実世界のなかで作動しうる非理念的理論のレベルにいたる重層性をもつ．したがって，高所からの原理や理念の考究のみならず，足が地についた現実問題の解明やそれに対処する社会実践の検討もまた求められる．いうなれば，規範的研究の高さが求められる．

　越境的正義論の幅・奥行き・高さに関わる三つの課題を踏まえて，本書は，越境的正義の諸問題を多角的・根源的・重層的に考察している．その特徴は三つある．まず，この書は，法哲学・政治哲学・経済学の研究者が参集した学際的論文集であり，また各章の論点も，途上国の貧困，移民，国際貿易，食料，多国籍企業など多岐にわたる．次に，グローバルな正義を語りうる基礎的条件や，正義を成り立たせる国際社会状況を検討するという根源的論点にも取り組んでいる．さらに，原理的論点を探究する理念的理論から，現実の諸制度を検討する非理念的理論におよぶ重層的構造をもっている．

＊　＊　＊

本書の構成と各章の概要を見てゆこう．第Ⅰ部では，基本原理の探究と理念的構想の提示が行われる．第1章（宇佐美誠）は，途上国の貧困問題の文脈で，生存権に訴えかける人権説を発展させることを試みる．生存権について，誰がもつか，なぜもつか，いかなる権利か，誰に義務を課するか，いかなる義務を課するかという問いを立てうる．これらの問いに答えるべく，人間の脆弱性に対する救援を根拠として，閾値までの普遍的保障を求める十分主義的観点から生存権が説明され，この権利は政府に対して侵害自制・権利者保護・権利者支援の義務を課すると論じられる．

第2章（長谷川晃）は，グローバルな正義原理の成立および秩序化機能を支える社会構成的条件を検討する．この条件として，〈シンボリック・ネットワーク〉の観念が提起される．これは，ある規範的概念の共有の連鎖を通じてさまざまな人々の間で生成する規範的紐帯をさす．本章では，共有される概念の抽象性・規範性，ネットワークの開放性と相互衝突の可能性，ネットワークの定着・拡大の過程，人々の関係形成や多様な規範伝統の接合などの機能が考察される．

第3章（後藤玲子）は，ジョン・ロールズに対するアマルティア・センの最近の批判について，社会契約に着目し，正義原理の導出過程をめぐる両理論家の対立点と整合可能性を吟味する．この作業を通じて，ロールズの社会契約モデルが，政策客体の非対称的扱いを可能とするよう拡張される．そして，センの状態比較アプローチを踏まえて，個人が自らの位置だけでなく所属集団からも距離をおく〈開かれた不偏性〉に基づいたグローバル正義の構想が示唆される．

第4章（瀧川裕英）は，正義が国家内部でのみ妥当するという国家主義と，地球全体におよぶという地球主義を対比する．次に，国家主義の前提である，特定の関係にある者の間でだけ正義が妥当するという関係主義を批判して，非関係主義を採用する．そして，地球主義を国家主義と宇宙主義の中間に位置づけた上で，カントを手がかりとして正義の義務を説明する．さらに，トマス・ポッゲが唱える消極的義務論との対比を通じて，積極的義務の存在を論証している．

第Ⅱ部では，現実の国内社会・国際社会における具体的な制度・実践が解明

され検討される．第5章（森村進）は，わが国では規範的考察が緒について間もない移民政策を主題とする．出国の自由と入国制限という現行政策の非対称性を指摘した後，移民規制に反対する論拠として，移動の自由，経済的自由，結社の自由を挙げる．その上で，規制の根拠とされる受入れ国の市民・国家の結社の自由，民主主義，社会の一体性，経済的豊かさ，平等，パターナリズムを検討の俎上に順次載せてゆき，これらの根拠が一見するほど説得的でないことを明らかにしている．

第6章（吉原直毅）は，自由貿易関係にひそむ搾取の可能性を剔抉する．新古典派経済学のヘクシャー＝オリーン的自由貿易モデルにおいて，国家間に富の格差（南北格差）のみが見られ，他の点では対称的な経済主体が完全競争市場で貿易を行うときにもなお，不等価交換による搾取が見出される．本章は，こうした筆者自身の最新の研究成果を幾何的に解説するとともに，この成果が政治哲学・社会学の先端的搾取理論によっても支持されることを確認している．

第7章（伊藤恭彦）は，グローバルな正義で特に重要な食料の分配を焦点化する．今日，食糧生産の工業化を特徴とした生産・加工・流通のフードシステムが，国境を越えて確立している．その下で，貧困国での飢餓・栄養不足と，富裕国での肥満・生活習慣病が引き起こされている．こうした現状を変革するべく提唱された〈適切な食への人権〉を具体化するためには，貧困国では食糧生産の強制からの解放が，富裕国では食品市場の力の緩和が必要だと論じられる．

第8章（神島裕子）は，市場経済社会のグローバル化の下，多国籍企業はいかなる政治的責任を負うかを考察する．まず，ロールズの社会的協働論の回顧を通じて，グローバルな相互有利性なき社会的協働は可能かという問いが立てられる．次に，グローバルな分配的正義に対して懐疑的な議論のなかにさえ，グローバルな社会的協働や非国家的アクターの責任の萌芽を見出せることを示す．最後に，多国籍企業を準政府的制度として位置づける最近の学説を検討している．

各章に続いて，3名の論者による口頭コメントが収録されている．施光恒は第1章・第2章・第4章に，松元雅和は第3章・第5章・第6章に，桜井徹は第7章・第8章に，それぞれ論評を加える．

わが国でようやく飛び立ったグローバルな正義論の梟が，いっそう空高く舞うようになる一助として，この書が役立つことを希望している．

* * *

本書は，科学研究費基盤研究（B）「グローバルな正義論におけるローカルな責任──重層的な法哲学理論の構築」（2011年度～2013年度，研究課題番号：23330002）の最終成果物である．15年ほど前に在外研究先のハーヴァード大学でグローバルな正義という研究主題に初めて触れた私は，帰国後しばらくは関心を温めていたが，約10年前にこの主題に取り組み始め，いくつかの機会に英語と邦語で論文公刊や研究報告を行った．だが，自分なりに考察を進めるにつれて，この巨大な主題の多面性・複雑性や，関連する諸論点の存在をますます認識するようになり，これらを総合的に考察するために，学際的な共同研究組織を立ち上げた．3年間の共同研究の末に，このように学際的かつ多角的な論文集を上梓する運びとなった．

本書の公刊までにお世話になった方々にお礼を申し上げたい．伊藤恭彦氏には研究協力者として論文を寄稿していただき，また桜井徹・施光恒・松元雅和各氏は研究組織外からそれぞれコメントを寄せて下さった．勁草書房の鈴木クニエ氏には，本書の企画から仕上げにいたるまで一方ならぬお世話になった．編集作業では秘書の三島亜紀氏の助力を得た．

2014年8月

宇佐美　誠

参考文献

伊藤恭彦 2010『貧困の放置は罪なのか──グローバルな正義とコスモポリタニズム』人文書院
井上達夫 2012『世界正義論』筑摩書房
押村高 2010『国際政治思想──生存・秩序・正義』勁草書房
小田川大典・五野井郁夫・高橋良輔編 2011『国際政治哲学』ナカニシヤ出版
世界法学会 近刊『世界法年報』34号（「グローバル・ジャスティスと法」）

寺田俊郎・舟場保之編 2008『グローバル・エシックスを考える——「九・一一」後の世界と倫理』梓出版社
土佐弘之 2012『野生のデモクラシー——不正義に抗する政治について』青土社
内藤正典・岡野八代編 2013『グローバル・ジャスティス——新たな正義論への招待』ミネルヴァ書房
日本国際政治学会編 2013『国際政治』171 号(「正義と国際社会」)
日本平和学会 2011『平和研究』36 号(「グローバルな倫理」)
日本法哲学会 2013『法哲学年報 2012』(「国境を越える正義——その原理と制度」)

目次

はしがき　i

I　原理と構想

第1章　グローバルな生存権論 ……………………………… 宇佐美 誠　3
 1　主題の設定　3
 2　誰がなぜ生存権をもつか　5
 3　生存権とはいかなる権利か　8
 4　誰がいかなる義務を負うか　12
 5　義務はどのように果たされるか　16
 6　批判への応答　19
 7　結論　23
 [Comment]　ナショナルな絆の理論的位置づけを　施 光恒　27

第2章　グローバルな〈シンボリック・ネットワーク〉…… 長谷川 晃　31
 1　はじめに　31
 2　正義の構成条件　33
 3　〈シンボリック・ネットワーク〉とその構造　36
 4　〈シンボリック・ネットワーク〉の機能　40
 5　〈シンボリック・ネットワーク〉と正義の正当化　44
 6　おわりに　47
 [Comment]　「多様性の要請」と「統合の要請」を
     いかに両立させうるか　施 光恒　51

第3章　社会契約モデルの拡張——ロールズからセンへ　　　　後藤玲子　55
1　はじめに　55
2　功利主義的社会厚生モデルとそれに対するロールズの批判　58
3　ロールズ原初状態モデルの拡張　60
4　潜在能力指標を用いることの意味　62
5　ルール制定主体の範囲と情報　64
6　社会ルールの主体としての個々人に関する非対称的扱い　67
7　センのグローバル正義構想　68
8　複数の集団にまたがる個人の自己統合化　70
9　結びに代えて　73

[Comment]　より現実的なグローバル正義論へ　松元雅和　78

第4章　正義の宇宙主義から見た地球の正義　　　　瀧川裕英　81
1　正義の射程　81
2　非関係主義　85
3　正義の自然義務と消極的義務　89
4　正義の義務と人道の義務　92

[Comment]　関係主義／非関係主義概念による整序　施　光恒　102

II　制度と実践

第5章　移民の規制は正当化できるか？　　　　森村　進　107
1　序　107
2　自由権　112
3　民主主義　117
4　社会の一体性　120
5　経済的豊かさ　121
6　配分的正義，とくに平等　123
7　エコロジー　126
8　パターナリズム　126

9　結語　127
[Comment]　自国民／外国人の二重基準を掘り崩す　松元雅和　131

第6章　グローバル不正義としての南北間搾取
……………………………………………………………　吉原直毅　135
　1　問題の所在　135
　2　搾取の概念的定義をめぐる論争　140
　3　拡張されたヘクシャー＝オリーン型国際経済環境　150
　4　自由貿易均衡における南北間搾取関係の原理的生成　160
　5　結論　164
[Comment]　搾取理論に基づくグローバル正義観の刷新　松元雅和　170

第7章　「食」とグローバルな正義………………………　伊藤恭彦　173
　1　はじめに　173
　2　グローバル・フードシステム　175
　3　グローバル・フードシステムと正義　180
　4　おわりに──グローバルな正義と食料主権　187
[Comment]　ゼロサムゲームを越えて　桜井徹　193

第8章　多国籍企業の政治的責任 ………………………　神島裕子　197
　1　はじめに　197
　2　導きの糸としてのロールズの社会的協働論　199
　3　政治的に分断された世界の正義論──フリーマンとミラー　203
　4　多国籍企業の政治的責任　209
　5　おわりに　214
[Comment]　社会契約説とグローバル正義論　桜井徹　219

人名索引　223
事項索引　225

I
原理と構想

第1章 グローバルな生存権論

宇佐美　誠

1　主題の設定

　途上国での貧困問題や南北格差に対する政治哲学的・道徳哲学的な応答は，1970年代初頭に緒につき，その後にめざましい発展をとげてきた．こうした研究主題はやがて，グローバルな正義と呼ばれるようになる．もっとも，この呼称は，途上国の貧困と南北格差の他に，国際人権とりわけ市民的・政治的権利の保障や，より最近では地球環境問題などの文脈でも用いられている．そのため，世界規模の貧困や格差に焦点をあわせる際には，グローバルな分配的正義またはグローバルな経済的正義としばしば呼ばれる．だが，後述のように，分配的正義でなく匡正的正義の問題として世界的な貧困・格差を捉える見解が，近時有力化している．そこで，本章では，この見解を包含する場合には「グローバルな経済的正義」を，そうでない場合には「グローバルな分配的正義」を用いる．

　グローバルな経済的正義の研究の嚆矢は，ピーター・シンガー（Singer 1972）が提示した，悪しき事態の回避を各市民に求める功利主義的議論である．続いて，チャールズ・ベイツ（Beitz 1999 [1979]: 127-176 = 1989: 195-269）らは，ジョン・ロールズの契約主義的な国内正義論を世界規模に拡張する多様な議論を提案した．また，ヘンリー・シュー（Shue 1996 [1980]）を先駆として，人権ないし基底権の観念に訴えかける理論も展開されてきた．さらに，トマス・ポッゲ（Pogge 2008 [2002] = 2010）をはじめとする一部の論者は近年，先進国の公共政策や市民の日常的行動が貧困の存続・拡大に寄与しているから，市民は貧困削減に向けて行動する責務を負うと主張している．こうした主張は，グローバルな経済的正義を，分配的正義でなく匡正的正義として捉えるものだと

表 1-1　グローバルな経

権原基底説		責任基底説
人権説	潜在能力説	
Shue 1996[1980]	Nussbaum 2006	Pogge 2008[2002]
Nickel 2007[1987]		Miller 2010
Jones 1999		Young 2011

宇佐美 2013: 11 の表をもとに作成

評しうる．

　今日の学説状況には百家争鳴の観があるが，主要理論を次のように類別できるだろう（表1-1）．途上国の貧困者が援助を享受する道徳的権原をもつと論じるいわば権原基底説は，シューに始まる人権説と[1]，マーサ・ヌスバウム（Nussbaum 2006: 224-324 = 2012: 257-370）がとなえる潜在能力説に二分される．他方，ポッゲらの責任基底説は，先進国での政策・行動から途上国の貧困にいたる因果関係を理由として，先進国市民の責任を主張する．両説のいずれとも異なり，何らかの背景的な倫理学説に基づく道徳原理に訴えかける諸見解を，原理基底説と総称しよう．原理基底説には，シンガーの帰結主義，ベイツに代表される契約主義，オノラ・オニール（O'Neil 1986）のカント主義が含まれる．

　これらの主要理論のうち，帰結主義・契約主義にはそれぞれ深刻な難点があり，また責任基底説の一部の学説は重要な洞察を含むものの，論証に成功するにはいたっていないと，私は論じてきた（e.g., 宇佐美 2005; Usami 2007: 165-167; 宇佐美 2013: 12-15）．人権説はこれら三種の理論よりも有望だと考えられる．だが，人権概念を理論的にいっそう明確化するためには[2]，国内の分配的正義に関する一学説群を活用するのが有用だと思われるにもかかわらず，人権説論者を含むグローバルな分配的正義の研究者たちは，この学説群に関心を払ってこなかった．それは十分主義（sufficientarianism）である．十分主義とは，あらゆる個人に一定の閾値までを保障するが，閾値を超える領域での再分配を否定する立場である．これは，国内の分配的正義をめぐる1980年代以来の論争において，格差縮小をめざす形態の平等主義に対する一代替案として有力に提唱される一方で，批判を招き論争の的ともなってきた[3]．私は最近，十分主義をいくつかの点で修正し生存権の理論を構成した上で，これを人権説に組

済的正義の主要理論

	原理基底説	
帰結主義	契約主義	カント主義
Singer 1972	Beitz 1999[1979]	O'Neill 1986
	Pogge 1989	
	Moellendorf 2002	
	Tan 2004	

み込むことを試みている（e.g., 宇佐美 2013: 17-19; cf. 宇佐美 2008: 103-104）.

　こうした私なりの努力の結果を統合し発展させることにより，十分主義も活用しつつ人権説を多角的に彫琢するとともに，主要な批判に応答することが，本章の目的である．まず，一つの基底的人権として，安全かつ健康な最低限度の生存に要する諸財を求める生存権を提唱したい．その内容を明確化する過程で，十分主義を種々の観点から修正した理論を構成する．だが，私が依拠する人権理論は近年には異議を招いており，また私が提案する生存権の主張もさまざまな論難を受けうるから，両者の批判に対して応答するつもりである[4]．

　何らかの人権を主張する者は，少なくとも五つの点を明らかにするよう求められる．誰がもつ権利か，なぜその権利をもつか，いかなる権利か，誰を義務づけるか，そしていかなる義務づけを行うか．本章第2節においては，生存権という人権について，権利主体と保有根拠という二つの論点に取り組む．第3節で，十分主義に種々の修正をほどこした理論を素描することにより，権利内容の解明を試みる．第4節と第5節では，生存権が義務づける対象の範囲と義務づけの内容に関して考察を進める．第6節においては，すでに提起されているか提起されるだろう若干の重要な批判に対して反論を行う．第7節で結論を述べる．

2　誰がなぜ生存権をもつか

　伝統的に，人権とは，人間であるという理由により保有される権利だとされてきた．これは，法による附与を待たずに保有されるから，法的権利でなく非法的な道徳的権利である．わが国の憲法学において基本的人権と呼ばれている

ものは，正確には憲法上の権利に他ならず，また国際法において国際人権と呼ばれるものは，国際法上の権利である．これらの権利は，憲法や国際法に先行して存在する人権が実定化されたものとして理解されてきたから，そのように呼ばれているにすぎない．

今日では，世界中の国々で憲法上の権利が制定されており，また国際法上の権利が発展してきた．それでもなお，世界規模の民主化の波にもかかわらず存続する一党支配制・大統領独裁制・権威主義体制の国々では，また幼弱な民主諸国でも，憲法上の権利の規定自体が不十分であるか，あるいは実効的に保障されていない．また，これらの国々はしばしば人権条約を批准していない．こうした世界の現実を踏まえるならば，警察官や軍人による拘禁と拷問の恐怖におびえる市民や，法制度上の差別を受けている先住民族・少数民族を救済しうる根拠は，実定法体系に先行して存在する前法的権利でなければならない．この前法的権利こそが人権である．

上記のような人権の基本性格から，生存権の主体の問いに対する解答を導くことができる．生存権という人権が存在するならば，それはどの範囲の主体によって保有されるか．この問いへの直截な答えは，地球上のあらゆる個人によって保有されるというものである．生存権は他のすべての人権と同様に，あらゆる人間がもつ前法的な道徳的権利である．

次なる問いは，あらゆる個人はなぜ生存権をもつかである．何らかの権利または義務の根拠を探究するアプローチについて，次の二つを区別できる．超越的存在論アプローチは，法や道徳を含む社会実践の内実から離れて，権利・義務の究極的始原がいずこかにあると想定した上で，思弁を通じてその根拠を認識しようとする．伝統的自然法論では，このアプローチがしばしば採用されてきた．他方，内在的解釈論アプローチは，社会実践を記述するとともに，そこに含まれる諸価値に訴えかけて実践を意義づけ，あるいは実践の一部を批判する理論を構想し，そしてこの理論のなかに権利・義務を位置づけることによって，これらの根拠を説明しようとする．私はこれまで，超越的存在論アプローチを退け内在的解釈論アプローチを採った上で，法や政治などの社会実践を考察してきた．生存権の根拠という現下の論点に取り組む際にも，このアプローチを維持したい．

内在的解釈論アプローチの下で，生存権の根拠はいかなるものだと考えられるか．生存権が属する道徳のみならず法や政治も含めて，近現代社会の諸実践は，人間の生（life）すなわち生命および人生には本来的価値があるという基底的原理に立脚しているといえる．この原理を人間主義（humanism）と呼ぶことにしたい．他者の生命を奪う殺人に対する社会道徳上の非難や刑罰制度も，人生のあり方をみずから決するという自律に対する道徳上の尊重や種々の法的保障も，人間主義という前提なしには説明されえないだろう(5)．

　人間主義が本来的価値を認める人間の生は，二つの対照的側面をあわせもつ．一方は脆弱性（vulnerability）である．脆弱性とは，個人の生存・生活・人生が，所与の自然環境・社会環境によって左右されることを意味する(6)．乳幼児や要介護高齢者は脆弱性が著しい代表例であるが，脆弱性は人生の始期と末期のみに特徴的に見られるのでなく，むしろ多くの人にとって，人生のあらゆる段階に多かれ少なかれ遍在している．身体障碍者・精神障碍者は非障碍者と比較して，失業者は有職者と比べて，一時的に疾病をわずらったは健康な人よりも，さまざまな程度において脆弱である．他方の側面は主意性（voluntariness）である．主意性とは，個人が自発的な行為選択によって，みずからの生活・人生のあり方を形成してゆくことを意味する．主意性は脆弱性と単純な反比例の関係にあるのではない．脆弱性が高い身体障碍者も，さまざまな場面で自発的選択を行い，逆に主意性が顕著な独立独歩の人は，たとえば自助努力を重んじる当該社会の価値観を内面化しているだろう．また，生活のある側面で主意的である人が別の側面では脆弱であることは，決して稀ではない．みずからの意のままに消費生活を送れる億万長者は，経済的にはきわめて主意的だが，流行性感冒にかかり高熱で寝込んでいるときには日常生活上は脆弱である．

　脆弱性と主意性をあわせもつ人間の生に本来的価値を認める人間主義の下では，二つの基底的な道徳的要請が定立される．救援（rescue）と尊重（respect）である．救援は，乳幼児が保育され，傷病者が医療サーヴィスを提供され，無職者が一定所得を保障されることを求める．他方，尊重は，各人の信条や信仰への介入を自制し，それらの公共的表出を許容し，職業・居住地の選択を保障することを求める．これらの要請は，社会道徳にも種々の社会制度にも浸潤している．

ロナルド・ドゥオーキンは，救援と尊重という二大要請の存在をつとに洞察してきた．彼はかつて，政府が平等な配慮と尊重の義務を負っていると論じた (Dworkin 1978 [1977]: 272-273 = 2001: 65-67)．後年には，みずからがとなえる資源主義的平等理論は，企図に敏感で資性に鈍感な資源分配を求めると述べた (Dworkin 2000: 89 = 2002: 126)．さらに，最晩年には，政府が正統性をもつ条件として，あらゆる人の運命への平等な配慮と，各人が人生で価値あるものを作る責任・権利の尊重をとなえている (e.g., Dworkin 2011: 2-3)．

途上国において絶対的貧困におかれている個人は，極度の脆弱性を示している．実際，栄養失調や医薬品不足のゆえにあまりに短い生を終えるおびただしい数の乳幼児ほどに，脆弱な人たちがいるだろうか．また，農繁期には低廉な賃金で過酷な農作業に従事し，農閑期にはその職さえも失う農業労働者や，学校に行けず街頭で小銭を稼ぐよう強いられる子どもたちが，きわめて脆弱であることを否定しうるだろうか．途上国における絶対的貧困層の脆弱性は，先進国での相対的貧困層のそれと明らかに異なる．相対的貧困層の生活は，当該社会での品位ある水準（decent level）を下回るか，あるいはこの水準を辛うじて上回っている．それに対して，絶対的貧困層は，社会の如何を問わない生存の水準（survival level）を下回っており，そうであるからこそ，膨大な数の生命が貧困関連死によって日々失われている．

途上国の貧困層の顕著な脆弱性にかんがみると，この人々は，地球上で他の誰よりもまず救援を提供されるべきだといえる．その救援とは，安全かつ健康な最低限度の生存に必要となる種類・質・量の諸財，具体的には食料・水・衣料・シェルター・基礎的医療などを提供することを意味する．これらの財への権利こそが，私が生存権と呼ぶものである．以上の議論を要約するならば，生存権の根拠は，人間主義が本来的価値をおく人間の生の一側面をなす脆弱性に対する救援の要請にある．

3 生存権とはいかなる権利か

前節末尾では，安全かつ健康な最低限度の生存に必要な財への権利として生存権を定式化した．この概括的な権利内容の定式をいっそう明確化し精緻化す

るためには，国内の分配的正義をめぐる論争に分け入り，その一陣営をなす十分主義に修正を加えつつグローバルな文脈へと接続することが有望だと思われる．こうした見通しの下，十分主義を多角的に修正した上で，地球的再分配の理論へと鍛錬することが，本節の目標である[7]．

　まず，人権説の先駆的かつ代表的な学説を振り返ることから始めよう．シュー（Shue 1996 [1980]: 13-34）は，身体的安全権および経済的安全権の観念を提唱した．身体的安全権とは，殺人・暴力・拷問・強姦等にさらされない権利である．他方，経済的安全権は生存権とも呼び直され，清浄な大気や水，十分な食料・医療・シェルター等への権利を意味する．身体的安全権と生存権は他の諸人権よりも基底的だという．たとえば，政府を批判する演説が警察官によって直接に阻止されなくとも，演説者が後日拘束され拷問される国では，表現の自由は保障されていない．それと同様に，極度の飢えや渇きにさいなまれている人は，みずからの意見を公共的な場で安定的に表出できない[8]．このように，生存権が身体的安全権と並んで，市民的・政治的権利よりも基底的である以上，対外政策において他国民の市民的・政治的権利を重視してきたアメリカ合衆国は，生存権の尊重を対外政策の目標に加えるべきだという．

　自然権の思想と憲法規定に発し，人権の思想と条約でも長らく命脈を保った市民的権利への偏重という歴史的経緯に照らすと，生存権の基底性を示したシューの議論は大きな学説史的意義をもつ．だが，生存権の内容を理論的にいっそう明確化しうる余地がある．そのための理論装置は，後述のように，国内再分配をめぐる政治哲学的論争から入手できると思われるが，シューらの人権説論者を含むグローバルな分配的正義の理論家たちは，その論争にほとんど関心を払ってこなかった．こうした先行研究の間隙を埋めることを以下で試みたい．

　国内再分配をめぐる近年の政治哲学的論争における主要争点の一つは，何を再分配の理念とするべきかである．デレク・パーフィット（Parfit 2002 [1995]: 98-99）は，いく人かの理論家による先駆的考察を踏まえ，平等主義のなかでも帰結上の個人間格差の最小化をめざす形態に対して，水準低下の異議（Levelling Down Objection）を提起した．水準低下の異議とは，相対的に不利な個人を改善せず有利な個人を悪化させることが，平等の観点からは望ましいと認めざるをえないという批判である．彼はまた，平等主義者の見解にときに

潜在する，より不利な個人の利益をより重視する優先性説（Priority View）を剔抉し，優先性説は水準低下の異議を免れていると指摘した（Parfit 2002［1995］: 100-110）．パーフィットの分析を契機として，平等主義と優先主義（prioritarianism）の概念的区別の意義や両者間の優劣をめぐる論争が展開されてきた．

他方，ハリー・フランクファート（Frankfurt 1988: 134-158）は，所得格差の最小化をめざす経済的平等主義を批判した上で，その代替理論として，後には十分主義と呼ばれる見解を提唱した．十分主義も優先主義と同様，水準低下の異議に脅かされない．さらに，平等主義−十分主義論争が平等主義−優先主義論争と合流し，今日では三つ巴の様相を呈している．たとえば，十分主義の別の主唱者であるロジャー・クリスプ（Crisp 2003）は，水準低下の異議をてこに平等主義に対する優先主義の理論的優位性を指摘した後，優先主義の難点を回避しうる立場として十分主義を擁護する．

上記の三説のうち人権説と親和的なのは，十分主義である．先述のように，生存権が，安全かつ健康な最低限度の生存に必要な財への権利だとすれば，一定の閾値までを万人に保障する十分主義と親近な関係に立つ．だが，十分主義を活用して生存権の内容を説明するためには，主要な十分主義者たちの主張に種々の修正を加える必要があると思われる．次の五つの論点はいずれも立ち入った考察を要するが，ここでは紙幅の制約上ごく短く検討するにとどめたい．

第一は，何の閾値かである．アマルティア・セン（Sen 1982: 353-369 = 1989: 225-262）による問題設定以来，平等主義の内部で，何の平等か，すなわち何を尺度として平等をめざすべきかが争われてきた．主要な立場として，効用ないし効用の機会を焦点化する厚生主義，これに代えて私的財の集合を提案する資源主義，基底的潜在能力に着目する潜在能力アプローチがある．

分配尺度の如何と分配理念の如何は論理的に相互に独立した論点であるから，何の平等かと並行的な論点を，優先性や十分性にそくしても設定しうる．何の十分性かに関して，フランクファートは実質的に厚生を想定した上でその指標として所得を用い，クリスプは明示的に厚生主義に立ち，他の多くの十分主義者も同様である（e.g., Huseby 2010）[9]．しかしながら，厚生主義はいくつかの難点をかかえていると指摘されてきた．極度の貧困の文脈でとくに重大なのは，順応的選好形成（adaptive preference formation）である．順応的選好形成とは，

優良な選択肢が実行困難である状況下で，劣悪な選択肢に満足して選好順序が形成される現象をさす．これは，脆弱性に由来する主意性へのバイアスだと評しうる．恒常的な貧困状態にある人々は逆境に馴致されて選好を形成しがちだという広く知られた観察結果にかんがみると，この種の選好を無選別に算入してしまう厚生主義的十分主義は，首肯しがたい．むしろ，一定水準の生存に必要な私的財への権利に訴えかける資源主義的十分主義が，より有望だと思われる．もっとも，潜在能力アプローチの陣営からは，資源主義への批判がかねてより行われてきた．ここで詳述する紙幅はないものの，効果的応答は可能だと考えるが[10]，その本格的提示は将来の課題とせざるをえない．

第二の論点は，どこに閾値を位置づけるかに関わる．多くの十分主義者は，その名称から推測されるとおり高水準の閾値を想定してきた．たとえば，フランクファート (Frankfurt 1988: 152) によれば，ある個人が現にもつ以上に多くの金銭をもたないことに満足しているか，あるいは満足するのが理にかなうとき，その個人には十分な所得がある．このような高水準の閾値は，絶対的貧困への応答としては過剰である上に，世界規模での実現を期待しがたい．むしろ生存権の内容としては，安全かつ健康な生存に必要な種類・質・量の財という低水準の閾値が設定されるべきである．そのため，私は自説を，十分主義から区別して生存主義 (subsistentarianism) と呼んできた．

第三の争点として，いかに閾値を定めるかが問われる．上述のとおり，フランクファートは，理に反しない範囲で十分性の水準を各人の選好に委ねるという，原則として主観的な設定法を用いている．しかし，主観的設定法は順応的選好形成に悩まされる．他方，クリスプ (Crisp 2003: 755-763) は，不偏的観察者が特定の個人に同情を抱くとき，当該個人は閾値を下回っていると論じる．これは，共感規準的な客観的設定法だといえる．だが，不偏的観察者の同情という観念は，同一社会内でさえ大きな不確定性をともない，越境的文脈ではなおさらそうである．これら二つの閾値の設定法がもつ難点を回避しうるのは，生存保障的な客観的設定法である．たとえば，個人の身長から標準体重を確定し，次に標準体重をもとに1日の必要栄養量を算出して，それを供給する種類・量の食糧に対する権利を構成することができる．

第四の問いは，閾値未満の人々をいかに遇するかである．優先主義の代替理

論として十分主義を提示するクリスプらの立論から，十分主義は本性的に優先性を否定するように見える．しかしながら，人権の観点からは優先性を否定するべきでない．ある途上国に，貧困線をわずかに下回る大集団 G^H と，大きく下回る小集団 G^L があると仮定しよう．その国の政府は予算制約の下で，G^H の貧困線までの改善と G^L の同水準までの改善とのいずれかを一定期間内に実現しうるが，しかし両者を達成することはできない．こうした状況において，より多くの個人が貧困線を上回っている方が望ましいという理由で，G^L よりも G^H を優遇するよう求める集計主義的主張は，生存権の要求と整合しがたい．生存権は，たとえより少数の個人しか救済できなくとも，より不利な状況にある G^L の改善を要請する．これは，閾値未満の領域における優先性の理念の活用を意味する．

　第五に，閾値は平等理念といかなる関係にあるかを問い直す必要がある．十分主義は平等主義批判のなかから勃興したため，十分性は平等性と相容れないと一般に想定されている．しかしながら，私はこの想定に同意しない．十分主義者が攻撃の標的としてきたのは，個人間格差の無条件的または原則的な最小化という，私見では皮相な一平等観（a conception of equality）にすぎず，平等概念（the concept of equality）ではない．それにとどまらず，十分主義を母体とする生存主義は，ある個人が他の個人と同じく人間であるという理由により，安全・健康な生存に要する財を万人に等しく保障する．したがって，生存主義は，格差最小化とは別個の平等観を具現している．

　五つの論点の検討から，十分主義を換骨奪胎した生存主義の理論の骨子を提示できる．この理論は，厚生主義を退け資源主義に立った上で，高水準の閾値に代えて，安全かつ健康な生存という低水準の閾値を設定する．また，閾値未満の領域では優先性の理念を活用しつつ，平等の一解釈としてみずからを定位する．これらの特徴をそなえた生存主義によってこそ，生存権の内容は説得的に説明される．

4　誰がいかなる義務を負うか

　権利は義務を論理的に含意する．すなわち，ある個人が権利をもつならば，

別の個人や政府等の組織は，その権利に対応する義務を負う．たしかに，いかなる義務にも対応しない権利を主張する見解もあるが，しかし学界全体では，権利による義務の含意について広範な合意が存在するといってよい．では，生存権は誰に対して，いかなる義務を課すか．

　生存権による義務づけを考察する第一歩として，身近な法的権利を振り返ることから始めよう．あなたがいま手にしている本書を書店で買ったならば，支払いをすませた後は，その書店の店員に商品の引渡しを請求する法的権利をもっていた．これは，特定の個人を義務づける権利である．それに対して，あなたは，本書を買った後は，誰に対してもこの本を窃取しないよう要求する法的権利をもつ．これは，権利主体を除くすべての個人を義務づける権利である．

　特定人の義務づけと万人の義務づけという区別は，非法的な道徳的権利にも当てはまる．あなたを乗せた国際線の飛行機が，太平洋のどこかの無人島に不時着し，あなたは，さまざまな国から来た生存者30名の1人になったと仮定しよう．その島で，あなたが採ったヤシの実を，他の誰かが釣った魚と交換する約束をしたならば，ヤシの実を渡したあなたは，魚を渡すように相手に請求する道徳的権利をもつ．また，魚を受け取った後は，その魚を盗まないよう他の全員に要求する道徳的権利をもつ．前者の道徳的権利は特定人を，後者は万人を義務づけている．

　本章第1節で述べたとおり，人権は非法的な道徳的権利である．では，人権は特定の個人または組織を義務づけるか，あるいはあらゆる個人または組織を義務づけるか．一つの有力な見解は，権利主体を統治する政府のみが義務づけられるというものである．その見解によれば，人権は歴史的に政府によって頻繁かつ深刻に侵害されてきた反面，人権を実効的に保障しうる能力をそなえているのも政府である．それゆえ，政府に対する道徳的権利こそが肝要であり，これが人権だというのである．

　しかしながら，こうした見解は世界の現実に適合していると言いがたい．一方では，政府が基本的機能さえも果たしていない破綻国家や，機能不全に陥っている脆弱国家においては，政府のみならず反政府軍や社会的有力者もまた，人権に対する重大な脅威となっている．また，先進国の大企業による公害輸出や途上国での搾取工場のように，企業が人権を毀損する事例は決して稀でない．

これらを踏まえると，政府のみを人権への脅威とみなすことは，明らかに視野狭窄である．他方では，国連難民高等弁務官事務所や近時の国際刑事裁判所は，人権保障への一定の貢献を果たしており，また国際的人権 NGO は，現地での多様な救援活動や抑圧的国家の烙印づけによる働きかけを積み重ねてきた．このように，政府以外の組織も人権保障に少なからず寄与している．

　上述のような世界の現実にいっそう適合的なのは，人権が，権利主体の住まう国におけるあらゆる個人や，その人々を統治する政府を含むあらゆる組織を義務づけるという見解である．シューが言う身体的安全権を例にとろう．私がもつ身体的安全権は，わが国の他のあらゆる個人や政府などの組織に対して，私に暴力を加えるのを控えることを要求する．だが，政府は，みずからが統治する人々にサーヴィスを提供するという固有の責務のゆえに，個人や他の諸組織が直接には実行を求められない種類の義務も担っている．ある個人が特定の人権をもつとき，政府は，その権利を剥奪しないといういわば自制義務に加えて，二種類の義務を担う (Shue 1996 [1980]: 35-64)．第一は，権利主体を他の個人や組織による剥奪から防御することを要求する保護義務である．日本政府は，私が他者から暴力を受けるのを防ぐために，警察制度や刑事訴訟制度を創設し運営しなければならない．第二は，侵害が発生した場合に権利主体を救済するよう求める支援義務である．政府は，私が誰かから暴力を受けた場合に賠償・補償を提供するため，不法行為制度・犯罪被害補償制度等を設立し運用せねばならない．そして，シューの指摘によれば，自制・保護・支援という三種の義務は，身体的安全権のみならず生存権を含む他の人権についても存在する．

　では，各政府がになう保護義務・支援義務は何に由来するか．それは各国の市民の義務だと考えられる．私の身体的安全権に対応して，わが国の他のあらゆる個人は，自制義務のみならず保護義務および支援義務も潜在的に負っている．無人島に不時着した乗客たちの例に戻ろう．あなたが誰か別の生存者によって不当に殴られそうになったならば，周囲の人たちは，その人を引き留めてあなたを守る道徳的義務を負う．あなたが不幸にも殴られたら，他の人たちには，あなたを介抱する道徳的義務が生じる．このような各人の人権に対応する保護義務や支援義務は，30名の集団では比較的容易に果たされるだろう．だが，

人口30万人の国で，ましてや3000万人の国では，各人の人権に対応する保護義務・支援義務を全員が果たすことはとうてい不可能である．そこで，政府は，みずからが統治する市民全体の名において，保護義務・支援義務を遂行することを求められる．こうした政府による義務の代行によって，各人は，すべての同国人に対する日常的な普遍的配慮の重荷から解放され，みずからの生活・人生や家族・友人等のために時間と労力を傾注することができる．政府は，個人に比して人権をより実効的に保障できるだけでなく，それが統治する各人に対して自由の領域を提供している．

　身体的安全権に関するここまでの議論は，経済的安全権つまり生存権にも妥当する．私がもつ生存権は，わが国に住む他のあらゆる個人と政府を含むあらゆる組織とに対して，安全で健康な最低限度の生存に要する諸財を私から剥奪しないという自制義務を課する．また，日本政府は，他の個人による諸財の剥奪から私を防御する保護義務と，剥奪やその他の原因により私の生存が脅かされる場合に，私にその諸財を提供する支援義務もになっている．そして，日本政府がになう保護義務・支援義務は，わが国のあらゆる個人が私に対して負っている潜在的な保護義務・支援義務からそれぞれ導出される．

　次に考察するべき点は，人権の空間的射程である．非法的権利である人権がもつ義務づけ力は，法体系の境界線つまり国境を越えると考えられる．ある個人が特定の人権をもつとき，当人が住む国のみならず他のすべての国・地域のあらゆる個人と組織が，自制義務を課される．実際，こうした想定なしには，たとえば外国の個人・組織に対する損害賠償請求が道徳的に正当である場合があるという私たちの直感を説明することは難しい．A国がB国を支配していた時代に，A国の一企業がB国の市民をA国に強制連行した上で，強制労働を行わせたと仮定しよう．B国の独立後に元労働者が加害企業に対して損害賠償を求めることは，法的可否を問わず道徳的に正当である，あるいは少なくとも正当である場合があると，少なからぬ人は考えるだろう．こうした判断は，強制連行・強制労働からの自由という人権に対応する自制義務が，B国の国境を越えて存在しうることを前提としている．

　しかも，越境するのは自制義務にとどまらない．一国の内部で各市民が互いに保護義務・支援義務を潜在的に負い，政府は市民全体の名の下に両義務を代

行すると先ほど論じた．これら二つの義務もまた国境を越える．すなわち，ある個人が特定の人権をもつとき，国を問わず世界中のあらゆる個人が，自制義務は言うにおよばず保護義務・支援義務も負う．それゆえ，各国政府は自制義務を課されるのみならず，保護義務や支援義務を代行するべきである．これは生存権にも妥当する．あなたが本章を読んでいるまさにいま，ブルンジの極貧家庭で栄養失調のゆえに死にかけている幼い女児について考えよう．私が論じてきたように，彼女は現に生存権をもつと仮定していただきたい．彼女の生存権は，日本に住むあなたや私を含む地球上のあらゆる個人に対して，自制義務のみならず保護義務・支援義務も課する．それゆえ，日本政府は他の諸政府とともに，前者の義務を果たすとともに後二者を代行するよう求められる．

5　義務はどのように果たされるか

　前節では，途上国のある1人がもつ生存権は，地球上の他のあらゆる個人に自制・保護・支援の三種の義務を課し，またあらゆる政府にこれらの義務を負わせると論じた．他方，確立した近現代の政治原理によれば，各国の政府は，何よりもまず自国居住者——当該国の国籍をもつか否かを問わず——にサーヴィスを提供することを求められる．この原理からは，各政府は，他国居住者の生存権に関して，剥奪の自制を求められるとしても，保護や支援までは要求されないように見える．ここにはディレンマが現出している．一方では，生存権は地球上のあらゆる政府に対して，自制義務のみならず保護義務・支援義務も課すると考えられる．他方では，各政府は他国居住者に対して自制義務のみを負い，保護義務・支援義務を負わないように思われる．このディレンマを解決するべく，私は，政府間分業およびその補完という議論を提示してきた (e.g., Usami 2007: 167-169; 宇佐美 2008: 104-112)[11]．ここではその概要を記すにとどめたい．

　次の仮想例を考えてみよう．ある国では，各州政府が，全国のすべての住民に対して均等に公共的サーヴィスを提供する．いわば重合型地方自治制である．この制度が長期間にわたり首尾よく機能することは，とうてい期待できない．各州政府は他の全州について社会的・経済的状況や州民の選好分布を把握しな

ければならないが，その情報収集には多大な費用を要するから，利用情報は不十分・不正確となりがちだろう．しかも，遠方の住民へのサーヴィス提供も大きな実施費用をともなう．そのため，公共的サーヴィスは，多くの場合には過少となり，ときには供給の重複によって過剰になるとともに，十分な尊重を欠いた仕方で各人を処遇するという意味で不適切になると予想される．これらの問題を緩和するためには，州政府間の協定や調整が不可欠となるが，しかし協定も調整も，当事者数の多さに起因する大きな取引費用にはばまれて不十分となろう．

　これらの問題を解決するためには，分業型地方自治制を採用して，各州政府が原則的には当該州の州民のみに公共的サーヴィスを提供する必要がある．ここに，わが国を含む各国で実際に採用されている地方政府間分業制の意義が見出される．また，国際社会で現に採られている中央政府間分業制がもつ意義も，同様の仕方で理解できる．日本政府は，原則として日本居住者に公共的サーヴィスを提供し，諸外国居住者には提供しないことによって，中央政府間重合制にともなう情報収集・政策実施・多国間調整の費用の発生を防止し，より効果的かつ適切なサーヴィス提供を実現している．

　生存権を含む人権に対応する義務を考える際には，顕在的義務と潜在的義務を区別するのが有用だと思われる．ブルンジの貧しい一少女がもつ生存権に対応して，日本に住むわれわれは，自制義務・保護義務・支援義務を負っており，したがって日本政府は，われわれの名において，保護義務・支援義務をたしかにになう．しかし，この両義務は潜在的である．この少女により近い政府——まずは彼女が住む地域の地方政府，次にはブルンジ政府——が顕在的な保護・支援の義務をにない，これらの政府が一定程度以上に義務を果たすかぎり，日本政府は保護・支援を行う必要がない．こうした日本政府の義務の潜在性こそが，生存権に対応する義務の越境性にもかかわらず，現行の中央政府間分業制を成立させ，効果的かつ適切なサーヴィス提供を可能としている．

　現実の中央政府間分業制が仮想的な中央政府間重合制に対してもつ相対的優位性は，自国居住者へのサーヴィス提供の第一次的責任を負う当該国政府が責任を果たしえないか，あるいは果たそうとしない状況では失われる．そして，現実世界では不幸にも，こうした状況は例外的とはいえないほど広範に現出し

てきた．市民的・政治的権利については，抑圧的政府が自国民に対して大規模な弾圧を続ける場合や，内戦中に政府軍・反政府軍が重大な人権侵害を行う場合には，当該国の市民にとって分業制が重合制よりも望ましいとはもはやいえない．これらの場合には，諸外国政府の潜在的な保護・支援の義務が顕在化して，国際連合決議や経済制裁等による人道的介入，ときには武力行使を通じた人道的干渉までも行うよう道徳的に期待され，あるいは要求さえされるだろう（cf. Beitz 2009: 106-107）．

　社会的・経済的権利について，中央政府間分業制が広範囲かつ継続的に機能不全に陥ってきた最も深刻な事例が，途上国における絶対的貧困に他ならない．少なからぬ途上国政府は，自国の貧困問題に実効的に対処することに失敗してきた．その失敗を，概念的には財政的・運営的・意志的という三形態に類別できる．財政的失敗とは，貧困問題に効果的に対処するのに必要な予算を確保できないことを意味する．その原因としては，低開発に起因する恒常的な税収不足に加えて，世界銀行・IMF（国際通貨基金）・先進国銀行に対する巨額の債務や，隣国との武力紛争または内戦にともなう多額の軍事支出が挙げられる．運営的失敗とは，貧困対策に必要な知識・技術・人材が不足していることをさす．途上国に広く見られる教育制度の未確立・未整備に加えて，共産主義政権による知識人の都市追放や大量殺害が行われた国々もある．意志的失敗とは，政治的エリートが自国内の貧困問題に取り組む意欲を欠いていることである．そして，途上国の現実においては，ブルンジに見られるように，二種類以上の失敗がしばしば並存し強化しあっている．

　これらの途上国政府の失敗により，生存権という基底的人権の享受に重大な欠損が生じている局面では，中央政府間分業制は深刻な機能不全に陥っているから，分業制の補完が要請される．貧困国を取り巻く諸国政府がもつ潜在的な保護・支援の義務は顕在化し，各政府は国際援助の行動を要求される．当該国政府の失敗の三様態に対応して，他国政府による援助や，諸国間の合意により設立された国際機関による援助もまた，概念的に三つに大別できる．財政的失敗に対応して，食料・水・衣料・シェルター・基礎的医療等を供給する物質的援助が求められる．運営的失敗に対しては，情報提供，技術供与，専門職・技術者派遣，留学生受入れなどの技術的援助が必要となる．対応が最も困難なの

は意志的失敗である．これを緩和するためには，当該国政府に対する烙印づけ，外交的説得，経済支援の条件づけなどを通じて民主化や人権尊重を促進する道徳的援助が必要だと考える．物質的援助は，当該国政府に代わって支援義務を実施する直接援助であるのに対して，技術的援助と道徳的援助は，当該国政府が自制義務・保護義務・支援義務を果たすように助力・要求する間接援助だといえる．

6 批判への応答

前節までの考察は，生存権という基底的人権に関して，権利主体・保有根拠・権利内容・義務主体・義務内容を解明することを意図していた．権利内容を明確化する際には，十分主義を母体とする生存主義の理論を素描し，また義務主体・義務内容の説明では，人権の義務づけ対象の範囲から政府間分業とその補完にいたる私論を要約した．だが，ここで依拠する哲学的人権観は，いくつかの観点から挑戦を近時受けており，また私がとなえる生存主義も，さまざまな批判を招くと予想される．本節では，この人権観に対する有力な異議と生存主義への論難とを取り上げて，それぞれに応答する．

哲学的人権観によれば，人権とは，人間であるという理由で保有される道徳的権利である．人間は悠久の昔より存在してきたので，この人権観からは，あらゆる時代に同一内容の人権が存在してきたという結論が導かれるように見える．しかし，この結論は荒唐無稽だろう．無償の初等教育への権利（世界人権宣言26条1項等参照）がエジプト古王国・クシャーナ朝・スコータイ朝の人々によって保有されていたとは考えがたい．

実際，多くの批判者が，人権の時代通貫的不変性の主張に対して異論をとなえている．リチャード・ローティ（Rorty 1993 = 1998）は，非歴史的な人間本性を追究する人権の基礎づけ主義は時代遅れだと断じた上で，感情教育による人権文化の強化をとなえた．より最近では，ベイツ（Beitz 2009: 30, 57-58）が，自然権思想の流れを汲む人権の自然主義的理論を批判し，国際社会の政治実践に依拠した実践的理論を提唱する過程で，人権の不変性に疑義を提起している．同様に，ジョゼフ・ラズ（Raz 2010: 40）も，人間本性に訴えかける伝統主義

的説明を排して，国際人権制度にもとづく政治的説明をとなえるなかで，不変性の想定を揶揄している．

時代通貫的不変性への攻撃に対して，哲学的人権観の論者たちはいくつかの防御を試みてきた．なかでも知られているのは，ジェイムズ・グリフィン（Griffin 2008:50）の議論である．彼は，抽象性のレヴェルにより基底権と応用権ないし派生権とを区別する．最高次のレヴェルには，自律・最小限提供・自由という三つの価値が位置づけられる．それに対して，たとえば表現の自由は自律と自由から導き出され，また報道の自由は，一定の社会状況では表現の自由から引き出される．そして，時間的および空間的な普遍性をもつのは，より高次のレヴェルにおいてのみだという．

グリフィンの議論はいささか不明瞭かつ不十分である．彼が仮に，最も抽象的な価値のみが時間的普遍性つまり不変性をもつと主張しているならば，人権の不変性への批判を反駁せず，むしろ全面的に受容しているのに等しい．あるいは，より抽象的な人権は不変的だが，より具体的な人権は可変的だと論じているならば，やはり不変性への批判を部分的に受容していることになる．より重要なことに，彼は，全部または一部の人権が可変的だと認めつつ，その理由を何ら示していない．権利主体が人間であることを権利の保有根拠とする哲学的人権観は，人権の時代通貫的不変性の主張を含意するように見えるから，時代即応的可変性を認める以上，その理由を提示することは必須だろう．さらに，あらゆる具体的人権が，彼が主張するように，より抽象的な権利から演繹的に導出されうるかについても，慎重な検討を要する．

グリフィンの議論よりも有望なのは，不変的人権と可変的人権を区別した上で，不変性や可変性の理由を説明することだと思われる．たとえば，拷問からの自由があらゆる時代に存在したと考えることはもっともらしいが，無償の初等教育への権利が古代以来あったということはもっともらしくない．両者を分かつ分水嶺は何か．それは，当為は可能を含意する（Should implies can）という基本原理である．今日認められている特定の人権に対応する義務が実行不可能だった時代には，その義務は当時存在しなかったのであり，それゆえ人権も存在しなかった．そして，ある義務が実行可能であるためには，それに関連する実践が当該社会または他の社会で知られており，かつ実践が知られている社

会の人々が義務の命じる作為・不作為をなしうるのでなければならない.

　拷問の実践は太古より多くの社会で見られ，かつ拷問者や命令者は拷問を控えることができたから，歴史的におびただしい数の人々が拷問を受けてきたにもかかわらず，拷問からの自由は時代通貫的に存在したということができる. 他方，初等教育制度は，4500年前のエジプトや1800年前の西北インドにも各時代の近接の諸社会にもなかったから，無償の初等教育への権利は存在しえなかった. では，生存権についてはどうか. 今日では，ある途上国に貧困者支援の実践が確立していなくとも，先進国には種々の実践がたしかに存在し，しかも先進国政府・国際機関・NGOによる国際支援が可能である. したがって，当該の途上国の人々が生存権をもつと考えることに困難はない.

　生存主義に対して提起されるだろう異議に移りたい. ただちに予想されるのは，生存主義が要求するものはあまりに控えめだという批判である. これは二つの立場から提起されうる. 近年の有力な一潮流であるグローバルな平等主義の陣営からは，安全かつ健康な最低限度の生存の保障だけでは不十分であり，現存する南北格差を縮小してゆかないかぎり，グローバルな分配的正義の理念は実現されえないと難じられるだろう. これは，国内再分配の文脈で平等主義が十分主義に向けてきた非難と同形である.

　グローバルな平等主義はいくつかの形態を含むが，ここでは，結果状態に焦点をあわせて格差の最小化を図るというよく知られた形態に焦点をあわせたい. このタイプのグローバル平等主義は二つの困難に直面する. 第一に，地球規模の平等主義は国内平等主義と同様に，前述の水準低下の異議にさらされる. 先進国Aの代表的個人と途上国Bの代表的個人が，1人当たりGDP（国内総生産）なり基数効用の平均なりを，表1-2のようにもつと仮定しよう. 格差を最小化する平等主義者は，平等の観点からは状態Ⅰよりも状態Ⅱが望ましく，さらにⅠよりもⅢが好ましいと結論づけざるをえない. 水準低下の異議は，十分主義を母体とする生存主義には妥当しない. 表1-2で，理にかなった閾値が5

表1-2　国家間の水準低下の異議

状態Ⅰ		状態Ⅱ		状態Ⅲ	
A	20	A	5	A	1
B	5	B	5	B	1

を超え20以下である場合には，A・B両国が閾値未満であるⅡ・Ⅲはともに，1カ国のみがそうであるⅠよりも望ましくないのであり，そしてⅢは閾値からの距離のゆえにⅡよりも望ましくない．また，閾値が1を超え5以下である場合には，ⅠとⅡは無差別で，両者よりもⅢの方が望ましくない．

　第二に，格差最小化をめざす形態のグローバルな平等主義は，あらゆる国が1人当たりGDPや平均効用について均等化する状態をめざしている．だが，各国が多様な地理的・歴史的環境の下にあり，過去に相異なった政治体制をもち，さまざまな経済発展の段階にあることを想起するならば，地球規模での画一的状態が規範的に健全な目標となるかは，大いに疑わしい．こうした難点は，十分主義を修正した生存主義には見られない．

　グローバルな平等主義とは異なる見地からも，国際援助の理由や目標を最低限度の生存の保障に限定するべきでないという批判が出されるだろう．一つの議論によれば，国際援助は，最低限度の生存の保障を超えて，途上国の持続可能な発展や人間の発展（human development）を最終目標とするべきである．そして，これらの目標は，いわゆる第三世代の人権に含まれる発展の権利に資するというのである．

　途上国の発展からの議論については，まず国際援助の根拠と目標を区別する必要がある．人間の発展は援助の一目標となりうるが，これは生存権の保障を援助の根拠とすることと何ら矛盾しない．なぜなら，人間の発展の理念は，極度の貧困の恒常的解決および再発予防を包含するはずだからである．次に，私は，国際援助の根拠が多様であることを否定しない．生存権の保障は国際援助の規範理論の全体ではなく，その不可欠な部分をなすのである．他の根拠の候補としては，国際社会における連帯の理念や，援助国にとっての経済的利益の可能性などが挙げられる．もっとも，発展の権利を人権のリストに加えることに対して私は否定的だが，ここでその理由の説明に立ち入る紙幅の余裕はない．

　別の議論は，過去の植民地支配や奴隷制などの歴史上の不正義（historical injustices）が，一方では欧米諸国の現在の富裕の礎石となり，他方では途上国とりわけサハラ以南のアフリカ諸国での極度の貧困の遠因をなしていると指摘する．そして，欧米諸国の人々は，みずからの祖先による植民地支配や奴隷制から利益を得ている以上，サハラ以南の国々に賠償するべきだとされる．グロ

ーバルな経済的正義の文脈でも，たとえばポッゲ（Pogge 2008 [2002]: 209-210 = 2010: 311-312）は，植民地支配や奴隷制の事実に言及している．これは，歴史上の不正義を改めるグローバルな匡正的正義の主張だと評することができる．

　歴史上の不正義からの議論は，パーフィット（Parfit 1984: 351-379 = 1998: 479-518）が非同一性問題（Non-Identity Problem）と名づけた難問に直面する．非同一性問題とは，個人の生物学的同一性が，両親の生物学的同一性や受胎までの過去の行動，さらには受胎に先行し両親の同一性や行動に影響したすべての事象によって左右されるという事実をさす．仮に非西洋諸地域で過去に植民地支配が存在しなかったならば，この諸地域における人々の行動は大きく異なり，それゆえ異なった男女の組合せが生じて，別の諸個人からなる次世代が生まれてきただろう．こうした世代間再生産を経るならば，非西洋諸地域にいま住む人々の誰も，植民地支配がない可能的世界では生まれておらず，別の人々が生きているはずである．それゆえ，歴史上の不正義に対する損害賠償の主張は，権利主体がこの世に存在しない状態を損害なき状態とみなすという逆説的前提に立つ．この問題を回避するべく，さまざまな理論的考察が試みられてきたが，最近の洗練された議論にさえ大きな異論の余地がある（宇佐美 2011）．

7　結論

　本章は，グローバルな経済的正義の諸理論のうち人権説を発展させることを目的としていた．この目的を達するため，生存権の権利主体・保有根拠・権利内容・義務主体・義務内容という五つの側面にそくして，規範的説明を試みた．権利主体は地球上のあらゆる個人であり，保有根拠は人間存在が不可避にもつ脆弱性への救援にあると論じた．また，権利内容を明確化するなかで，十分主義を大きく組み替えた生存主義の理論をとなえた．さらに，義務主体は地球上のあらゆる個人・組織だとした上で，政府間分業制の補完として貧困への国際援助を意義づけた．これらの考察の後，人権の不変性の想定に対する異議と，生存権の要求が過少だという論難に対して，順次反論を行った．これらの作業が，人権説の発展にとって，ひいてはグローバルな経済的正義の研究の深化にとって一助となればと願っている．

注
(1) 人権は，他の諸陣営の一部の論者によっても重視されているが，ここでいう人権説は，人権・基底権を自説の中核的概念とする立場をさす．
(2) 人権ひいては権利全般を論じたわが国の法哲学的著作として，長谷川 1991；深田 1999．
(3) 十分主義は，わが国ではリバタリアニズムの見地から紹介され検討されてきた（橋本 2008：154-163；森村 2013：164-169）．
(4) 本章では，グローバルな正義の言説が成立するための条件の如何という前提的論点に立ち入ることはできない．この論点については，本書第2章（長谷川）参照．
(5) 人間主義は，相異なりしばしば対立しあう諸解釈に開かれている．アメリカ合衆国において，胎児の生命の保護をとなえるプロ-ライフ派と，母親の選択権の保障を掲げるプロ-チョイス派との間で続く深刻な対立は，人間主義をめぐる膨大な数の解釈論争の一例である．
(6) 自然環境と社会環境の双方について，外的環境と内的環境を区別できる．居住地の地理的諸条件は外的自然環境に，遺伝的形質や生得的能力は内的自然環境にそれぞれ属し，法制度や社会道徳は外的社会環境に，内面化された社会道徳は内的社会環境に含まれる．グローバルな経済的正義に関しては，外的な自然的・社会的環境がおもに問題となる．
(7) 本節の論述は，別稿の一部（宇佐美 2013：15-19）に加筆修正を行ったものである．
(8) もっとも，厳密にいえば，身体的安全権と生存権の間には，他の諸人権に対する基底性の意味において相違がある（宇佐美 2008：101-102）．
(9) 顕著な例外は，エリザベス・アンダーソン（Anderson 2010）らがとなえる潜在能力の十分主義である．
(10) ポッゲ（Pogge 2010）は，潜在能力アプローチへの批判と資源主義の擁護を緻密に行っている．
(11) これに類似した議論は，ロバート・グッディン（Goodin 1988：265-287）によって提唱されている（瀧川 2010：56-61 も参照）．グッディンの学説と私見との相違点の一つは，彼が帰結主義的観点から政府間分業の意義を説明するのに対して，私は帰結に還元されない政策による個人の処遇法をも視野に入れた非帰結主義に立脚することにある．

参考文献

Anderson, Elizabeth, 2010, "Justifying the Capabilities Approach to Justice," in Harry Brighouse and Ingrid Robeyns (eds.), *Measuring Justice: Primary Goods and Capabilities*, Cambridge: Cambridge University Press, pp. 81-100.

Beitz, Charles R., 1999 [1979], *Political Theory and International Relations*, with a New Afterword, Princeton: Princeton University Press (＝進藤榮一訳 1989『国際秩序と正義』岩波書店).

―――, 2009, *The Idea of Human Rights*, New York: Oxford University Press.
Crisp, Roger, 2003, "Equality, Priority, and Compassion," *Ethics* 113(4): 745-763.
Dworkin, Ronald, 1978 [1977], *Taking Rights Seriously*, 2nd imp., Cambridge, Mass.: Harvard University Press (=木下毅・小林公・野坂泰司訳 2003『権利論』増補版, 木鐸社, 小林公訳 2001『権利論Ⅱ』木鐸社).
―――, 2000, *Sovereign Virtue: The Theory and Practice of Equality*, Cambridge, Mass.: Harvard University Press (=小林公・大江洋・高橋秀治・高橋文彦訳 2002『平等とは何か』木鐸社).
―――, 2011, *Justice for Hedgehogs*, Cambridge, Mass.: Harvard University Press (=宇佐美誠・瀧川裕英・井上彰訳 近刊『ハリネズミの正義』(仮題)木鐸社).
Frankfurt, Harry G., 1988, *The Importance of What We Care About: Philosophical Essays*, New York: Cambridge University Press.
Goodin, Robert E., 1995, *Utilitarianism as a Public Philosophy*, New York: Cambridge University Press.
Griffin, James, 2008, *On Human Rights*, Oxford: Oxford University Press.
Huseby, Robert, 2010, "Sufficiency: Restated and Defended," *Journal of Political Philosophy* 18: 178-197.
Jones, Charles, 1999, *Global Justice: Defending Cosmopolitanism*, Oxford: Oxford University Press.
Miller, Richard, 2010, *Globalizing Justice: The Ethics of Poverty and Power*, New York: Oxford University Press.
Moellendorf, Darrel, 2002, *Cosmopolitan Justice*, Boulder: Westview.
Nickel, James W., 2007 [1987], *Making Sense of Human Rights*, 2nd ed., Malden, Mass.: Blackwell.
Nussbaum, Martha C., 2006, *Frontiers of Justice: Disability, Nationality, Species Membership*, Cambridge, Mass.: Harvard University Press (=神島裕子訳 2012『正義のフロンティア――障碍者・外国人・動物という境界を越えて』法政大学出版局).
O'Neill, Onora, 1986, *Faces of Hunger: An Essay on Poverty, Justice and Development*, London: Allen & Unwin.
Parfit, Derek, 1984, *Reasons and Persons*, Oxford: Oxford University Press (=森村進訳 1998『理由と人格――非人格性の倫理へ』勁草書房).
―――, 2002 [1995], "Equality or Priority?" in Matthew Clayton and Andrew Williams (eds.), *The Ideal of Equality*, Basingstoke: Palgrave Macmillan, pp. 81-125.
Pogge, Thomas W., 1989, *Realizing Rawls*, Ithaca: Cornell University Press.
―――, 2008 [2002], *World Poverty and Human Rights: Cosmopolitan Responsibilities and Reforms*, 2nd ed., Cambridge: Polity (=立岩真也監訳 2010『なぜ遠くの貧しい人への義務があるのか――世界的貧困と人権』生活書院).
―――, 2010, "A Critique of the Capability Approach," in Harry Brighouse and Ingrid

Robeyns (eds.), *Measuring Justice: Primary Goods and Capabilities*, Cambridge: Cambridge University Press, pp. 17-60.

Raz, Joseph, 2010, "Human Rights in the Emerging World Order," *Transnational Legal Theory* 1: 31-47.

Rorty, Richard, 1993, "Human Rights, Rationality, and Sentimentality," in Stephan Shute and Susan Hurley (eds.), *On Human Rights: The Oxford Amnesty Lectures 1993*, New York: Basic Books, pp. 111-134（中島吉弘・松田まゆみ訳 1998『人権について――オックスフォード・アムネスティ・レクチャーズ』みすず書房，137-165 頁）.

Sen, Amartya, 1982, *Choice, Welfare and Measurement*, Oxford: Basil Blackwell（大庭健・川本隆史訳（部分訳）1989『合理的な愚か者――経済学＝倫理学的探究』勁草書房）.

Singer, Peter, 1972, "Famine, Affluence, and Morality," *Philosophy and Public Affairs* 1(3): 229-243.

Shue, Henry, 1996 [1980], *Basic Rights: Subsistence, Affluence, and U.S. Foreign Policy*, 2nd ed., Princeton: Princeton University Press.

Tan, Kok-Chor, 2004, *Justice without Borders: Cosmopolitanism, Nationalism, and Patriotism*, New York: Cambridge University Press.

Usami, Makoto, 2007, "Global Justice: Redistribution, Reparation, and Reformation," *Archiv für Rechts-und Sozialphilosophie*, Beiheft 109: 162-169.

宇佐美誠 2005「グローバルな正義」ホセ・ヨンパルト・三島淑臣・長谷川晃編『法の理論 24』成文堂，67-93 頁.

―― 2008「グローバルな正義・再論」ホセ・ヨンパルト・三島淑臣・竹下賢・長谷川晃編『法の理論 27』成文堂，97-123 頁.

―― 2011「グローバルな正義と歴史上の不正義」田中愛治監修，須賀晃一・齋藤純一編『政治経済学の規範理論』勁草書房，53-64 頁.

―― 2013「グローバルな経済的正義」『法哲学年報 2012』9-26 頁.

瀧川裕英 2010「人権は誰に対する権利か――人権保障責任主体の問題」井上達夫編『講座人権論の再定位 5　人権論の再構築』法律文化社，46-65 頁.

橋本祐子 2008『リバタリアニズムと最小福祉国家――制度的ミニマリズムをめざして』勁草書房.

長谷川晃 1991『権利・価値・共同体』弘文堂.

深田三徳 1999『現代人権論――人権の普遍性と不可譲性』弘文堂.

森村進 2013『リバタリアンはこう考える――法哲学論集』信山社.

Comment
ナショナルな絆の理論的位置づけを

施　光恒

　現在，グローバルな正義を論じる際に最も注意を払うべきは，グローバル市場の力をいかに抑えつつ，各国の一般的人々の生活や権利を守り，公正な秩序を実現していくかという問題だと思います．各国の一般市民の生活や権利を守る際に最も頼りにされるのは，やはりナショナルな共同体でしょう．その意味でグローバルな正義論は，ナショナルな絆や連帯意識をうまく理論のなかに組み込む必要があるのではないか．これが，第1章（宇佐美論文），第2章（長谷川論文），第4章（瀧川論文）を読む際に私が意識した共通の観点です．

　宇佐美論文は，グローバルな経済的正義の諸理論のうち，人権説を発展させるアプローチをとっています．生存権重視のアプローチには説得力があり，ほぼ同意します．しかし，先ほどの観点からの疑問もいくつかあります．

　一つ目は，ロバート・グッディンらが主張した政府間分業制，責任の割り当ての問題です．この論法では，たとえばA国内に住むB国人もA国政府が助けることになりますが，これはいかがなものでしょうか．基本的にはA国政府ではなくB国政府が生活保護の受給などに対して一義的な責任を負うとする方が直観に沿い，また現実政治でも受け入れられているように思います．

　この点に関し，リベラル・ナショナリズムの論者がしばしば言及する議論に，道徳的コスモポリタニズムと制度的コスモポリタニズムの区分があります．リベラル・ナショナリズムの論者も一般的に，道徳的コスモポリタニズムの立場をとります．つまり，個人を価値の源泉とし，普遍的な広がりを道徳原理にもたせますが，制度的コスモポリタニズムの立場はとらない．人権保障の方策については政府間分業の議論と似てきますが，動機の問題につながる国民同士の連帯意識とか情緒的な絆，あるいはナショナルな文化に対する愛着などのナショナルなものの意義をより認めて，理論的に位置づけし，実際の効力に期待す

る議論を展開します．実現する制度としては，ナショナルなものの役割と意義を十分に認め，頼り，活用する．それによって道徳的コスモポリタニズムの理念がより実現されると論じるのです．

　たとえば，カイ・ニールセンという左派的なリベラル・ナショナリズムの理論家は，「自分の立場は道徳的コスモポリタニズムだが，制度的なレベルでは国民国家，ナショナルな共同体に期待する」と述べます．家族になぞらえると，すべての子どもは平等な配慮と尊重の対象であるべきだが，プラトン，あるいは一部の共産主義者のように家族制度を解体するよりも，家族制度に頼った方が子どもは配慮と尊重の点で十分なケアを受けられるのではないかと論じます．つまり，家族が相互に有する自然な情緒的絆の役割を十分に認め，それを理論に組み込む立場です．同様に，政府間分業に関しても，道徳的にはコスモポリタニズムだが，制度的にはナショナリズム，つまりナショナルな連帯意識や情緒的絆を重視するという立場で考えていき，これらの位置づけを理論に組み込む道があります．このほうが単なる政府間分業の議論よりも現実的かつ有望であるように思います．

　この点は，意志的な失敗の議論にも関連します．「当該国政府に対する烙印づけ，外交的説得，経済支援の条件づけなどを通じて民主化や人権尊重を促進する道徳的援助が必要」（19頁）とありますが，こうしたリベラルな要請に加えて，私は，ナショナルな説得もしくは援助の重視も必要だと考えます．民主化や人権尊重というリベラルな援助（対処）だけではなく，ある種のナショナルな側面に着目した援助，つまり国づくりの援助も視野に入れる必要があるのではないでしょうか．途上国には，宗教や部族などの分断が深刻で国民国家の形成がうまくいっておらず，困窮状態に陥っている場合が多くみられます．

　トマス・ポッゲも指摘しているように，植民地下での制度的加害が，途上国の国づくりを阻害する要因となってきました．たとえばナショナルな言語（国語）が形成されなかったり，強制的な移住の歴史のため複雑な部族社会が生じ，ナショナルな連帯意識ができていなかったりする．ある国が安定的な自立を達成し，そこで一般国民やマイノリティの権利が守られるためには，ナショナルな連帯意識や情緒的絆の形成が必要となってきます．そうした点にも，先進国は関心をもつべきではないでしょうか．ナショナルな連帯意識や相互扶助意識，

ナショナルな文化に対する愛着などに着目するか否かが，政府間分業制という立場とリベラル・ナショナリズムの立場との違いとして出てくるように感じます．

制度的加害との関連では，ポッゲの議論に強く同意します．やはり制度的加害を重視する必要はあるでしょう．たしかに現実問題としては，歴史的不正義の解決は容易ではありません．匡正責任をどこに求めるかという点で非常に難しい議論になりますが，それでも匡正的正義の問題はきちんと認めるべきです．

歴史的不正義は現在でも残存しています．井上達夫氏の『世界正義論』にもありましたが，近年の新自由主義的経済構造では，途上国に対して幼稚産業まで自由化しろと迫ったり，TPP（環太平洋戦略的経済連携協定）交渉でアメリカも日本も新興諸国に対して金融市場を開放するよう要求したりしています．現在の経済構造は途上国に対して不利益を押しつけていますが，こうした状況は植民地支配の歴史に端を発するものでしょう．

もう一点，英語による文化支配は，非常にわかりやすい世界構造の現実の不正を示しています．いわゆる英語国は，英語による文化支配を通じて現状でも利益を得ている．英語教師の派遣，英語教材の販売，さまざまな交渉における有利な立場など，英語国に非常に有利な構造です．途上国は逆に害悪を被ります．やはり母語でないと深い思考は困難ですし，教育における格差も出てきます．それが経済的格差につながります．また人々の意識の面でも，英語を話すエリート層と現地語しかできない庶民層の間に分断が生じ，ナショナルな連帯は難しくなります．歴史的不正義に起因するこうした状況を位置づけうる理論的枠組みの必要性を感じます．

最後に，これは宇佐美論文だけに限りませんが，政府間分業のように，ナショナルな連帯的意識や情緒的絆にあまり重きをおかない議論では，国内的な福祉や，デイヴィッド・ミラーが「シティズンシップの権利」と呼ぶ社会権的権利の保障がどういうものとなるのか，わかりにくいと思いました．今回拝読した宇佐美・長谷川・瀧川の各氏の論文ともに，グローバル正義を論じる議論だけでは「厚い権利」が保障されないようにみえます．厚い権利の必要性や根拠をうまく論じられず，権利保障が非常に薄いものになってしまわないかと懸念します．

いろいろと欠点があるにしてもミラーの議論に私が共感を覚えるのは，グローバルな正義と，国内の福祉に関わるいわゆる「社会正義」とを分け，双方とも扱おうとしている点です．ミラーは，グローバルな正義に関しては，基本的権利，つまり宇佐美論文と似た人権重視のアプローチをとります．ミラーは加えて，社会正義のレベルとして国内の福祉やシティズンシップの権利を論じます．いわば正義の二元論をとるわけです．こうした議論が必要になるのではないかと思います．ただその場合，シティズンシップの権利を充足させるために，同国人同士の連帯意識や相互扶助義務といったナショナルな配慮の必要性が，同国人ではない人々に対するものとは別種のものとして出てきます．ミラー的な議論ではこのように，グローバルな正義のレベルと社会正義のレベルとの相互関係をうまく論じなければなりません．議論は複雑化してきますが，このような二本立ての議論を展開しないと，現実政治のあり方はうまく説明できませんし，何よりも「薄い権利」の話しかできなくなるのではないかと危惧します．この点からも，グローバルな正義の議論を行う際に，やはりナショナルなものを位置づけることがどうしても必要になってくるだろうと感じます．

第2章 グローバルな〈シンボリック・ネットワーク〉

長谷川　晃

1 はじめに

　現代社会の人々は政治，経済，社会関係や文化などすべてにわたってグローバルなつながりのなかに位置づけられつつある．そのつながりの拡大を示す一つのヴィヴィッドなイメージは，地球の表面に次々と多方向に重なり合いながらITネットワークが張りめぐらされ，錯綜した関係の網の目が現出して，さまざまな人々が国境や文化の壁を超えて情報のつながりを作りつつあるというものであろう．このように拡大し，また流動する人々の関係の直中で，近代国民国家とその国際的なあり方が作り出してきた地球規模のさまざまな関係が，国境の区切りを超えて大きく変容しつつあることもいうまでもない．そしてそこではまた，政治や経済，そして文化のみならず，それと連動する倫理や道徳，そして法の領域でも，近代的な国家単位の区分を超えた大きな変容が見られることも多言を要しない．さまざまな社会や国家の倫理や道徳，そして法はある場合には厳しく対立拮抗し，またある場合には複雑に関係づけられ，さらにある場合には融合し一体化しつつある（スティーガー 2005; Twining 2010）．

　このようなグローバリゼーションのなかで大きくクローズアップされてきた一つの実践的問題がグローバルな正義の問題であることは，これも周知のとおりである．これまでの議論の過程において，さまざまなグローバルな正義が唱導され，理論上の蓄積も増してきた．種々のグローバルな正義理論は，それぞれが完全ではないとしても各自魅力的な正義観念を展開しており，そのなかでは局所的また漸次的にではあれ，たとえばヒューマン・ライツに関する地球規模の理解の広がりのように，グローバルな正義の了解も広まってきている（Mandle 2006; 井上 2013; 宇佐美 2013, 本書第3章（後藤）・第4章（瀧川））[1]．

その一方で，グローバルな正義の理論においては，その議論境域の形成可能性がつねに問題となる．それは，次のような問題である．すなわち，正義は，さまざまな文化・社会・国家などによる，互いを隔てる障壁が存在する諸地域に係る議論境域としていかに成り立ちうるのか，あるいは，グローバルな正義がこのような前提条件を格別必要とせずにただちに地球規模で通用するものとして論ずることができるのか，ということである．ある面からすれば，このような地球規模にわたる議論境域の問題について考慮するということはまったく必要がないかもしれない．いかなる地理的規模においてであれ，およそ人間の生に係る正義はいかなる範囲でも当てはまると考えることも，必ずしも不自然ではないかもしれない．けれども，地球上で1人だけが地域や社会・国家を超えて成り立つ正義を主張した場合，そのことでただちにグローバルな正義が成り立つとはいえないことは明らかである．また，このような概念上の必要性の問題と同時に，その適用においても問題が看取されることも明らかである．哲学的に見た場合には，周知のように，「道徳的距離（moral distance）」の問題，諸価値の間の共約不可能性の問題，文化的相対主義の問題，主権国家の政治的・法的独立性の問題などが存在しており，これらは相俟ってグローバルな正義を論ずることのできる境域自体が簡単には成り立たないことを示している（Nagel 2005; Miller 2007; Lukes 2008）．

　だが，その反面で，多くの人々がグローバルな正義を主張し，また地球規模におけるさまざまな人々や団体による正義の実践／運動がさまざまな形で広がりつつあることも，紛れもない現実である．そして，そこでは，人権の保障や貧困や疾病の救済の必要性，あるいは環境保護など，グローバルな正義の考え方には少なからず共通了解も成り立ってきていることも決して見逃せない（Mandle 2006: Chs. 2, 3, 4）．それゆえ，われわれは，それらの正義の実践／運動やそこで主張される正義観の総体がグローバルな正義の成立に関していかなる意義を有するかを再考する必要があるのではないだろうか[2]．この場合には，さまざまな実践・運動が行われ，またグローバルな正義が語られて，人々の間の共通了解を成り立たせるような，グローバルな規模での共同性が底面において成り立っていることが予想されるのである．

　ただし，グローバルな規模での文化・社会・国家などの多様性に直面すると

きには，このような全体的な共同性を実体的なコミュニティの存在とただちに同視することはできない．地球規模の人々のつながりは多様で複雑であり，またそれらの間には文化・社会・国家の種々の区分や壁によって楔が打ち込まれている．そこには地域的なコミュニティや国家のような単位での密な紐帯と同質性が存在してはおらず，さまざまな面で異質な人々や社会の間に互恵的な関係がただちに成り立ちうるわけではないことが明らかである．しかしながら，そのことは人々の間に共同性はまったくないということを必ずしも意味しない可能性がある．この点で考える必要があるのは，現実に拡大している人々の共同的な関係やコミュニケーションそのものの働きであり，とくにそこにおける最小限の実体性，人々の分散的な集合性，信念や価値観の柔軟性や流動性，それらの超国家／社会／文化性，そしてそれらの一定の規範性などを通じた関係の成立が有する意義である．それは，いわば最小限度において一定の正義を可能にする人々の紐帯，換言すれば，さまざまに異なる人々の間に一定の限度や範囲の正義を成り立たせる下地となるような紐帯が存在しうることである．すなわち，実体的で厚い共同性とはまた異なった，別種の共同性が成り立ちうる．それでは，そのような紐帯と共同性がいかに成り立ちうるか，それを明らかにすることがここでは大きな理論的課題となる．

2　正義の構成条件

前節の末尾で示唆した問題は，グローバルかローカルかを問わず，およそ正義の成立と社会秩序におけるその機能を下支えする社会構成的（societal）な条件の問題である．それは，正義の議論境域を形づくる社会単位における人々の関係性，コミュニケーション，信頼感の共有のあり方などに関連する問題であって，しばしば「規範的ネットワーク」，「価値のグローバル化」などと呼ばれる現象にも関わっている（押村 2013: 3 節；井上 2013: 2 章）．これは，とりあえず，正義の構成条件（the constitutive conditions of justice）の問題と呼ぶことができよう．

通常，正義の理論においては，いくつかの次元が区別される．つまり，そこでは，正義が問題となる場面に応じた正義の実践的位相，正義のさまざまな実

質的な内容に関わる正義の実質的基準，それらの基準の適用範囲のあり方に関する正義の射程（scope），正義の具体的な実現の問題である正義の実行可能性（feasibility），そして正義を実行する人々が有している正義感覚のあり方などの問題が区別されるのである．これらのなかで，正義の実践的位相については，交換の正義／匡正の正義／分配の正義，あるいは実質的正義／手続的正義，さらには政治的正義／経済的正義／法的正義などのあり方が問題となる．正義の実質的基準については，リベラル，リバタリアン，コミュニタリアン，効率性，対話的合理性，ポストモダンなどのさまざまな立場が争っている．正義の射程については，正義が社会の基礎構造に係るか，法制度の内実に係るか，個別の社会実践の具体的なあり方に係るか，あるいは個々人の意識に係るかなどで見方が変わってくる．正義の実行可能性については，正義の実現にともなう制裁の様式，制裁の過程，制裁の実効性（efficacy）などが問題となる．そして，正義感覚においては，正義への個人的感応とその心理的条件・判断様式などが考察されるであろう．これらの正義の問題に比すれば，ここでいう正義の構成条件の問題は通常の問題群とはレベルを異にするメタ次元の一問題であり，それらの問題群が成り立つ地平そのもののあり方に係ることが明らかであろう．

　ここでいう正義の構成条件を改めて約言するならば，それは，正義原理の成立と秩序化機能を下支えする社会構成的条件，換言すれば，その前提的定立の上で正義原理が成り立ちそして機能して正しい秩序が構築されてゆくところの集合的な基礎となる条件である．それは，とくに，関連当事者となる人々の間の一定の関係性，コミュニケーション，価値的共通了解，正義の尊重・遵守に係るモラルなどがそこで働くところの地平となるはずの条件であると予想される．とりわけ，正義を支える人々の共同性については実体的な理解が通常であるが，ここではそれとは何か性格の異なる理解が必要となっていることに注意したい．というのも，正義の理論においては，多くその出発点として，たとえば「原初状態」，「無人島」，「宇宙船」，あるいは「自然状態」など，正義の存立自体を可能にしている条件が設定されており，そしてこのことを踏まえて，さらに正義の領域一元性や普遍主義的性格，あるいはさまざまな正義の概念解釈とその論理的フォースの範囲といった概念論的問題も考察されているのであるが，そのような人々の存在や関心・信念などの同一性についての厚い想定は

ここではできないからである．もちろん，ここでいっている厚い想定とは価値観を完全に共有するほどの関係ではない．ジョン・ロールズのいう原初状態に示されているように，このような共同性を有する人々はあくまで一般的な人間観だけを共有していることもありうる．だが，グローバルな正義においては，文化の壁などによって一般的な人間観の共有さえもままならない状況がありうることが問題であり，その意味でここでは人間の実質に係る厚い想定は簡単にはできない．

　ここで述べている正義の構成条件の意義は，正義の理論において同じような位置づけを有する他の条件との比較においていっそう明確になるであろう．第一に，正義の構成条件は，ロールズのいう「正義の情況（the circumstances of justice）」とは異なる．正義の情況は，正義原理が必要となる社会的な問題状況をさしており，それは資源の稀少性，人々の利害対立，秩序の機能不全などを含んでいる（ロールズ 2011: 22 節）．これとは異なって，正義の構成条件では，正義原理の案出と維持それ自体を可能にする条件が問題となる．正義の情況とは社会秩序の基本に係る集合的問題状況であるのに対して，正義の構成条件は，社会秩序の基本に係る集合的な問題解決のあり方自体の条件であるともいえよう．正義の情況においてまず人々にとって重要な正義の問題が共有されるのであるが，それに即応して今度は，正義の構成条件によって正義のあり方に係る問題解決が協同してめざされるのである．

　この点で第二に，正義の構成条件は，正義原理の成立と機能の必要条件でもある．それは，その条件が成り立たなければ正義原理が成立しその規整機能を始めることはないという基本条件である．その一方で，正義の構成条件が成り立っているならば当の正義原理が当該社会の秩序を適正に規整するということには必ずしもならない．いってみれば，前者の構成条件は正義にかなった秩序が生まれるための必要最小限の条件の問題であり，後者の規整のあり方は正義が適切に働いて社会秩序を統御するということの十分条件，つまり当の正義の秩序や原理の実質的な正当性の問題である[3]．

　第三に，正義の構成条件は，正義をめぐる発話を行う言語行為の構成的規則群（constitutive rules）とも異なる．後者のルールは，たとえば「正義が実現されるべし」，「ヒューマン・ライツを尊重すべし」といった価値的言明に係る発

話行為が有意味に成り立つための言語的慣行（linguistic convention）の規範的構造の問題である（Searle 2010: Ch. 5）．この場合の規範的構造は，たとえば，正義の実現が望ましいという信念とそれを積極的に推奨する態度が存在し，それらのことが「正義」や「実現」という語を用いることが適切だという文法的要求があるといった言語使用上の規則であるが，それとは異なって，正義の構成条件は，正義言明の構成的規則群をその一環として含むが，そもそもそのような規則群を創出するような集合的な実践がいかなるものであるかという問題に関わっている．

かくして，正義の構成条件は，正義の理論のメタ次元での問題として独自の意義を有している．とくにグローバルな正義の理論に関しては，それは，人々の何らかの共同的な関係やコミュニケーションにおける最小限度の実体性，人々や団体の分散性，それらの関係の柔軟性や流動性，またそこでの超・国家／社会／文化性，そして一定の規範性などを満足するはずの，人々の間の薄い紐帯のあり方である．それはいかなるものか，そしてそれはいかに可能か．こうしてわれわれはグローバルな正義の構成条件を把握し，再検討する必要に迫られている[4]．

3 〈シンボリック・ネットワーク〉とその構造

グローバルな正義の基盤となるような，人々の薄い紐帯のあり方という問題に対するアプローチは多々ありうる．本章で焦点を当てたいのは，ここで〈シンボリック・ネットワーク〉（symbolic network）と呼ぶものである[5]．

ここでいう〈シンボリック・ネットワーク〉とは，端的にいえば，ある規範的概念の共有の連鎖を通じて生成するさまざまな人々の間の規範的紐帯である．そこで共有されるのは，正義に係る規範的概念（その抽象的規定を含む）であり，人間や社会のあり方についてのさまざまな個別の信念や意識ではない．ここでの概念とは，正義の問題文脈においては法や政治とは異なった一定の公共的道徳に係る概念の問題であって，それは，正義論の基本的関心事である正義の概念，自由の概念，平等の概念などの問題でもある．この点で，法哲学において慣用される，概念（concept），概念解釈（conception），原理（principle），規則

(rule) などの区別の内では，〈シンボリック・ネットワーク〉は第一の概念そのものの問題に関わっている．概念解釈，原理，規則のレベルでは一つの概念に関してもさまざまな内容が考えられ，その共有にも程度の相異があって，その内容自体は唱導される正義のあり方に応じて論争的なものとなるのに対して，〈シンボリック・ネットワーク〉において共有される規範的概念はそれ自体が端的に共通なものである．

　ここで，〈シンボリック・ネットワーク〉の中核が規範的概念であることには注意を要する．このネットワークの核は，人々に最小限度で共有されうる理念を指示する概念であり，そのような概念はいうまでもなく規範性を有する．実際には，〈シンボリック・ネットワーク〉の中核は具体的には一定の規範命題として与えられる．たとえば，「正義を実現せよ」，「マイノリティを平等に扱え」，「人権を守れ」などである．しかし，ここで重要なのはそのような命題の中心部分において象徴的に示されている理念的な概念，すなわち「正義」，「人間の尊厳」，「人格の平等」，「自由」，あるいは「ヒューマン・ライツ」などであり，これらが，人々の活動に対して抗事実的な拘束力を有する点で規範性（normativity）をともないつつ，人々の間で共有されて網の目を作っている．

　この場合，同時に重要なことは，〈シンボリック・ネットワーク〉の中核たる規範的概念はあくまで抽象的であることである．つまり，共有される理念的概念は抽象的な形で包括的に与えられる．上記の例にそくすると，たとえば，「正義とは利益の均衡である」，「尊厳とは人格に本質的属性である」，「平等とは人々の基本的利益が等しく保障されることである」，「自由とは人々の選択や決定が妨害されないことである」，「権利とは法的に保護された人々の基本的利益である」などといった具合に，種々の規範的概念のポイントがここでは重要な意義を有している．このことは，言い換えれば，理念的な概念の具体的な内容の理解は，それにコミットする人々の解釈に委ねられるということでもある．つまり，上の例では，いかなる正義か，尊厳の内容，何の平等か，いかなる自由か，どのような権利かといった内容理解は，解釈に応じて異なりうるものであり，時に争われうるものである．たしかに，人々はさまざまな規範命題を一定程度で共有できるが，その共有の論理的な軸になっているのが理念的な概念であり，そのような鍵概念が人々に共有される際に現れる象徴的なつながりが，

ここでの関心事である．それは，基本的には，既述のような規範命題を含むある簡潔な象徴的言説が世界のそこかしこで同じように主張されるという事態に看取されるものである（Sullivan & Kymlicka 2007: Ch. 1; Lukes 2008: Ch. 3）．

　この点で付け加えるならば，このような理念的概念の共有において，これらの理念の普遍性の一つの根拠もあるといえよう．たしかに，規範的な普遍性そのものをここでいう〈シンボリック・ネットワーク〉の核心にある形式的な概念特性に求めることができるかは問題であるかもしれない．しかし，ここでの推測は，概念の抽象性は浸透力を有するということである．ある規範的概念の抽象的部分だけを受容することは，論理的次元の相異と解釈的な方略の活用によって，当の概念を受容する人々みずからが有するエゴセントリックな思想や信条とただちに矛盾することにはならない．ただ，このような抽象性がただちにその規範的概念の「領域一元的」な射程を与えることになるかといえば，そこにはさらにステップが必要であろう．ある目から見れば，この〈シンボリック・ネットワーク〉とは，人々の間の単なる事実上の関係の広がりの束が実体的に投射されているものにすぎないといわれるかもしれない．この問題は実在論と唯名論との対立に関わる根本的な哲学的問題を含んでいるが，ここでは深く立ち入らず，すでに示唆したように，このようなネットワークをともなう意味空間が人々の間に存在するという仮説にとどめておこう（Popper 1974; 池田 2000: 2章; Dryzek 2010: Part 2; 盛山 2011: 1章; 西垣 2013: 3章）．なお，人間社会においてはさまざまなネットワークが看取される．それらを全体として見るならば，第一階のレベルでは人々のさまざまな集合の物理的形成という意味でのネットワークが現出するが，それとは異なる第二階のレベルでは人々の間の社会的関係（社会慣行や社会的役割など）の意識ネットワークの形成がなされ，それはいわゆる「シンボリック相互作用論」や言語行為論の問題である（Barney 2004; Searle 2010: Ch. 1; Ritzer 2011: Ch. 10）．しかし，ここでいう〈シンボリック・ネットワーク〉は，それらの集合的相互作用や役割関係そのものの規整に関わる高階の秩序における規範的概念のネットワークの問題である[6]．

　さらに，〈シンボリック・ネットワーク〉は開放的な特性を有している．〈シンボリック・ネットワーク〉における理念的概念の解釈は争われ，変化しうる

ものであって，さまざまな概念解釈が主張されうる．たとえば，「自由」であれ，「ヒューマン・ライツ」であれ，その概念的内容は，消極的自由か積極的自由か，あるいは自由権のみかそれとも平等権も含むかなどの点で見方により異なって理解されうるし，また時代状況に応じて変化しうるものである．しかしながら，それらの変化を通じて，軸となっている規範的概念それ自体は同一であり続け，それが〈シンボリック・ネットワーク〉の同一性を維持することになる．その一方で，〈シンボリック・ネットワーク〉は発展性をも有している．〈シンボリック・ネットワーク〉は，それにコミットし利用する人々によるさまざまな解釈的精錬の過程において全体として整合化し，拡大・深化する論理的なポテンシャルを有している．とくに，それは，地球上で局所的に生成しても，一定の規範的な浸透力によって全体規模で広がりうるであろう[7]．

　最後に，ここで述べている〈シンボリック・ネットワーク〉は，特定の理念に個別に係るものだけであるが，理念の種別に応じてこのネットワークはそれぞれに異なる形で成立しえ，そこでは〈シンボリック・ネットワーク〉どうしのコンフリクトが生じうる．たとえば，人権尊重の理念と伝統遵守の理念とは対立することがあり，それぞれが形づくる〈シンボリック・ネットワーク〉は互いに対立・拮抗することもある．この事態は〈シンボリック・ネットワーク〉が複数性を有していることを示しているが，その場合には，どちらの〈シンボリック・ネットワーク〉がどのように優位するのかという問題がきわめて重要なものとなることはいうまでもない（本章第5節）．この優劣の問題についてここで深く立ち入ることはできないが，基本的には次のように考えられる．すなわち，対立している〈シンボリック・ネットワーク〉の優劣は，進化論的な長期的浸透プロセスのなかでいずれの〈シンボリック・ネットワーク〉が社会的に広がって安定してゆき，相対的に優位になってゆくかという仕方において測られることである．そして，この場合のポイントは，〈合意の重合化〉とでも呼ぶべき，対話的で漸次的な合意の形成にあるであろう（Benhabib 2002: Ch. 5; Dryzek 2010: Part 3）．たとえば，消極的自由の理念と実質的平等の理念とはしばしばコンフリクトを孕んでいるが，その場合には，いずれの理念も認めている機会の平等に係る「機会」概念の〈合意の重合化〉を通じて，部分的に重なり合ってゆくことになるであろう（ロールズ 2011: 12節）．

4 〈シンボリック・ネットワーク〉の機能

　次に問題となるのは，〈シンボリック・ネットワーク〉がいったん局所的であれ成立した後で，それはどのようにして定着・拡大しうるのかということであろう．この点で，〈シンボリック・ネットワーク〉は前節で述べた構造的特徴を有する一方で，さらに一定の機能的特徴をも有している．

　〈シンボリック・ネットワーク〉は，その創出・転用・拡張・構造化によって人々に定着し拡大する．ここで創出とは〈シンボリック・ネットワーク〉を新たに生み出す活動であり，個人や集団によって新たな理念的概念が唱導されることに始まる．次に転用とは，ある個人や集団とは異なる人々が当該の理念的概念を利用して言説を展開し，それによって新たな紐帯を作り出してゆくことである．そして拡張とは，当該の〈シンボリック・ネットワーク〉に基づく言説の意味を豊かに読み解いてさまざまな解釈を生み出してゆくことであり，さらに構造化とは，それらのさまざまな解釈を統合・再編成しながら〈シンボリック・ネットワーク〉をより客観化し，また独自に変容させてゆくことである．そして，このような創出・転用・拡張・構造化の過程を幾重にも繰り返しながら，〈シンボリック・ネットワーク〉はさまざまに結合し広がって人々のつながりを漸次的に作り出してゆくのであり，それは一定の理念的概念を介した規範的なつながり，すなわち人々の〈モラル・ネクサス〉となる．

　こうして，〈シンボリック・ネットワーク〉とそれがともなうところの〈モラル・ネクサス〉は，二当事者間や三者間のつながりとそれらのさまざまな重合によって拡大してゆくこととなる．この場合の〈シンボリック・ネットワーク〉の展開は，個人と個人の共有（ネットワークの一部もしくは全部），集団と集団の共有（ネットワークの一部もしくは全部），個人と集団との間の共有（ネットワークの一部もしくは全部），そしてこれらの様態の組み合わせからなる多面的な広がりを通じてなされることになるだろう．このような過程自体は，人々の間での一定の信念形成のあり方を示す社会的交換理論や社会的ネットワーク理論，あるいはいわゆるノットワーク理論などが分析しようとするさまざまな局面と連動していることはただちに予想できるところである（池田 2000: 3章；

Ritzer 2011: Ch. 12; 西垣 2013: 5 章). もっとも, 社会的交換理論や社会的ネットワーク理論は多くの場合人々の間の関係形成を相互にとっての費用便益計算上の利得に見出すのであるが, 〈シンボリック・ネットワーク〉の形成はそれとは異なる. というのも, 前者によって解明される関係はいわば規範的引き (normative pull), すなわち与えられた規範の実効的実現の問題であるのに対して, 〈シンボリック・ネットワーク〉の形成は規範的押し (normative push), すなわち理念の規範的賦課の問題であって, すでに述べたように, それらが存立している次元が異なっていることに注意を要する. 後者の規範的押しとその形成や広がりの問題は, 前者における規範の適用や実現の問題とは異なって, それ自体独自のあり方において説明を要することである. なぜなら, ある理念はその根元においてあくまで理念的な根拠をもって成り立つ事柄であり, 人々の現実の活動から直接に生まれるわけではないからである (Cohen 2008: Ch. 6).

　現代社会では, このような〈シンボリック・ネットワーク〉の定着・拡大のリアリティに事欠かない. そこでは, 影響力あるさまざまな著作の刊行, 活発なマス・メディア, 頻繁な人々の集会活動, 会議やシンポジウムの開催から, インターネットでの地球規模でのつながり, ヴァーチャルな友人関係, 多くの市民団体の活動や連携など, さまざまなフォーラムやチャンネルを通じての人々のつながりの拡大がある. とくにグローバルな正義に係る現実例としては, 著名な思想家による関連著作の刊行, 世界的なネットワークをもつマス・メディアによる報道, 国連や各国政府の組織によるヒューマン・ライツの唱導, たとえばアムネスティ, オクスファム, ヒューマン・ライツ・ウォッチ, 国境なき医師団など国際的な人権保護団体によるキャンペーンや活動, そして, たとえば「黒衣の女性たち」運動 (コーネル 2008: 6 章) やグリーン・ピースなどの市民グループの自発的活動が挙げられる. そこでは, 先にも触れたように正義の実現や人権の保障などが謳われ, 実行され, また支持が与えられ, 地球規模の意識と関心の広がりがある.

　こうして定着・拡大しうる〈シンボリック・ネットワーク〉は一定の理念に基づく共同性の形成の方途となるが, もちろんそれはただちに全体社会におよぶものとなるとは限らない. ここにはさらに複雑な過程が現れる. それは, 〈シンボリック・ネットワーク〉の局所的形成や遠距離間の人々の結合などが

反復され，重合されてゆくことや，それらが漸次的もしくは多発的に紆余曲折を経ながら変容してゆくことなどによって起こってくることであろう．しかし，そのさまざまな過程自体は，より経験的な分析や検証の問題である（Rogers 2003）．ここでの考察に関しては，それが一定の態様によって生起するという認識よりも，むしろ，〈シンボリック・ネットワーク〉が一定の回路を通じて人々の間に発展的かつ開放的な共同性を形成しうることの理解が重要であろう．というのも，このような共同性は，人々の間に相互の互恵性が成立する以前の段階においてそもそも一定の理念の共有があり，そこでは人々の共同的なコミットメントがまず成り立っていることが有意義だということを示すからである[8]．

　なお，〈シンボリック・ネットワーク〉は，局所的な形成や遠距離間結合などの反復や重合を通じて広がるが，その際にはいわば〈分散的収斂〉とでもいうべき条件が重要となる．〈シンボリック・ネットワーク〉はさまざまな関係者の解釈を受けつけ，さまざまに発展しうるのであるから，このことと前に述べた開放性とによって，〈シンボリック・ネットワーク〉の内部にはさまざまな解釈のヴァリエーションが生じうる．しかし，その一方で人々は，〈シンボリック・ネットワーク〉が一つの概念を中核にしている以上その概念のための論理的な整合化の要求にも直面する．そして，この場合には，人々の間に異なる意見が〈合意の重合化〉のプロセスを経ることを通じて，〈シンボリック・ネットワーク〉は漸次的にであれその意味的な統合を果たしてゆくことになる．

　最後に，この〈シンボリック・ネットワーク〉の下で思考し行為する人々に対して，このネットワークはいかなる機能を果たすことになるのだろうか．

　まず，明らかに，〈シンボリック・ネットワーク〉の下で人々は共有された規範的概念と価値に抽象的にコミットし，互いに共鳴し，ともに実現をめざしながら，具体的で個別的な規範的言説を展開する．これは人々の道徳的な活動主体性（moral agency）の解発である（Wallace 2006: Part 1）．また，そのような活動を介して，人々はすでに触れた〈モラル・ネクサス〉を形成する．ここで規範的に独自の形でつながりを形成する人々には，たとえば心理的共鳴・解釈的闡明・集合的協同といった過程や，一定の情報を通じた「弱い紐帯（weak ties）」の強化などによる「ミクロ－マクロ・リンク」の形成がともなっている

(Ritzer 2011: Ch. 14; 盛山 2011: 5章). この点で,〈シンボリック・ネットワーク〉はさまざまの社会秩序上の一般的な関係性の基盤の形成に預かって力があることになる.

　人々の関係形成とは別のレベルの機能としては,〈シンボリック・ネットワーク〉のまさにシンボルとしての機能が考えられよう. 一つには,それはさまざまな規範伝統のメタ・エレメントとして規範伝統の変容に関わることができる. 換言すれば,〈シンボリック・ネットワーク〉は,さまざまな規範伝統を接合し混成させる論理的な動因となることができる. たとえば, ヒューマン・ライツの理念に係る〈シンボリック・ネットワーク〉は, 西洋の規範伝統に発する人権保護の主張がイスラムや儒教的あるいは仏教的な秩序重視の異質な規範伝統のなかに食い入ることを支え, 後者の諸伝統に力点の変化を与えることができよう (Sullivan & Kymlicka 2007: Ch. 6). ただし,〈シンボリック・ネットワーク〉の複数性からすると, ここで重要な問題は, ある〈シンボリック・ネットワーク〉が一定の社会領域内で有意でありまた優位であることがいかにして可能になるのかということである. 最初の段階で考えられるのは, さまざまな〈シンボリック・ネットワーク〉が出現し並存・拮抗する状態である. しかし, 時間の経過や状況の変化とともに, そこでは徐々に優位なものと劣位なものとが分かれてゆくであろう. この過程はある面では進化論的なものであり, さまざまな倫理原則のいずれが進化的に安定な方略となるかという問題にそくして考えることができるかもしれない (Binmore 2005: Ch. 4; 猪原 2011: 2章).

　この問題に関連して補足すべきことは,〈シンボリック・ネットワーク〉の負の機能という問題である. 一般に, システムは一定の期待された機能を果たす一方で, むしろ逆効果となる機能を果たしてしまうこともある. たとえば, 革新的な制度改革がいたって既存の慣行によって一応は円滑に動いていた社会に混乱を来すような場合がその典型である. このような負の機能は,〈シンボリック・ネットワーク〉の働きにおいても見られうるものであろう. 一定の規範的概念の定立とそれに対するコミットメントにともなって, 情報の歪曲や活動のロック-イン, あるいは排他性の出現などがありえ, そこからさらに〈シンボリック・ネットワーク〉の分裂や対立が生じうるのである. その解決がいかにしてありうるかという問題は, 翻って, ある〈シンボリック・ネットワー

ク〉が適切かつ優位な形で広がるとはどのような事態なのかという問題につながっている．このときに必要となる条件に関しては，社会関係における第一階の物理的な集合性や第二階のシンボリックな相互作用が一定の事実的な条件として寄与するはずではあるが，〈シンボリック・ネットワーク〉が規範的なものであるかぎりはやはり規範的なものとして考えられるはずであり，それが何かという問題は改めて〈シンボリック・ネットワーク〉の病理学として考察する必要があろう．

5 〈シンボリック・ネットワーク〉と正義の正当化

　〈シンボリック・ネットワーク〉は，本章の冒頭に述べたように，グローバルな正義の構成条件の重要な柱として考えられる．それは，一定の国内社会に係る正義の問題場面においては，たとえばロールズ的な原初状態において正の形式的条件がいかに成り立つかということについての根拠の問題であり，さらにその一部は無知のヴェールの条件における人間に係る一般的知識のあり方に関係している問題であって，グローバルな正義の場合には，それが議論される境域そのものの基盤や回路となる事柄を示している．この点で，〈シンボリック・ネットワーク〉の問題がグローバルな正義の発生的根拠の問題であることは明らかであろう．

　しかしながら，〈シンボリック・ネットワーク〉の拡大や深化は，それによってつながる人々の間での理念的概念の共有可能性を示すものではあるが，そのことがただちに特定の正義原理や規則の共通了解の成立とその規整機能の十全さを示すものではない．というのも，規範的概念の解釈を通じた正義原理や規則の分節化やその具体的適用の適切さの問題は，発生の後に現れる正義の正当化の文脈の問題であるからである．それゆえ，〈シンボリック・ネットワーク〉の存在は特定の正義原理・規則の正当性の直接の根拠づけとはならない．けれども，それにもかかわらず，〈シンボリック・ネットワーク〉は，正義とその原理や規則がそのネットワークに帰属する人々の間でレレヴァントであることを与える前提条件となっていることは重要である．ここで留意すべきは，先にも述べた正義の情況との相異である．正義の情況は，人々の間にさまざ

な社会的問題（たとえば人権侵害や貧困格差）が存在していてそこから何らかの是正や救済が求められているという事態を示しているが，そのような情況はそれが存在するときに一定の規範的反応が現れることの重要な（唯一とは限らない）理由を与えるのみであり，それ自体でただちに正義概念にコミットし，その内容を案出し，そしてそのあり方を議論することの有意義さを与えることにはならない．正義に係る問題の存在は問題解決の指針そのものを与えるわけではなく，その指針にはまず〈シンボリック・ネットワーク〉が規範的思考の資源として必要なのである．そうであれば，正義に係る〈シンボリック・ネットワーク〉の存在が特定の正義原理・規則の正当性の根拠とはならないとしても，その存在は正義の正当性を論ずることの不可欠の前提条件ではあることになろう[9]．

〈シンボリック・ネットワーク〉に係る正義の形成とその正当化との関係という問題に関連して補足しておきたいのは，グローバルな正義におけるいわゆる社会的コネクション・テーゼとの関係である．このテーゼは，グローバルな不正をめぐる帰責の範囲決定に係る相当因果関係の問題についての一つの重要な主張である（Young 2011: Ch. 2）．このテーゼが当該の帰責範囲にとって決定的な条件となるか否かには理論的に問題が残っているが，その当否はここでは措こう．その半面で，このテーゼは社会的な人々のつながりがグローバルな正義の問題にとって重要な構成条件となっていることをたしかに示唆している．少なくとも何らかの形でつながりのある当事者や構成員の間でなければ正義を語りそれによって必要な是正を求めることには無理があることは，明らかだからである．もっとも，社会的コネクション・テーゼは，個人や集団の間での事実としての相互関係を焦点としている．これに対して，〈シンボリック・ネットワーク〉は，それらの人々の正義に係る思考や行為の規範的レレヴァンスを問題としている点で異なっている．つまり，社会的コネクション・テーゼがグローバルな正義の射程内に入る条件であるという判断そのものは，その関係が〈シンボリック・ネットワーク〉の核となる正義の理念の適用範囲内にあるということであり，その関係の範囲のあり方は，この〈シンボリック・ネットワーク〉の形成と了解においてまず把握されるのである．たとえば，平等という理念にとっては「何の平等か」また「誰の平等か」といったことが重要な要素

となるが，このとき地球上のすべての人々の利益の平等が有意義な要素として解釈されるならば，この場合に初めて地球規模での社会的コネクションが重要になってくることになろう．グローバルな正義を問題とし，論じ，そしてその実現に努めるという人々の活動自体は，そのような正義が重要かつ必要であるという前提了解が当の人々に行き渡っていることなしには意味をなさない．〈シンボリック・ネットワーク〉を軸として成り立つ人々の〈モラル・ネクサス〉がそのような了解を成り立たせ，また人々の活動を当該の正義に係るものとして位置づけるのである．

　最後に，ある〈シンボリック・ネットワーク〉とそこから形成される〈モラル・ネクサス〉において正当化される一定の正義原理と，それとは異なる〈シンボリック・ネットワーク〉と〈モラル・ネクサス〉において成り立つ正義原理とは，どのような論理的関係に立つのであろうか．これらの複数の〈シンボリック・ネットワーク〉の存立と機能は，単なる並立拮抗の状態なのか，それとも何らかのメタ決定が可能な状態なのか．たしかに，これらは困難な理論的問題として残っている．たとえば，そこでは，統一と分裂の間に成り立つスペクトラムのなかで，リベラルな多元主義にいう「適理的な多元性」やH・パトリック・グレンのいう法伝統の「持続可能な多様性」といった穏健な見方が重要であるかもしれない（Galston 2002；Glenn 2010: Ch. 10）．このような見方は，種々の〈シンボリック・ネットワーク〉や〈モラル・ネクサス〉，そして正義原理の間の適理的な接合の可能性を示唆するものであろう．このように，〈シンボリック・ネットワーク〉の存在と働きが，総体的な（global）相対主義や価値や理論の共約不可能性の問題に陥ることなく適切な方向で成り立つとすれば，そこには単に進化論的な優位化という事態のみならず，価値の共約可能性や統合可能性に関わる規範論理的な条件もまた必要であるだろう．この場合の一つの見方は，ロナルド・ドゥオーキンが近年示唆したような価値の相互依存の見方をさらにスケール・アップすることかもしれないし，それに加えて価値の融合の可能性を追求することもまた重要かもしれない（Dworkin 2011: Ch. 1）．しかし，これらの問題はもはや本章の考察範囲を超えている．

6 おわりに

　本章の焦点は，〈シンボリック・ネットワーク〉という形で，人々の間の規範的な紐帯が厚い相互依存関係によらずとも可能であることを示唆することにある．しかしながら，もはやいうまでもなく，グローバルな〈シンボリック・ネットワーク〉の議論はグローバルな正義の実質を尽くすものではない．前者の議論から後者の議論にいたる道にはいくつかの論理的ギャップが存在している．そこには，抽象から具体へ，普遍から特殊へ，理念から原理や格率へ，そしてまた義務論的論理か目的論的論理か，といった規範理論における種々の根本問題が見え隠れしている．この点で，グローバルな〈シンボリック・ネットワーク〉という議論は，グローバルな正義の理論における抽象，普遍，理念，そして義務論的論理の起点の一端を示すものにとどまっている．

　しかしながら，このような起点なくしてグローバルな正義の理論と実践が進み，深まることはありえない．それは規範の世界において論理的に不可能なのである．しかも，この〈シンボリック・ネットワーク〉は単に規範論理的な仮設でもなければ，ある特別な人々の間にだけ成立する特殊な社会慣行でもない．それはわれわれが規範的に作り出し，そしてその意味の最善の理解を争うような，理念的概念による規範的でリアルな人々のつながりである．

注
（1）私自身は平等主義的リベラリズムにそくしたグローバルな正義の理解が重要と考えるが，ここではその具体的内容には立ち入らないし，その論証はここでの直接の問題ではない．一つ付け加えるとすれば，私は宇佐美誠のいう「グローバルな生存主義」に共鳴するところが多い（宇佐美 2013；本書第1章（宇佐美））．ただし，ヒューマン・ライツに係る生存利益の権衡という発想については，権利の認定そのものが正義の何らかの要請ではないかという批判もある．もっとも，ヒューマン・ライツに係る利益が重要なのは，正義の要請が何らかの重要な利益の権衡を求めることの具体的充足としてであるが，権利概念そのものの根拠は別に正義の要請に応じてあると思われる．
（2）たとえば，デイヴィッド・ミラーのいうナショナルなコミュニティに関しても，ブリ

ティッシュ・コモンウェルス全体の人種的・文化的多様性などを勘案するならば，そこには狭いナショナリティとは異なる何らかの全体的な共同性を考える必要があろうし，そうであるとすればグローバルに成り立ちうる共同性との大きな相異はなくなるのではなかろうか（Hasegawa 2014）．

（3）このようにいうならば，この問題は，法体系の妥当根拠のメタ問題と類似性を有しているかもしれない．すなわち，法体系の妥当が可能となる法の議論境域はいかなるものかという問題である．これについて，通常は国内法の領域が考えられるが，しかし国内法の内でも，ましてや国際法やあるいはグローバルな法全体に関しては法の議論境域そのものが不確定的となることが多い．このような状況下での法体系のあり方を正義のあり方と置き換えてみれば，その問題の類似性が看取できるであろう．もっとも，法体系と正義とがともに規範群として大きな類似性を有するかどうかは法と道徳の関係という問題を含んでいることはいうまでもない．いずれにしても，仮にこのようであるとすると，たとえばH. L. A. ハートのいう承認のルールのような根元的ルールが法を支えているという場合には，社会の最小の実効的な権力集団がその根元的ルールに従うという慣行そのものが何らかの高階のメタ・ルールの下で存在する（あるいはしない）かもしれないという問題が見えてくることになる（Marmor 2009: Ch. 6）．

（4）正義の構成条件の把握の方法は解釈的である．それは，正義の構成条件を最良の形で把握することであり，人間や社会の事実の認識やその実証とは異なって，一定の解釈仮説／価値を前提としながら，一定の正義の成立と機能を可能にする実効的な必要条件を把握することである．ここで重要なのは，経験的分析に対する解釈的理解の方法論的な対置である．また，私はこれまで，グローバルな正義に関わるイシューとして，正義の尊重・受容における心理的共鳴・解釈的闡明・集合的協同の働き，価値の共約可能性と価値をめぐる解釈的対話の意義，異質な規範や価値の衝突を調停する解釈学的条件の存在，ある規範や法的観念が異質な規範・法に浸透してゆく解釈学的条件の存在，「係留された社会批判者」の役割と「少数派影響理論」の意義，異法融合の解釈学的接点としての規範翻訳の機能，多様な規範伝統・法伝統の結合・混淆や収斂による秩序形成の意義，多元的な規範・制度がある紛争解決に向けて協働する条件の存在などの問題について論ずる機会があった（長谷川 1996; 長谷川 2001a; 長谷川 2001b; 長谷川 2006; Hasegawa 2009; 長谷川 2010; 長谷川 2011; 長谷川 2012）．しかし，本章で問題となるのは，これらの諸アスペクトがその上で出現し作動するところの基盤・回路となる規範的な軸を把握することである．

（5）〈シンボリック・ネットワーク〉の概念は必ずしも新奇なものではない．すでに文法的言語要素の間の関わりや人間集団の社会学的な連携関係などについてこの概念が使われている例もある．しかし，ここでいう〈シンボリック・ネットワーク〉はまずもって価値や理念，そしてそれを具体化する〈規範〉の間の連結関係をさしており，これらとは異なる意味合いを有する．

（6）法がそのような高階の機片的ネットワークの一例であることは，論を待たない．

（7）それは，理念的な抽象性とそれにともなう単純性・根元性・感情的な訴求力などから

なる規範的な力やそれに応ずる人々の共鳴などによって起こるであろう．
(8) これはドゥオーキンのいう「原理の共同体」の成立の端緒であるといってもよいかもしれない（Dworkin 1986: Ch. 6）．
(9) 正義の概念が共有されていないのであれば，正義の概念解釈を進めることはできない．そうであれば，この正義の概念の共有はどのように成り立っているかということが説明されなければならない．

参考文献
Barney, Darin, 2004, *The Network Society*, Polity Press.
Benhabib, Seyla, 2002, *The Claims of Culture*, Princeton University Press.
Binmore, Ken, 2005, *Natural Justice*, Oxford University Press.
Cohen, G. A., 2008, *Rescuing Justice and Equality*, Harvard University Press.
Dworkin, Ronald, 1986, *Law's Empire*, Harvard University Press（＝小林公訳 1995『法の帝国』未来社）.
――, 2011, *Justice for Hedgehogs*, Harvard University Press.
Dryzek, John, 2010, *Foundations and Frontiers of Deliberative Governance*, Oxford University Press.
Galston, William, 2002, *Liberal Pluralism*, Cambridge University Press.
Glenn, H. Patrick, 2010, *Legal Traditions of the World*, 4th ed., Oxford University Press.
Hasegawa, Ko, 2014, "Getting through National Responsibility toward Global Justice," *ARSP*, Beiheft 139: 81-87.
――, 2009, "Incorporating Foreign Legal Ideas through Translation," in Andrew Halpin and Volker Roeben (eds.), *Theorizing the Global Legal Order*, Hart Publishing, pp. 85-106.
Lukes, Steven, 2008, *Moral Relativism*, Picador.
Mandle, Jon, 2006, *Global Justice*, Polity Press.
Marmor, Andrei, 2009, *Social Conventions*, Princeton University Press.
Miller, David, 2007, *National Responsibility and Global Justice*, Oxford University Press（＝富沢克・伊藤恭彦・長谷川一年・施光恒・竹島博之訳 2011『国際正義とは何か――グローバル化とネーションとしての責任』風行社）.
Nagel, Thomas, 2005, "The Problem of Global Justice," *Philosophy and Public Affairs*, 33(2): 113-147.
Popper, Karl, 1974, *Objective Knowledge*, Oxford University Press（＝森博訳 2004『客観的知識――進化論的アプローチ』木鐸社）.
Ritzer, George, 2011, *Sociological Theory*, 7th ed., McGraw-Hill.
Rogers, Everett, 2003, *Diffusion of Innovations*, 5th ed., Free Press.
Searle, John, 2010, *Making the Social World*, Oxford University Press.
Sullivan, William and Will Kymlicka (eds.), 2007, *The Globalization of Ethics*, Cambridge

University Press.
Twining, William, 2010, *General Jurisprudence*, Cambridge University Press.
Wallace, R. Jay, 2006, *Normativity and the Will*, Oxford University Press.
Young, Iris Marion, 2011, *Responsibility for Justice*, Oxford University Press (＝岡野八代・池田直子訳 2014『正義への責任』岩波書店).
池田謙一 2000『コミュニケーション』東京大学出版会.
井上達夫 2013『世界正義論』筑摩書房.
猪原健弘編 2011『合意形成学』勁草書房.
宇佐美誠 2013「グローバルな経済的正義」日本法哲学会編 2013『法哲学年報 2012　国境を越える正義』有斐閣, 9-26 頁.
押村高 2013「グローバル化と正義」日本法哲学会編 2013『法哲学年報 2012　国境を越える正義』有斐閣, 57-71 頁.
コーネル, ドゥルシラ (仲正昌樹監訳) 2008『"理想"を擁護する』作品社.
盛山和夫 2011『社会学とは何か』ミネルヴァ書房.
西垣通 2013『集合知とは何か』中央公論社.
日本法哲学会編 2013『法哲学年報 2012　国境を越える正義』有斐閣.
長谷川晃 1996「解釈的対話の条件」長谷川晃『解釈と法思考』日本評論社.
―― 2001a「正義はいかに受容されるか」長谷川晃『公正の法哲学』信山社, 231-277 頁.
―― 2001b「アジア社会における普遍的法の形成」長谷川晃『公正の法哲学』信山社, 278-298 頁.
―― 2006「規範衝突の解釈学」『法学』69 巻 6 号 979-1010 頁.
―― 2010「ドゥオーキンのリーガリティ論」宇佐美誠・濱真一郎編『ドゥオーキン――法哲学と政治哲学』勁草書房, 67-86 頁.
―― 2011「21 世紀の法の概念」『法の理論 30』65-82 頁.
―― 2012「法のクレオールと法的観念の翻訳」長谷川晃編『法のクレオール序説』北海道大学出版会, 1-32 頁.
ロールズ, ジョン (川本隆史・福間聡・神島裕子訳) 2011『正義論 改訂版』紀伊国屋書店.

Comment
「多様性の要請」と「統合の要請」をいかに両立させうるか

施　光恒

　第2章（長谷川論文）の問題意識，とくにシンボリック・ネットワークへの着目という発想は，非常に興味深く，また勉強になりました．

　政治学的な観点ですが，私も，リベラルな社会の統合原理としての正義という絆は，長谷川論文でいうところの分散的収斂を必要とするだろうと考えています．つまり正義の絆は難しく，成り立ちがたい．リベラルな社会の構成原理には，「多様性の要請」が必要です．考え方や生き方，宗教または民族文化，趣味嗜好などの多様性を許容し，促進しなければなりません．ですが同時に，社会の構成原理である以上，「統合の要請」も求められます．さまざまに異なった生き方，考え方，善き生の構想を抱く人々，それぞれの宗教や民族文化をもつ人々をまとめていかなければならない．すなわち，「多様性の要請」と「統合の要請」というベクトルの異なる二つの要請を同時に成り立たせる絆が，リベラルな社会の構成原理としての正義には求められるのです．

　この着地点をどこに見出すかは，非常に難しい問題です．長谷川論文では，「最小限度において一定の正義を可能にする人々の紐帯」，「さまざまに異なる人々の間に一定の限度や範囲の正義を成り立たせる下地となるような紐帯」，「実体的で厚い共同性とはまた異なった，別種の共同性」（33頁）が必要だと表現されています．シンボリック・ネットワークという発想は，規範的・抽象的な概念を共有しつつも多様な解釈が可能であり，そこで多様性を認める余地がでてくるというものでしょう．つまり，「多様性の要請」と「統合の要請」を同時に満たす，成り立ちがたい紐帯を，シンボリック・ネットワークという観念に着目し考察するものと理解しました．規範的な概念の共有，およびその多様な解釈による分岐を認めていくこの発想は，現実的にも，また方向性としても非常に興味深いと感じます．

しかし，いくつか疑問点もあります．長谷川論文では，複数のシンボリック・ネットワークが存在するとされています．たとえば，自由を重視するもの，伝統の持続性を重視するものなどが，多元的に存在する．そして，これらの優劣は，自生的・進化論的なプロセスによって測定・調整されていくと論じられています．シンボリック・ネットワークは，効率性などによって調整されるのではなく，あくまでも規範的な理念の力を基準として自生的調整が行われ，またそうあるべきだと指摘されていますが，私もその点は大いに同意します．

ただ現実の問題として，規範的理念の力以外の何かが介在する恐れは，依然大きいと思います．たとえば第1章（宇佐美論文）へのコメントでも指摘したように，英語による文化支配が強い現状では，すなわち英語圏の国々の政治的影響力が大きく，英語による出版産業が栄えている現下の状況では，英語圏の概念やそれにまつわる思考形態は広まりやすく，規範的理念としてのアピール力も強い．つまり，シンボリック・ネットワークの優劣は，理想的には規範的理念の力のみで調整されていくべきなのに，現実問題としては理念の力以外のものが介在してしまう．そこを問題視せねば，グローバルな正義を考える際の基礎になりうると期待することはできないのではないかと危惧します．

もう一つ，これは外在的批判かもしれませんが，シンボリック・ネットワークではある種の階層差が生じないかと懸念します．抽象的・規範的理念を共有し，それを解釈する力に関しては，どうしてもエリートや知的階層の上位にいる人々が有利だと思います．シンボリック・ネットワークの議論は興味深く，有望な点も大いにあるだろうけれども，若干知的すぎるのではないでしょうか．こういうことをなぜ言うかというと，やはり私はリベラル・ナショナリズムへの共感があり，規範的理念への着目よりも，やや知的ではない，文化的な絆，慣習的・習慣的・歴史的な絆，所与としての宿命や運命を感じるような絆，つまりはいわゆるナショナルな絆が，「多様性の要請」と「統合の要請」とをバランシングするものとして優れていると考えるからです．

リベラルな社会では，さまざまな考え方や生き方を認めなければなりません．憲法パトリオティズムもそうですが，あまり知的なレベルでの人々の紐帯を想定してしまうと，知的観念を共有しない人は排除されてしまうことになりかねない．現実には，もう少し「知的でない」絆で人々が統合されています．また，

そうした「知的でない」絆に着目する方が、逆説的ですが、多種多様な思想や理念をもつ人々をつなぎとめる絆として機能するのではないでしょうか。実際上、リバタリアンから共産主義者まで包含し、曲がりなりにも一つの政治体を成り立たせることができるのは、ナショナルな絆で統合された共同体だけではないでしょうか。

　当然ながら、ナショナルな絆の方が、逆にその絆を共有しない人を強く排除してしまうという反論は、大いにありえます。しかし、複数の絆、およびそれに結びつけられた複数の共同体の併存を想定すれば、こうした排除の問題は多くの場合、解決しうると思います。あるナショナルな集団から排除された人は、自分たちのナショナルな集団を実質的にもてるようにする。さらに、そうしたナショナルな集団間の政治力や経済力の平等など集団間の公正さを考える必要は出てきます。それでも、リベラルな社会の紐帯として、理知的・啓蒙主義的なものだけではなく、逆説的ですが、慣習レベルの、半ば無意識的な絆に着目し、その機能や意義を検討する必要があると思います。

　少なくともいままでは、安定した自由民主主義の政治体が成り立ってきたのは、ナショナルなものを基礎としている場合のみだといってもいいでしょう。EU（ヨーロッパ連合）がいくつかの難局に直面している現状と比較しても、自由民主主義的な政治共同体は、ナショナリティというある意味、非啓蒙主義的な要素を含みもつ、知的すぎない絆を基礎に据えるほうが、逆説的ですが、「多様性の要請」も「統合の要請」も同時に満たし、うまくいく可能性があるのではないかと考えています。そうした意味で長谷川論文の着目するシンボリック・ネットワークは、若干知的すぎるかもしれません。「多様性の要請」と「統合の要請」の両者を可能にする絆について、私自身もさらに考察していきたいと思います。

第3章 社会契約モデルの拡張
——ロールズからセンへ

後藤玲子

1 はじめに

　2009年，アマルティア・センはジョン・ロールズの正義理論に対するみずからの見解を1冊の本にまとめた．基調は，1970年の主著で主張されている批判的見解と変わらない[(1)]．理想的な社会の特定に終始するロールズのアプローチでは現実の不正義の多くが見逃される恐れのある点をセンは一貫して批判してきた．同書では，さらに，「修復できるはずの不正義を特定することは，正義理論の主題である」（Sen 2009: vii）と明記されている．

　ただし，2009年の著作におけるロールズ正義理論の解釈それ自体は深く，きわめて重層的である．ロールズを通して思想としてのリベラリズムが果たしてきた歴史的意義と到達点が確認される一方で，本質的な限界が指摘される．その指摘は，新古典派経済学がロールズに与えた影響を，反省的に捉え返す視点と呼応している．同書に記された「なお残るロールズ正義理論批判」とは，新古典派経済学の方法論に対する十分な検証をなさないまま，それと手を携える形で発展してきた規範理論（倫理学や政治哲学）に対する根本的な批判であると解される．

　私は，別稿でロールズの「社会的基本財」に対するセンの批判とそれに替わる「潜在能力」の提唱は，「公正としての正義」の柱の一つである「ロールズ格差原理」の定式化に根本的な変更を迫るものである点，ただし，その一方で，それは「政治的構成主義」や「正の形式的条件」などロールズ正義原理の基礎となる方法的枠組みと論理的には接続可能であり，「潜在能力」概念の採用は，むしろ格差原理の経済学的定式化が陥りがちな論理的隘路を切り開く可能性が

あることを示した（Gotoh 2014）.

　本章の目的は,「公正としての正義」のもう一つの柱であり,センのもう一つの批判点である「社会契約（social contract）」に焦点を当て,正義原理の導出プロセスに関するロールズとセンの理論的な対立点と整合可能性を再整理すること,それをグローバル正義の基礎理論の一つに位置づけることにある.しばしば批判されるように,ロールズ正義理論が政治哲学理論として成熟していくプロセスで,その視野が一定の歴史的文脈を共有した国民国家の国内正義論としての性格を強めていったことは否めない.だが,ロールズ正義理論はもともと,実体としての国民国家の議論には収斂されない抽象性と外延的広がりを有していた.ロールズ正義理論に対する新古典派経済学の影響は,その方向での理論化を徹底させる傾向があった.グローバル正義論の文脈におけるセンのロールズ批判は,「経済学的思考」のポジティブな側面によって政治哲学的理論を批判する一方で,経済学的な理論化の行き過ぎを反省するという再帰性をもっている.とはいえ,それに代わるセン自身のグローバル正義構想の輪郭は,さほど明確ではない.本章は,ロールズ正義「理論」の背後にある「思想」を手がかりとしてセンのグローバル正義構想に接近する.

　本章の議論を見通すために,以下では,ロールズ正義理論に対するセンの批判を簡単に要約しよう.ロールズ正義理論に対するセンの主要な批判点は次の2点に集約される.第一は,環境の変化に応じて,つねに,「理想的な社会」像の抽出を可能とする,完備的かつ推移的な評価をもたらす合理的な正義原理を追究する,という方法的スタンスである.第二は,正義原理の構想にあたって,制定主体がもちうる情報ならびに認識上の制約,ならびに制定主体と範囲の制約である.センは前者を「超越論的アプローチ」と,後者を「社会契約モデル」と呼び,各々に対抗する視座を提出する.

　「超越論的アプローチ」に対抗するセンの視座は「（状態）比較アプローチ」である.センは,これを経済学の伝統的な方法と呼ぶ.たしかに,正義か不正義かといった厳格な二分法を退ける経済学的思考という一般的な意味ではそのとおりであろう（Reiko and Dumouchel 2009 = 2011 参照のこと）.ただし,急いで注記すれば,センが提唱する「（状態）比較アプローチ」は,新古典派経済学のように,選好の完全な個人内比較可能性（つまりは選好の完備性）を仮定

するわけでも，古典派経済学のように，選好の完全な個人間比較可能性を仮定するわけでもない．また，功利主義のように単位個人間比較可能な基数的選好概念をもとに個々人の効用単位の増減に関心を集中させるわけでも，個人間比較可能な序数的選好概念をもとに個々人の効用水準の相対的順位（序列づけ）の変化に関心を集中させるわけでもない．むしろ，その関心は個々人のおかれた（絶対的）状態の意味や内容に向けられる．制度や政策によって変化する個々人の状態の個人内・個人間比較，それらの豊かな情報をもとに，より正義にかなった制度や政策を特定し，より不正義な制度や政策を退けることが主題とされる．

「社会契約」モデルに対抗する視座として，センは，「開かれた不偏性」に基づく社会的選択のアイディアを提供する．これは正義原理の制定主体が評価判断の基礎とする情報の獲得，ならびに認識の訂正プロセスを象徴する概念であり，文化相対主義の内在的批判を含む「位置的な客観性」構想や「アイデンティティ」論などとも深く関連する．この「社会契約」モデル批判は，制定主体の範囲をめぐる議論を媒介として，ロールズの「閉じられた」不偏性批判へとつながる．一定の政治的同質性をもつ〈社会〉概念に依拠したロールズのグローバル正義構想に対して，センは，「交渉集団（the negotiating group）」，「被影響者集団（the affected group）」，「評価集団（the evaluating group）」という三つの集団概念，「間－位置的査定（trans-positional assessment）」，「状況づけられた不偏的観察者」を鍵概念とする「開かれた」グローバル正義構想をもつ（後藤 2014）．

以下では，はじめにロールズの功利主義的社会厚生モデルに対する批判とロールズの代替的構想を検討する．そして，「公正としての正義」の経済学的定式化を越える視座とそれを支える思想を抽出する．次に，情報の観点から「原初状態」モデルを拡張する方途を探る．すなわち，性や障害の有無などに関わる制定主体の特殊性を私的情報としてではなく，位置（position）的情報として，人々が共有できる状況を構成する．ロールズの「人間社会の一般的事実」という概念が手がかりとされる．続いて，センの潜在能力アプローチを基底とした「開かれた不偏性」の構想に移る．情報と認識の制約に関する反省的視点を内に含む点で，これは社会的選択理論の「厚生主義」的側面を乗り越えるオルタ

ナティブであることを示す. さらに,「状況づけられた不偏的観察者」などの概念と結びつくことにより, ロールズのグローバル正義構想を越える視座をもつことを示す.

2　功利主義的社会厚生モデルとそれに対するロールズの批判

ロールズが「公正としての正義」構想を初めて公表したのは, 1958年である. それはロールズ正義理論の中核をなすといって間違いないだろう. その要点は次のようにまとめられる. 第一に, 個人の個々の行為が正義にかなうかを直接, 個別的に判断するのではなく, 個々人の行動が社会制度を通じてある共通の原理で制約されるとしたら, 一定の正義が実現されることになる, そのような社会の基礎構造を規定する正義原理の制定を主題とする点, 第二に, 社会の基礎構造を規定する正義原理として何が相応しいかを理論先験的に決定するのではなく, より相応しい正義原理が制定されるための社会的選択手続き(意思決定プロセス)を構成する点である.「公正」とは, そのプロセスに課せられる条件が満たすべき性質をさす. 具体的には, 意思決定プロセスにおける個々人の足場の対称性(1人1票),「無知のヴェール」に象徴される私的情報の制約,「正の形式的条件」(制定される原理は一般性, 普遍性, 公共性, 順序性, 最終性を満たすものでなければならない)の受容などである.

この構想は, 不確実性下での功利主義への展開と類似性をもつ点がジョン・ハルサニーらの研究を通じて明らかとなった. ハルサニーは, ロールズと同様に, 自己の私的境遇に関してまったく不確実である状況で, 個人が期待効用最大化行動を倫理的に拡張するとしたら, 特定の名前からは独立に, すべての個人がもつ効用関数に等確率を付し, それらを集計した値の平均を最大化する功利主義原理が導出される, とした. ハルサニーの提示した功利主義モデルは, ジェームス・マーリースやリチャード・マスグレイブら財政学者を含む経済学者の間に大きな反響を呼んだ. ハルサニーの功利主義モデルとの対照では, ロールズの「格差原理」は不確実性下でのマキシミン原理, すなわち, 最も不遇な個人に確率1を付した最大化原理として定式化される. その上で, 功利主義原理とマキシミン原理の優位性をめぐって広く理論的・実証的研究が展開され

ることとなった．次に紹介するロールズの功利主義社会厚生モデル批判は，この言説空間のただなかで書かれたものである．

> ［功利主義社会厚生モデルでは］相互性（reciprocity）の構想とは大変異なっている．正義原理を受容する問題が上位管理者決定の偶然的決定として解釈されてしまう．……これらの便益を受け取る個々人が相互に関連しあっているとは想定されていない．個々人は，限られた資源を配分すべき非常に多くの方向性を指し示すだけだ．なぜある方向に資源が配分され，他の方向には配分されないのかは，ただ，個々人としての個々人がもつ選好と利益（preferences and interests as individuals as individuals）から説明されることになる．人々同士の道徳的関係（moral relations between persons）——共同事業のメンバーであるというような——とは無関係に，また，各人が請求（claims）するつもりでいた事柄とは無関係に，願望（desires）の充足それ自身が価値をもつことになる．社会厚生関数の価値の最大化を目的として，中央からシステムのルールを調整しようとする（理想的な）調停者が配慮するのは，この価値だけである．（Rawls 1999 [1971b]: 217）

功利主義社会厚生モデルに対するロールズの批判は，個々人の表明した選好（評価）が記述的データとして集計される点，すなわち，個々人がもっぱらルールの適用客体（目的）として扱われる点に向けられた．個々人は互いに隔離され，いずれの分配状態において本人の利益が増加するか，減少するかに関する情報のみが採取される．たとえ個人には他者の状態への配慮，分配の公正性への関心があったとしても，それらは考慮されない．また，他の人がどんな公正基準をもつか，他の人は自分の状態に配慮しそうであるかについて，あるいは，自分たちの選好がどのような基準で集計されるかについてはいっさい知らされないまま，受動的に選好を提出すると仮定される．不確実性を仮定したハルサニーモデルは，功利主義原理の構成手続きを明示化する点で，この批判に一部答えるものの，完全には答えられない．なぜなら，あらゆる個人の効用関数に等確率を付してその平均期待効用の最大化を図る個人は，社会のなかの誰か1人であればよく，他の人々はデータ提供者の役割にとどめられるからであ

る.

　これらに比したロールズの原初状態モデルの特徴は，個々人がルールの制定主体となること，換言すれば，他者もまた同様に正義原理を提案するであろうという相互的・対称的な関係性のもとで，すべての個人が正義原理に関する評価判断を表明し，それらが公正な手続きの下で集計されて社会的な評価判断を形成することにあった．ロールズによれば，次の意味での「相互性としての正義」が，「社会契約」を表象するのである．

> 人々は，他の人も同様にそうしてくれるなら，公正な協同の条件として原理や規準を提出し，自発的に順守する用意がある．(Rawls 1993: 49)

　ただし，このようなロールズの主張に対しては，原初状態モデルもまた，モデルで想定されている公正な手続きそのものの設定については，個々人は徹頭徹尾，受動的立場にあること，さらに，ここで想定されている「相互性」は，現実の相互的関係ではなく，個々人の推論プロセスにおける虚構にすぎず，個々人の表明する正義原理に対する選好評価そのものは，たとえば公共的討議などの直接的な「相互性」を通じて変化するとは想定されていない，などの批判は可能である．だが，これらの批判には，理論モデルの構築に共通する問題が含まれており，それをどう克服するかはきわめて難問である．その問題には，本章の最後で触れるとして，次節では，原初状態モデル固有の問題に関心を集中したい．

3　ロールズ原初状態モデルの拡張

　ロールズの「格差原理」の経済学的定式化の代表はロールズ型社会厚生関数である．それには，いくつかヴァリエーションが存在するが，共通に次のような特徴を有する．n人から構成される社会で，社会的基本財を指標とする社会状態（異なる分配）の選択肢に対する各人の選好評価順序（n個）をもとに，各社会状態の下での最不遇位置を特定し，それらを，さらに，序列づけることによって，社会状態の選択肢に関する順序を形成する．こうして形成される社会

的評価は，個々人の表明する選好がいかなるものであろうとも，所与の選択肢集合に対してつねに最適解（最も適切な分配）をもたらす，完備的で整合的な評価となる．各社会状態の下で特定化される最不遇位置は，個々人の表明した選好評価に依存して決定される．通常，個々人の選好評価は，各社会状態における自分の分配分とそれを取得するために必要な貢献時間（裏返すと留保時間）上に定義される．

　付記すれば，個々人の選好評価は，その持ち主が自己の内部で，合理的に（完備的かつ整合的に）統合化した私的な選好評価であるという基本構造を保持するかぎり，本人の分配分よりも他者の分配分に依存する（たとえば，利他的あるいは他罰的選好）という形で拡大することも可能である．いずれにしても，このような経済学的定式化は，選択肢を完備的に順序づけ，いかなる経済環境の下でも，最も不遇な人々の効用あるいは所得が最大化するような社会的最適を見つけることを可能とする一方で，結果的に，最大化された最小値がどのくらいとなるか，許容される格差がどのくらいとなるかは，人々の選好や評価，行動など労働インセンティブに関連する要因に依存して変化する点を明らかにする．

　ロールズ格差原理はまた，公理的アプローチにより，弱パレート，匿名性，最不遇位置優先性というより基礎的な公理の束として定義し直される．これに基づくと，ロールズ格差原理が制定される「原初状態」モデルは，「無知のヴェール」の下で，これらの基礎的な公理が個々人によって合意選択された状況として表現される．また，功利主義は，強パレート，匿名性，平均効用最大化という基準の束として表される．両者を比べる個々人の選好評価，ならびにそれらをもとに形成される社会的選好評価は，社会状態の選択肢集合ではなく，基礎的公理の束としての正義原理の選択肢集合の上に定義される．

　留意すべきは，後者（公理的アプローチ）の定式化において，たとえ個々人が代替的な正義原理の評価にあたって，それぞれの正義原理が推奨する分配方法のもとで，実現される帰結（それのみ）に関心を向けるとしても，後者の個人的選好評価と，前者（社会厚生関数）の個人的選好評価は一致する保証はない点である．前者の選好評価に関しては，完備的で整合的な合理性が仮定される一方で，それ以外の性質が仮定されないのに対して，後者に関しては，規範

的な性質が仮定される一方で，合理性の仮定は緩められる．ただし，前者の選好評価は後者に対して影響を与える可能性がある．たとえば，「無知のヴェール」が上がった後の現実の社会において，分配分と留保時間上に定義される選好評価の下で形成される個々人の貢献インセンティブに依存して，結果的に，最大化された最小値が悲惨な状態にとどまることが予測される場合には，あるいは，その下で許容される格差がきわめて大きくなると予測される場合には，たとえ最も不遇な人々の境遇を最大化することに関心をもつ人々であったとしても，ロールズ格差原理に対する評価は低いものとなる可能性がある．

　そうであるにもかかわらず，正義原理の制定プロセスが，代替的な正義原理の候補に関して表明された個々人の序数的選好を，それのみを情報的基礎として序数的な社会的選好を作ることに専念するのだとしたら，したがって，最不遇位置が最大化されることは要請するものの，最大化された最不遇位置の意味や内容，より高い評価を得た社会状態（分配方法）における個々人の絶対的な状態に関しては，何ら情報をもちえないとしたら，ロールズの「原初状態」モデルもまた，センが伝統的な社会的選択理論に向けた「厚生主義」批判を免れえないことになる．以下では，センの提出した批判とオルタナティブなアイディアをもとに，ロールズの思想と方法的基盤を再考し，ロールズの「公正としての正義」構想を再構築する方法を探る．再構築の鍵は情報的基礎にある．

4　潜在能力指標を用いることの意味

　原初状態において，社会的基本財指標ではなく，潜在能力指標を用いることの利点は，個人のおかれた絶対的な状態に関する情報，とりわけ資源を必要とする人々の状態に関する情報を提供しうる点にある．それは，異なる正義原理の候補を比較評価しようとする人々にいわば「他者」の視点を与える．すなわち，無知のヴェールが上がった現実の社会には，自分の想像力がまったくおよばない不利性を抱える人々，その基本的な福祉を保障するためには，資源を移転する必要があることは明白であるものの，支援の内容は必ずしも明白ではない，そういう人々がいるかもしれない，そういった形で，正義原理の候補を評価しようとする人々の認識を開く可能性がある．

潜在能力指標は，現実の世界における個々人の貢献インセンティブを変える可能性もある．個々人の貢献インセンティブのもととなる選好評価は，自分の社会的基本財の分配分と留保時間の上のみに定義されるのではなく，自己の貢献を通して資源を移転した他者が，移転された資源を変換して得られる潜在能力，すなわちどんな行いやありようが実現可能になったかにも影響される可能性があるからである．

　社会的基本財の形式的な所有であれば，制度・政策の変更により，個々人の位置は少なくとも理論的には自在に交換可能である．先のロールズ型社会厚生モデルは最不遇位置に非対称的なウエイト1を与えるものの，誰が最不遇位置を占めるかについては，匿名的，非人称的とされていた．生産者と非生産者との間の再分配を含意した分配可能性フロンティア自体は非対称的な形状をもつことはあっても，同一空間上に描かれる社会厚生関数は対称的な形状をもつ．経済学の貢献（労働）インセンティブ議論はこのような位置の交換可能性を暗黙に前提としている点に留意する必要がある．われわれの日常的な公平性の感覚もまた，所得や富に代表される所有物に関して，互いの位置が交換可能であることを暗黙に前提としている．

　だが，現実には，たとえ社会的基本財を等しく分配しえたとしても，それを用いて実現可能となる個々人の存在としての生は，比較不可能かつ非対称的である可能性がある．ロールズが社会的・経済的な平等を直接問うのではなく，「不平等が許されるのはいかなる場合であるか」という消極的な問いかけをなした（そして，最も不遇な人々の「最大化」という表現を用いた）背後には，たしかに，経済学が捉えるような人々の貢献インセンティブ問題（移転する側の労働意欲には限度があるかもしれないといった）がある．だが，そればかりではない．たとえば，以下の二つの引用に代表されるように，法制度的に扱うことが難しいと考えられる社会的偶然・自然的偶然の影響，個々人の存在の非対称性・比較不可能性，そして位置の交換不可能性に関する深い洞察があった．

　しかしながら，ときに，他の位置もまた考慮される必要がある．例としては，固定的な自然的特徴に由来する不平等な基本的権利に対応する位置が挙げられる．これらの特徴は変化しにくいので，対応する位置は基本構造

の初期点として考慮されるべきである．性，人種，文化に応じた分配は，このタイプに属する．(Rawls 1971a: 93)

この洞察は，次の言葉に象徴されるロールズ格差原理の背景思想と密接に関連する．

何人も，それが他の人々の助けにならないかぎり，階級的出自や自然的能力など，深く，執拗な影響力をもち，本人の功績とは無関係な偶然から便益を受けてはならない．(Rawls 1999 [1974]: 246)

ロールズの「公正としての正義」に対するセンの批判は，この文脈で積極的な意味を帯びてくる．個人間の対称性を暗黙の前提とするのではなく，資源の移転元と移転先の個々人の存在（潜在能力）の非対称性・比較不可能性を視野に入れるとしたら，再分配の妥当性が，広く了解される可能性が高まるからである．格差原理を具体化する立法段階ではなく，まさに，代替的な正義原理を帰結的観点から評価する情報的基礎として，潜在能力指標が必要とされるのである．ロールズの（「理論」はともかく，少なくとも）思想はその必要性を認める[2]．この点を確認して，次節からは，再度，ロールズの「原初状態」の装置に視点を移す．潜在能力アプローチは，「原初状態」の情報的拡張のみならず，認識的拡張をも要求する可能性がある．はたしてそのような拡張は，ロールズの「原初状態」の装置と整合的でありうるのだろうか．

5 ルール制定主体の範囲と情報

ロールズの「原初状態」においては，「無知のヴェール」によって，個々人の「名前」に関連するあらゆる特殊性を覆い隠すことが要求される．この「無知のヴェール」は，社会ルールの制定主体（評価者）の認識的制約，すなわち不偏性の条件を表象するとともに，社会ルールの客体（受容者）に関する情報的制約，すなわち社会的基本財の保有状況のみで特徴づけられた社会的位置（「最も不遇な人々」など）を表象するものでもあった．

それに対して，センの正義のアイディアでは，異なる社会ルールのもとで，個々人が被る恐れのあるさまざまな種類の不利性——その一部は社会ルールによって簡単にぬぐい去ることのできない——には，「無知のヴェール」がかけられてはならない．歴史的・社会的・文化的に特徴づけられる個々人は，それぞれ特殊で多様な「位置（position）」に関するエキスパートでもある．社会ルールの制定主体（評価者）もまた，みずからのおかれた特殊で多様な「位置」に関する証人として語ることを期待される．はたして，われわれはこのセンのアイディアをロールズの原初状態モデルと矛盾なく接合することができるのだろうか．

　一つの可能性は，ロールズが「無知のヴェール」の記述に際して注記した「人間社会の一般的事実」にある（Rawls 1971a: 137）．これは，「無知のヴェール」の下で制定主体が知りうる情報をさす．その例として，ロールズが明記しているのは社会的基本財に関する情報である．「彼ら［正義原理の制定主体］は彼ら［正義原理の受容者］は社会的基本財がより多く賦与されることを好むことを知っている」（Rawls 1971a: 93）．また，ロールズ自身は明記していないものの，格差原理の記述において前提とされている貢献インセンティブに関連する情報（分配可能性フロンティアには変局点がある）も，この「人間社会の一般的事実」情報に含まれる．

　上述の「固定的な自然的特徴（性，人種，文化など）に由来する不平等な基本的権利」に関するロールズの記述は，それらをもまた，「無知のヴェール」が覆い隠す個人的情報ではなく，制定主体が共通に知りうる「人間社会の一般的事実」情報と解釈することを可能とする．この解釈は，歴史的・社会的・文化的に特徴づけられる個々人の特殊で多様な「位置」に関する情報こそを，正義の理論の中心におこうというセンの意向と整合的であり，ロールズ「原初状態」モデルを，政策客体の非対称的な扱いを許容する広義の社会契約モデルへと拡張するポイントとなる．広義の社会契約モデルでは，制定主体は，自己のおかれた「位置」に関する情報をも「一般的事実」の一つとして提供しながら，特殊で多様な「位置」に関する情報を不偏的に評量しながら，正義原理の候補を互いに提案し，討議し，合意制定することになる．次の二つの図は，もとものロールズの原初状態モデルとその情報的拡張モデルを示す．

原初状態
アジェンダ：正義の原理の制定
制定者の範囲：合理性と理性をそなえた代表者

投票パワーの対称性
○認識的条件：不偏性：「人間社会の一般的事実」以外の情報から離れる
○情報的条件：ポジション上の差異の可能性と労働インセンティブ
○ポジションの指標：社会的基本財の保有（モデル内生的）
○正の形式的制約条件：普遍性，一般性，公示性，順序性，最終性

秩序ある社会
適用者の範囲：社会のあらゆる構成メンバー
社会：一定の政治的観念と思考の公共的枠組みをそなえた協同としての社会

個々人はポジショナルな差異をもつ，ただし，それは制度政策に依存して完全に取替え可能な差異である

現実社会
社会基本財上の不平等のみが注視される

理論的にはオープンなままの問題は憲法・立法・実践のステージに先送りされる：社会的基本財上の平等は図られるものの，社会的基本財を用いて実現する潜在能力上の不平等が合法的に放置される恐れを残す．

図3-1　ロールズの「原初状態」

原初状態
アジェンダ：個人の自由と平等の実現を目標とする社会状態のランキング
評価者の範囲：異なるポジションにある異なる個人

決定パワーの対称性（パワー行使力の不足を補う支援とともに）
○認識的条件：不偏性：「人間社会の一般的事実」以外の情報から離れる
○情報的条件：現実の人々のポジショナルな差異が「人間社会の一般的事実」に関する情報に含まれる
○ポジションを捉える指標：潜在能力（モデルの外生的変数：「基本的潜在能力」という概念上の平等とその具体的構想上の差異）
○正の形式的制約条件：普遍性，一般性，公示性，順序性，最終性

非完備的な秩序ある社会
制度適用者の範囲：社会のあらゆる構成メンバー

制度によって取替え不可能な個々人のポジション上の差異に配慮する制度の選択可能性が開かれる．

現実社会
差異を配慮した平等の実現

制度のもつ本質限界は残る：ある空間で潜在能力の平等を図る制度は別の空間における潜在能力を必ずしも保証しない．ただし，潜在能力概念は制度内にて制度的枠組みを越える実践を可能とする．

図3-2　「原初状態」の拡大：ロールズからセンへ（A）
「自由の条件」の到達点：福祉的自由への権利：潜在能力の平等

6 社会ルールの主体としての個々人に関する非対称的扱い

　前節では，ロールズの原初状態モデルは，社会的選択手続きにおける情報と認識の拡張に応じて，政策客体の非対称的な扱いを許容する広義の社会契約モデルへと拡張可能であることが示された．「原初状態」に関する次の関心は，合理性と公正性という二つの道徳的能力を備えるかぎり，自由で平等であるはずの制定主体に対して非対称的な扱いをすること，たとえば他の人々の2倍の重みを与えることが可能であるかである．

　たとえ情報的基礎が拡張されるとしても，形式的・認識的な「不偏性」の条件は残される．その点を考慮すると，次のような仮説が成り立つ．もし，個々人の評価を集計する際に，特殊で多様な「位置」にある制定主体たちに非対称的な重みづけをするとしたら，そのような手続きが形式的・認識的な「不偏性」の条件の下で承認される「前‐原初状態」を想定する必要がある．はたして，それは，どのような特徴をもつのだろうか．はたして，制定主体たちに非対称的な重みづけをする「不偏性」と，この形式的・認識的な「不偏性」はどのような関係をもつのだろうか．この問題を考察するにあたって，「不偏性」の概念について注記しておくことは有益だろう．

　功利主義を批判する際に，ロールズは「不偏性」概念の問題点をついた．功利主義の不偏性は，あらゆる差異を捨象して個々人を一律に等しく扱う不偏性に他ならないと．それにロールズが対置させた不偏性は，（自分自身を含めて）すべての人に等しい関心を寄せる一方で，最も不遇な人々に優先性を与えうる不偏性である．政策客体に関する差異に応じた非対称的な扱いは，形式的・認識的条件としての不偏性とただちに矛盾するものではないことをロールズ正義理論は示した（いわば「政策客体非対称位置モデル」）．だが，ロールズの正義理論では，特殊で多様な「位置」にある制定主体に非対称的な重みづけを与えること（いわば「制定主体非対称位置モデル」）までは論じられていない．次節では，両者をともに論ずる可能性のある枠組みとして，センのグローバルな正義構想を検討しよう．

7 センのグローバル正義構想

　ロールズの政治的リベラリズムにおいては，共通の基本ルールの下で自律的活動を行う組織や集団を包含する〈社会〉が構想された．それはある政治的観念を共通の基本ルールに具現化することによって，実体としての形態を獲得した上位の集合体に他ならない．ロールズはそこに三つの想定をおいた．それは，第一に，特定の目的や信条を共有する共同体とは異なって，多元的な目的や信条，多様なアイデンティティに特徴づけられる．第二に，自発的な参入・退出が比較的容易な組織とは異なって，生を受けることによって参入し，死を迎えることによって退出するという非自発性に特徴づけられる．第三に，逐次的な世代交代を通じた継続性に特徴づけられる．

　さらに，ロールズは，社会の基本原理の制定プロセスに関してある種の政治的同質性を想定した．すなわち，ルール制定主体たちは各々が代表する集団を相似的に縮約した存在であり，制定主体と母集団の構成員との間には調整すべき格別な問題は残されていないと仮定されている．たしかに，正義の基本原理は集団の敷居を越えてすべての社会構成員を等しく尊重することを目的とするものであるから，制定主体たちは母集団の利益や関心からは独立に判断を形成することが要請される[3]．しかしながら，彼らが依拠するのは諸個人の集団依存的な観点ではなく，二つの道徳的能力を備えた人格（ロールズはそれを「市民」と呼ぶ）という共通の特性である．彼らがその観点から受容した基本原理を，母集団の構成員たちもまた，個々の利益や関心を越えて受容するのである．

　これに対して，〈社会〉の集合体としての〈万民の社会〉の高次原理である〈万民の法〉の制定の論理は，少し異なる．〈万民の法〉の制定者もまた，出身社会の個別的利益に関連する情報（領土の大きさや人口，自己の代表する社会構成員の相対的長所，自然資源の規模や経済発展のレベルなどに関連する情報）から離れることが要請される．ただし，彼らの形成する判断は，それぞれ自分たちの〈社会〉が自律的に制定しようとする基本原理の内容と無関係であるわけにはいかない．なぜなら，ひとたび〈社会〉において制定された基本原理は各社会の基礎構造を規定し，広く深く浸透していく．そうだとしたら，〈万民の法〉

第3章　社会契約モデルの拡張―ロールズからセンへ　69

の制定者は，自分の〈社会〉が制定する基本原理への配慮を失うわけにはいかないからである．自他の自律的決定を相互に尊重する寛容（tolerance）の概念をもとに，異なる政治的観念をもつ複数の異なる社会間を規定する公共的ルール（「万民の法」）に関する合意の方法を探ること，これが，ロールズの到達した結論だった(4)．

　それに対してセンが捉えようとする問題は，地球上に散在している具体的な不正義であり，相互の境界を明確に線引きすることのできない，また，共有された政治的理念の存在を仮定することのできない社会や集団間の葛藤を調整するルールのあり方である．なぜ，異なる利害関心をもった個々人が自分たちの行為を共通に制約するルールに賛同するのか，そのようなルールの制定・改訂に参加する意思をもつのか．この問題の考察にあたってセンはまず，次のような三つのタイプの集団に着目する．第一は，直接的な交渉に基づく意思決定が可能な諸個人のグループ，すなわち「交渉集団（the negotiating group）」である．第二は，意思決定に直接参加しないもののそこで決定された事項によって大きな影響を被る諸個人のグループ，「被影響者集団（the affected group）」である．第三は，直接的な交渉を行う当事者ではないものの，意思決定の際に参照される公正かつ不偏的な評価を形成する諸個人，「評価集団（the evaluating group）」である．通常の私的契約は，交渉集団内部の契約であって，それによる影響やそれに対する評価は考慮されていない．ロールズの社会契約論は，ルールが適用される政策客体（当事者）の集まりと制定主体の集まりのみが考慮され，被影響者集団は考慮されていない．それに対して，これら三つのタイプの集団を区別しながら，それらすべてを含むように社会的選択の枠組みを拡張することが，センの理論的関心だった．

　さらに，彼の実践的な関心は，現実の社会で複数の集団やカテゴリーに所属する諸個人が正義の感覚の到達範囲を拡張する営み（expanding the reach of our sense of justice）に基づくグローバルな正義の可能性である．たとえば，ある個人は，国境を越えて，女性が共通に直面する問題状況（たとえば堕胎について）を把握するかもしれない．また，医師という職業的観点に立って同一の問題を評価し直すかもしれない．あるいは，母の観点から生命への想像力で問題を捉え返すかもしれない．特定の共同体や組織に深く埋め込まれた自我を引

き剥がし，異なる位置やカテゴリーから問題を捉え返すとき，異なる集団間の根深い葛藤がまさに個人の自己同一性の問題として，真剣に取り組まれる可能性がある[5].

　この構想は，各々独自の正義の基本原理を有する〈社会〉の集まりとして〈万民の社会〉を想定し，万民の社会に適用される最高次原理として〈万民の法〉を構想したロールズとは，明らかに違った方向性をもっている．異なるルールが個々人にもたらす帰結や影響を考慮するためには，できるだけ多くの個別的情報を不偏的に視野に納める必要がある．また，それらの意味を十分に理解するためには，各個別的情報に対する本人たちの，さらには影響を被る個々人の解釈や判断，それに基づく請求に十分耳を傾ける必要がある．その上で，それらを不偏的に評価する作業が続かなくてはならない．次節ではセンの議論の方向性を確認したい．

8　複数の集団にまたがる個人の自己統合化

　センの見解を知る上では，「位置的客観性（positional objectivity）」と「開かれた不偏性（open impartiality）」という二つの概念が手がかりとなる．「位置的客観性」は，トマス・ネーゲルの「どこからでもない見解」を反転させた「どこからか方向づけられた見解」という語を手がかりとして説明される．ここでいう「どこか」，すなわち「位置」とは，ある共有された歴史的，社会的，文化的あるいは個人的特徴を広く表す．ある観察，主張，信念，行為が，特有の名前や代名詞ではなく，一定の社会的関心の下に，何らかのパラメーターを用いて「位置」として捉えられると，そこに「位置的客観性」が認められるという．

　この「位置的客観性」は「真理」を保証するものではない．人々はしばしば「客観的幻想」に陥ることがある．センは，ここで「間－位置的査定（trans-positional assessment）」という概念を提出する．それは，「異なる位置的観察に依拠しつつそれらを越える」反省的営為をさす（Sen 2002a: 467）．たとえば，特定の社会階層，ジェンダー，市民，職業に属するある個人は，それぞれの位置から評価を形成するとともに，それぞれの位置から形成した評価を別の位置から批判的に検討する機会をもつ（Sen 1999a: 28）．それは，あらゆる位置に中

立な単一評価の存在を仮定する「間-位置的不変性（trans-positional invariance）」（Sen 2002）とは区別されなくてはならない[6]．

　一方，アダム・スミスの「不偏的観察者」の概念に依拠する「開かれた不偏性」は，ロールズの原初状態に対する直接的批判として出された．センによれば，ロールズの「原初状態」の装置は，個々人のもつ偏りから距離をおくことを保証するものの，個々人の属するグループが全体として共有する偏りから距離をおくことを保証しない点で「閉じられた不偏性」にとどまる．それに対して，「開かれた不偏性」の特徴は，自己の属するグループからも距離をおく点にある．ただし，この「開かれた」には二つの局面がある．一つは，社会的ルールの客体（受容者）あるいは主体（評価者）の構成員の範囲が「開かれた」という意である．先述したように，センの正義のアイディアの着眼点は，固定された構造をもつ特定のシステムではなく，多様に多様化された個々人の行動であった．制定主体となる個々人も，政策客体となる個々人もジェンダー，人種，国籍，職業，障害や疾病，性などさまざまな位相の「位置」に属している．また，新たにカテゴリー化される「位置」に属する可能性を秘めている．他の一つは，社会的ルールの主体（評価者）の認識的構造が「開かれた」という意である．センによれば，

　　開かれた不偏性の革新的力は，憶測や偏りのない異なったタイプの知見が考慮され得ること，さまざまに状況づけられた不偏的観察者の洞察から便益をえるよう応援されることである．これらの洞察を互いに精査すると，ある共通の理解が力強く立ち現われるだろう．だが，異なる視野から生ずる差異がすべからく同様に処理される必要はないのだ（Sen 2009［2002］: 468）．

　興味深い点は，「開かれた不偏性」は一人の「不偏的観察者」の洞察に収斂されるわけではないことである．ここでは，「さまざまに状況づけられた不偏的観察者」たちの「異なる視野から生ずる差異」が残される可能性が否定されていない．ここには，さまざまな位置に状況づけられた評価を広く反照する一方で，あらゆる位置に中立な単一評価に収斂されることのない「間-位置的査

定」と同様の構造がある．

「間－位置的査定」という認識的条件ならびに「さまざまに状況づけられた不偏的観察者」という実体的概念を基礎とするとき，特定の位置に非対称的なパワーを与える社会的選択手続きを理論化する途が開かれる．たとえば，「さまざまに状況づけられた不偏的観察者」たちに（そうではない人たちに比べて）より高いウエイトという優位性を与える一方で，彼らの間では相互に等しいウエイトが与えられるような集計モデルである[7]．ただし，留意すべきは，その場合であっても，形式的，認識的条件としての「不偏性」は保持される点である．すなわち，特定の位置に対して優位性を与える非対称的集計方法が，対称的・不偏的な制定主体の間で合意選択される「前－原初状態」を想定する必要がある．以下の図は，この「前－原初状態」モデルを描いたものである．

前「原初状態」 原初状態での意思決定ルールを定める． 例：次の(A)or(B)？	意思決定パワーの対称性 （ただし、決定パワーを実効的に行使するための支援を行う） ○認識的条件：不偏性：「人間社会の一般的事実」以外の情報から離れる ○ポジションの指標：潜在能力	
原初状態 社会的選択ルール(A)，(B)は，制度の選択肢に関する社会的評価を形成するための代替的な2つの方法．	(A)意思決定パワーの対称性： ○個々人は自己の知りえたポジショナルな差異に関する情報を提供する． ○一定の一般的条件とポジショナルな差異（状態）に配慮する集計ルールの下で，個々人の潜在能力査定を非対称的に社会的評価に反映する．	(B)意思決定パワーの非対称性： 一定の一般的条件の下で，ポジショナルな差異をもつ人々の集合的評価（意思）を非対称的に（優先的に）社会的評価に反映する．
現実の社会 制度の内と外での 「差異の平等」の実現	ポジショナルな差異に配慮した政策が制度的に保障される． 非制度的な個別的対応を許容しつつ，それを再制度化していく制度	

図3-3　センの「状態比較アプローチ」に基づく原初状態の拡張（a social choice rule which associate each n-tuples of individual values to a social value）

9　結びに代えて

　本章の目的は，「公正としての正義」の柱の一つであり，センの批判点の一つである「社会契約（social contract）」に焦点を当て，正義原理の導出プロセスに関するロールズとセンの理論的な対立点と整合可能性を再整理すること，それをもとに，「社会契約」モデルを広義に拡張し，さらに「開かれた不偏性」に基づくセンのグローバル正義構想の輪郭を描くことにあった．

　ロールズの原初状態の装置は，次の２点で画期的な意義をもった．第一に，公正で対等な条件と相互的な関係性の下で，個々人が正義原理の制定主体として，個人間の分配的正義という問題を，自己と他者との関係性に根ざした倫理的問題として論ずるための規範的条件が考案されたこと．第二に，社会的基本財を指標として最も不遇な位置を特定した上で，そこに位置する人が誰になろうとも，その位置を改善することに優先性を与える「格差原理」が選択されるとしたこと．要約すれば，特定の位置（最不遇）に優先性を与える分配原理が，不偏的，対称的な足場で，個々人の合意選択のもとで，分配的正義の原理として選択される構図が，ロールズによって描かれた．この意義はきわめて大きい．

　ただし，ロールズの原初状態の装置には，正義原理の制定プロセスが，あらかじめ定められた社会的選択手続き――すなわち，個々人の評価判断を集計して社会的選択を形成する際の情報と認識ならびに集計条件――のもとで，正義原理の制定主体とされた範囲の人々の推論プロセスに決定的に依存するという制約から逃れられない，という難点のあることが，センによって鋭く指摘された．

　ロールズは，個々人の推論プロセスが，本人の自己利益の最大化という動機に回収されることを回避するために「無知のヴェール」を考案した．それにより，個々人は自己に固有な選好や境遇に偏って評価判断することを禁じられる．ところが，たとえば，そのような認識的条件のもとで，個々人が利用可能となる情報はどのようなものであるかなど，社会的評価の形成手続きに関しては，何の条件も課せられない．このことは次のような問題をもたらした．

　たとえ，そこで，合理的にある正義原理が拒否されたとしても，あるいは，

合理的に（完備的かつ整合的に）ある正義原理が導出されたとしても，それは，たまたま原理の制定主体となりえた人々の範囲を越えられない．彼らが知りえた情報と認識，解釈に決定的に依存するからである．換言すれば，導出される正義原理は，原理の制定主体となりえた個人間の調整ルールに縮約される恐れがある．これは社会的選択手続きに内在する制約性であるが，それを反省的に捉え返す契機が，何ら理論のなかに組み込まれてはいないという点を，センは「閉じられた不偏性」と批判したのである．

　本章はセンの批判をもとにロールズの原初状態モデルの拡張を図った．最終的にはそれは，ひとたび集った参加者たちが決定して終わりという図式とは異なるものとなるだろう．むしろ，モデルを作ったときから問い返しが始まる．誰が制定主体として認められるべきであったのか，誰を受容者として想定すべきであったのか，どのような認識的・情報的な条件が想定されるべきなのか．現実の不正義を矯正するためには，絶えざる調査と緊急の介入が不可避とされるだろう．それと並んで，調査と介入の方法それ自体に関する批判的精査が不可避となる．

　潜在能力アプローチに基づく「開かれた不偏性」構想は，われわれのいる世界にある差異の意味を理解しようという実践を促す．それは自分とはまったく異なるかもしれない他者の存在を知るという意味で倫理的実践である．その実践のなかから「さまざまに状況づけられた不偏的観察者」が生まれる．彼らはさまざまな位相で異なる位置の間を行き来しながら，「間―位置的査定」を形成する．ときにそれが公共的討議にさらされ，変化をとげながら，社会的評価判断が形成されていく．

　以上のように描かれるセンのグローバル正義構想は，トマス・ポッゲが厳しく批判するように「単に部分的な序数的順序」をもたらすにすぎないかもしれない（Pogge 2009）．だが，センはそれでいいという．最後にセンの言葉を引用して本章の結びとする．「世界全体に関して超越的に正しい制度体系をつくろうとする人々に，私は，グッドラックと申し上げたい．ただし，きわめて深刻な困難な不正義に取り組む人々にとって，「単なる」部分的な評価判断を提供する正義理論の現実的な重要性は否定しがたいと思われる」（Sen 2009: 263）．

注

(1) 『集合的選択と社会的厚生』(1970) の第9章「衡平と正義」でセンは,「彼 [ロールズの] 主要な関心は,われわれが関心をもつ社会状態の順序づけではなくて,不正義な制度の正反対である正しい制度を見つけることである」と指摘している (Sen 1970: 140).
(2) ロールズの理論と思想の区別に関するより詳細な議論について後藤 (2014) 参照のこと.
(3) 万民の法の制定ステージにおいては,このような情報的制約が緩められる.各々の社会の個別的利益に関する情報は依然として覆い隠されるものの,内的原理に関する情報は開示されるので,内的原理に関する社会間の異質性の調整という問題が浮上するからである.
(4) 本書第5章 (森村) の基本的論調には賛成するが,ロールズの解釈には若干異論がある.上述したように,ロールズは人がたまたま生を受けた〈社会〉で責任をもつ正義原理を制定し,受容することを想定しており,そのなかには,宗教や民族的マイノリティに対する抑圧がないこと,女性の権利が保障されることが含まれている.また,ある〈社会〉の人々が移民を制限する制限された権利が認められる場合のあることを付記している.だが,それは移民の自由を基本的な権利として認めないことを必ずしも意味しない.
(5) このようなアイディアは,上述した Sen 2001 の他に,Sen 1999 にも見られる.
(6) 「間-位置的査定 (trans-positional assessment)」の概念は,潜在能力概念の定式化の方法的問題 (文脈依存性と普遍性をめぐる問題) とも深く関係する.これについては別稿で論ずる (Gotoh 2014).
(7) 正義原理の制定主体たちに非対称的な重みづけを与える社会的選択手続きは,たとえば,Gotoh=Yoshihara 2014 によって定式化された.

参考文献

Arrow, Kenneth J., 1963 [1951], *Social Choice and Individual Values*, 2nd ed., New York: Wiley (=長名寛明訳 2013『社会的選択と個人的評価』勁草書房).

Arrow, Kenneth J., Amartya Sen and Kotaro Suzumura, (eds.), 2002, *Handbook of Social Choice and Welfare*, Amsterdam: Elvesier (=鈴村興太郎・須賀晃一・中村慎助・廣川みどり監訳 2006『社会的選択と厚生経済学ハンドブック』丸善出版).

Cohen, Gerald A., 1989, "On the Currency of Egalitarian Justice," *Ethics* 99: 906-44.

——, 1997, "Where the Action is: On the Cite of distributive Justice," *Philosophy & Public Affairs* 26(1): 3-30.

Gotoh, Reiko, 2013, "Arrow, Rawls and Sen: The Transformation of Political Economics and the Idea of Liberalism," in Paul Dumouchel and Reiko Gotoh (eds.) *Social Bonds and Freedom*, OXford: Berghahn Books.

——, 2014, "The Equality of the Difference: Sen's Critique of Rawls' Theory of Justice and Its Implication for Welfare Economics," *The Journal of the History of the Economic Ideas*, forthcoming.

Gotoh, Reiko and Paul Dumouchel (eds.), 2009, *Against Injustice: A New Economics of Amartya Sen*, Cambridge: Cambridge University Press (＝後藤玲子監訳 2011『正義への挑戦――アマルティア・センの新地平』晃洋書房).

Gotoh, Reiko and Naoki Yoshihara, 2013, "Securing Basic Well-being for All," *IER Discussion Paper Series* No. 591.

Gotoh, Reiko, 2014, "Equality and Differences in Capabilities: Can We Respect both Subjectivity and Positionality?" 14th Social Choice and Welfare Society.

Foley, Duncan K., 1967, "Resource Allocation and the Public Sector," *Yale Economic Essays* 7: 45-98.

Pazner, Elisha A. and David Schmeidler, 1978, "Egalitarian Equivalent Allocations: A New Concept of Economic Equity," *Quarterly Journal of Economics* 92: 671-687.

Kolm, Serge-Christophe, 1971, *Justice et Equite*, Paris: Editions du Centre, National de la Recherche Scientifique (=H. F. See (trans.), 1998 *Justice and Equity*, Cambridge, Mass.: MIT Press).

Rawls, John, 1999 [1955], "Two Concepts of Rule," in John Rawls, *Collected Papers*, ed by Samuel Freeman, Cambridge, Mass.: Harvard University Press.

――, 1971a, *A Theory of Justice*, Cambridge, Mass.: Harvard University Press (＝川本隆史・福間聡・神島裕子訳 2010『正義論』紀伊國屋書店).

――, 1999 [1971b], "Justice as Reciprocity," in John Rawls, *Collected Papers*, ed. by Samuel Freeman, Cambridge, Mass.: Harvard University Press, 190-224.

――, 1974, "Reply to Alexander and Musgrave," *Quarterly Journal of Economics*, 88: 633-655.

――, 1980, "Kantian Constructivism in Moral Theory: The Dewey Lectures," *The Journal of Philosophy*, 77(9): 515-572.

――, 1982, "Social Unity and Primary Goods," in Amartya Sen and Bernard Williams (eds.), *Utilitarianism and Beyond*, Cambridge: Cambridge University Press, pp. 159-185.

――, 1999, *The Law of Peoples*, Cambridge, Mass.: Harvard University Press (＝中山竜一訳 2006『万民の法』岩波書店).

――, 2000 *Lectures on the History of Moral Philosophy*, Cambridge, Mass.: Harvard University Press (＝久保田顕二・下野正俊・山根雄一郎訳 2005『ロールズ哲学史講義 下』, みすず書房). ただし, 引用は原文.

Sen, Amartya K., 1970, *Collective Choice and Social Welfare*, San Francisco: Holden-Day (＝志田基与師監訳 2000『集合的選択と社会的厚生』勁草書房).

――, 1982 [1980], "Equality of What?" in Amartya Sen, *Choice, Welfare, and Measurement*, Oxford: Blackwell (＝大庭健・川本隆史訳 1999『合理的な愚か者――

経済学＝倫理学的探究』勁草書房, 353-369頁).
——, 1985, *Commodities and Capabilities*, Amsterdam: North-Holland (＝鈴村興太郎訳 1988『福祉の経済学——財と潜在能力』岩波書店).
——, 2002a [1993], "Positional Objectivity," in Amartya K. Sen, *Rationality and Freedom*, Cambridge, Mass.: Harvard University Press, pp. 463-483.
——, 1999a, *Reason Before Identity, The Romanes Lecture for 1998*, Oxford: Oxford University Press.
——, 1999b, *Development as Freedom*, New York: Alfred A. Knopf (＝石塚雅彦訳 2000『自由と経済開発』日本経済新聞社).
——, 2000, "Consequential Evaluation and Practical Reason," *The Journal of Philosophy* XCVII, 9: 477-503.
——, 2002a, *Rationality and Freedom*, Cambridge: Harvard University Press.
——, 2009 [2002b], "Closed and Open Impartiality," in Amartya K. Sen, *The Idea of Justice*, Allen Lane: Penguin Books, 124-152.
——, 2009, *The Idea of Justice*, Allen Lane: Penguin Books (＝池本幸生訳 2011『正義のアイデア』明石書店).
Sen, Amartya K. and Bernard Williams (eds.), 1982, *Utilitarianism and Beyond*, Cambridge: Cambridge University Press.
後藤玲子 2002『正義の経済哲学：ロールズとセン』東洋経済新報社.
後藤玲子 2014「差異の平等——センによるロールズ正義理論批判の射程—」『経済研究』65巻2号 140-155頁.

Comment
より現実的なグローバル正義論へ

松元雅和

　昨今の現実政治において，国際問題が国内問題と同等か，それ以上のプライオリティを含んでいることは，隣国との対外関係，TPP（環太平洋戦略的経済連携協定）問題，国際紛争問題，安全保障問題等々からも明らかです．そうした現実を背景に，本書は，法哲学・経済学・政治哲学など分野横断的な共同研究を通じて，正義論の研究者が専門的観点から多面的に問題を論じ，正義論の応用問題としてのグローバル正義論に焦点をあてた成果であると受け取りました．

　第3章（後藤論文）では，はじめにロールズの正義論が取り上げられています．次いで，ロールズの社会契約の議論や原初状態モデルをより現実的に読み替えるセンの試みを評価し，加えてその分析内容をセンのグローバル正義論へと拡張するという構成でした．セン自身のグローバル正義論の中身はまださほど明確になっていないとの指摘があり，そこでロールズ対センという対立軸を用いながら，セン自身のグローバル正義論を明確にしていこうとする論文であると理解しました．

　グローバル正義論の前段階つまり正義論の問題として，センはロールズを批判し，彼自身の正義論を形作ってきました．なかでもセンは，ロールズ正義論がある意味「超越論的」であると特徴づけますが，後藤論文では，原初状態モデルを手がかりに彼の超越論批判を浮き彫りにしています．ここに，後藤論文の第一の理論的意義があります．とくに，ロールズが原初状態に対して与えた情報的・認識的基礎を問い直すことで，ロールズ正義論の課題，翻ってセン正義論の意義を明確にしている点が重要だと思います．

　その視点からセンのグローバル正義論を構想してみると，結果としてロールズ正義論とはかなり異なる特徴が見えてきます．具体的にいうと，一方でロー

ルズは，同質的に想定した国家社会を国家間の正義論の基本単位に据えますが，他方でセンは，単一国家社会の内部でさらに多様性を孕む個々人の次元を射程に捉えた正義論を展開しています．このようなロールズとセンの相違点を，まずは方法論的にさかのぼって分析することで，方法論上の違いが彼らの正義論の実態や内実，とくにグローバル正義論の内実にどのように反映されているのかを，本論文は明確に論じていました．

このロールズ対センという方法論的対立軸は，昨今の政治哲学研究で改めて注目されている，理想理論（ideal theory）／非理想理論（non-ideal theory）の区別とも関連しています．もともとはロールズ正義論に由来する言葉ですが，「理想理論」は理想的な社会状況下で，人間の情報的・認識的基礎の次元でも理想状態を仮定し，そこからどういう正義論が導かれるかを問う．それに対して「非理想理論」は，必ずしも理想的とは限らない現実社会の諸条件，たとえば現実の人間が抱える情報上・認識上の制約を考慮にいれた上で，現実社会に相応しい正義論を構築するという，異なった課題を引き受ける．

ロールズ正義論には，後藤論文が指摘する理想化された状況があらかじめ設定されています．そのため，想定される人間は，知的・身体的な平均的能力をそなえた合理的主体となる．この仮定の下で，この主体がどのような正義原理を選好するかと考え，正義原理の正当化が図られます．これがロールズ正義論，とくにその社会契約理論の大きな特徴になっています．

しかしその後，たとえばオノラ・オニールなどが，結局ロールズ正義論は何らかの（白人健常男性のような）バイアスがかかった人間モデルに立脚している，そして別の人間像を仮定すれば，別の正義論，別の正義原理が引き出されるかもしれないのではないかと問い直しました．そうすると，ロールズ正義論は，人間の必ずしも理想的ではない，仮定どおりではないという非理想的現実を捨象した上で成り立つ議論になります．もちろんロールズ自身も非理想理論を展開していますが，それはあくまでも理想理論の副次的部分という位置づけです．

これに対して，センの正義論ははじめから非理想理論の次元で展開されています．現実の個人は多様である．性別，知的・身体的能力，年齢，さまざまな点で現実的人間は互いに異なり，平均的で合理的な個人は仮定でしかない．これらの人間の多様性や個別性を慎重に統制する無知のヴェールという理論的想

定，つまり舞台装置にある情報制約性を批判し修正した上で，差異に対してより敏感な差異感応的正義論をセンは展開しようとしています．たとえばそこでは，分配的基礎がロールズのいう基本財ではなく，潜在能力におかれますが，これもまた差異に敏感なセンの特徴であるといえます．

　重要なことは，グローバル正義論の次元でも，理想理論／非理想理論の区別がつけられるということです．ロールズのグローバル正義論があるとすれば，おそらく『万民の法』の構成にみられるように，理想理論をまず構築して，それを非理想状態に適用するという優先順位を崩さないでしょう．センの正義論はまさにそこを問題視する．理想状態を念頭において構築された正義論が非理想状態で役に立つわけではなく，もっといえば役に立たないどころか有害であるかもしれない．それは現実を歪めるかもしれないし，本当に困っている人を掬い取れないかもしれない．センは非理想理論という，ロールズが脇に追いやった部分を中心に正義論を展開しようとしている．その試みはさまざまな次元でなされていますが，その一つが原初状態の書き換えです．

　そうやってロールズの方法論的前提を再検討するセン，そしてそのセンの試みを分析評価する後藤論文は，ロールズ・モデルを模範として進められてきたグローバル正義論においても，主流に対する代替案となりえます．センの到達した正義論を踏まえ，その上でどのようにグローバルな諸問題に敷衍していくかという課題に取り組むための契機として捉えました．その理論的展開は方法論の次元を超えて，グローバル正義論の内実に反映されていくものになるだろうと思います．

第4章 正義の宇宙主義から見た地球の正義

瀧川裕英

1 正義の射程

(1) 問題状況

 正義とは何か．正義はわれわれに何を要求するのか．この問いの根源性に異をとなえる法哲学者・政治哲学者は存在しない．だが，この問いの回答については激しく意見が対立する．近時とりわけ熱気ある論争が展開されているのが，「グローバル・ジャスティス（global justice）」と呼ばれる領域である．具体的には，途上国の貧困と先進国との経済格差，人権侵害状況に対する武力介入，地球環境問題などがさかんに議論されている．

 global justice の最も正確な訳語は，すでに別稿で示したように，「地球の正義」である（瀧川 2013）．その含意については後述するが，問われるべき中心的な問題は，正義がわれわれに地球規模で何を行うよう要求するか，である．正義がわれわれに要求するものを正義の義務と呼ぶならば，正義の義務の射程とその根拠が問われることになる．

 まずは問題状況を整理しておこう．正義の射程について，二つの立場が対立している．第一の立場は，「国家主義（statism）」である．国家主義は，正義の射程は，国家内部に限定されると主張する．これに対抗する第二の立場が，「地球主義（globalism）」である．地球主義は，正義の射程は国家内部にとどまらず，地球全体におよぶと主張する[1]．この二つの立場は，たとえば，地球規模の経済格差に関して対立する．人類を所得で半分に分けると，上半分の所得が約95%，下半分の所得が約5%である．国家主義からすれば，正義の義務は国家内部に限定されるので，地球規模の経済格差を是正することは正義の義務ではありえない．これに対して，地球主義からすれば，地球規模の経済格差

を是正することも正義の義務でありうる.

(2) 国家主義

国家主義の典型は,ジョン・ロールズである.ロールズが提示する「正義の政治的構想 (a political conception of justice)」とは,文字どおり,ポリス＝国家こそが正義の領域であるとする主張であり,正義の義務はポリス内部に限定されることになる.これと対比すれば,地球主義は「正義の地球的構想 (a global conception of justice)」であり,地球こそが正義の領域であるとする主張である.

国家主義すなわち正義の政治的構想は,ロールズ,トマス・ネーゲル,ロナルド・ドゥオーキンといった現代リベラリズムの主要な論者によって受容されている (Nagel 2005)[2].その理論的事情を,井上達夫を例に見ておこう.

リベラリズムの理論的核心は,正義の基底性(ロールズのいう正義の善に対する優位)である.正義の基底性は,正義の善からの独立性をその根幹とするが,その前提となる第一命題は次のように表される.「正義は政治社会の構成原理であり,政治社会における公私の力の行使を規制するとともに,公権力によって強行されうるものである」(井上 1999: 98).ここで政治社会とは「政治的に組織化された社会」(井上 1999: 143) を意味する.そうであるがゆえに,正義は公権力によって強行されうるのである.逆にいえば,正義は政治的に組織化された社会の外部では妥当しない[3].

国家主義によれば,正義は国境を越えない.正義の義務は,同じ国家に帰属する者の間でのみ生じる.このような国家主義の論理構造は,次のように分析できる.

S1 正義の義務は,特定の関係においてのみ生じる
S2 特定の関係は,国家の内部には存在するが,国境を越えては存在しない
S3 正義の義務は,国家の内部でのみ生じる

国家主義は,結論 (S3) を導出するために,二つの前提に依拠する.

第一の前提（S1）は，正義の根拠に関わる主張である．これは理論的な主張であり，「関係主義（the relational approach; relationism）」と呼ばれる．関係主義によれば，特定の関係にある者の間でのみ正義は妥当するのであり，人は万人に対して正義の義務を負うわけではない[4]．関係主義内部でも，正義の根拠たる「特定の関係」とは何かをめぐって争いがある．従来有力に主張されてきたのは，「社会的協働（social cooperation）」と「強制（coercion）」である．

　この関係主義と対立するのが非関係主義である[5]．非関係主義は，特定の関係にない者の間でも，正義は妥当すると主張する．たとえば，先進国と途上国の間に社会的協働関係や強制関係がないとしても，前者は後者を援助する義務を正義の要請として負うとする．要するに，正義が妥当し正義の要請として義務が生じるのは，特定の関係にある者の間だけなのかそうでないかをめぐって，関係主義と非関係主義は対立している．

　ここで注意すべきなのは，関係主義と非関係主義の境界である．関係主義と非関係主義を明確に区別するためには，次の二つの契機に留意する必要がある．

　第一に，「特定の関係」とは，社会実践に定位したものであることが必要である（関係の実践性）．非関係主義も，たとえば「ともに人類の一員であること」や「ともに理性的存在であること」といった一種の関係を正義の根拠にしている．したがって，関係主義と非関係主義を区別するためには，関係主義の「特定の関係」とは，属性の共有ではなく社会実践に定位した関係でなければならない．

　第二に，「特定の関係」とは，現在すでに存在している社会実践に定位したものであることが必要である（関係の先行性）．仮に，「特定の関係」に将来生じうる社会実践も含まれるとすると，いかなる社会実践でも将来生じる可能性がないとはいえないので，関係主義と非関係主義の区別が曖昧になってしまう．

　こうした，関係の実践性と関係の先行性という二つの契機によって，関係主義と非関係主義を峻別することが可能になる．

　国家主義の第二の前提（S2）は，正義の根拠となる関係（社会的協働関係や強制関係）は，国家内部には存在するけれども，地球規模では存在しないとする．これは，第一の前提とは異なり，経験的な主張である．重要な関連性をもつ関係がどの程度地球規模で存在するか，たとえば経済的相互依存関係はどの

程度稠密なのか，国際貿易体制が途上国の経済にどのような影響を与えているかといった問題は，経験的に検証されるべき問題である．

(3) 関係主義の問題点

現在有力に主張されている国家主義として，協働説に定位する国家主義 (Sangiovanni 2007) と強制説に定位する国家主義 (Blake 2001; Nagel 2005) がある．これに対して，前提 (S2) に異議をとなえ，特定の関係は地球規模でも存在すると主張して地球主義を擁護する立場，すなわち協働説に定位する地球主義 (Beitz 1999) と強制説に定位する地球主義 (Valentini 2011; Hassoun 2012) も有力に主張されている[6]．

だが国家主義を批判するためには，前提 (S2) ではなく前提 (S1) を問い直すこともできる．議論のために，協働説にせよ強制説にせよ関係主義が，〈一定の関係が存在するならば，その関係において正義が妥当する〉ことを示すのに成功しているとしよう．だがこれが意味するのは，特定の関係が正義の十分条件だということであり，〈一定の関係が存在するならば，その関係においてのみ正義が妥当する〉，すなわち関係が正義の必要条件だということではない．後者の点，すなわちなぜ協働関係ないし強制関係がなければ正義が妥当しないかという肝心の点について，関係主義が説得的な理論根拠を提示しているとはいい難い (Gilabert 2012: 172-174)．

個別に見れば，協働説はいわゆるフェアプレイ原則に依拠している．つまり，社会的協働の枠組みから利益を享受する者は，その枠組みを維持するための負担も負うべしという道徳原則が，その根拠となっている．そのため，フェアプレイ原則に対する批判 (Takikawa 2012) がそのまま協働説にも当てはまってしまう．

むしろ，関係主義で有望なのは強制説であり，それゆえ支持者も多い．だが，強制関係が正義の必要条件であるか，すなわち強制関係がなければ正義は妥当しないかが厳密に問われねばならない．とくに問題となるのが，関係の先行性である．第2節の議論を先取りしていえば，関係が先行して存在しなくても正義は妥当しうるのであり，その点で関係主義には問題がある．

2　非関係主義

　そこで，非関係主義を主たる検討の対象としよう．非関係主義によれば，正義の原理は特定の関係をその要件としない．したがって，人は特定の関係のない者に対しても正義の義務を負う．非関係主義の典型は，人権理論である．人権は，人が人であるがゆえにもつ権利だと一般に理解されている（本書第1章（宇佐美））．つまり，特定の関係があるか否かにかかわらず，人は人権をもち，それに相関する義務を他の人々は負う．このほかにも，アレン・ブキャナンの正義の自然義務論（Buchanan 2004），ピーター・シンガーの積極的義務論（Singer 1972）も，非関係主義として位置づけることができる．

(1)　宇宙主義

　ここでは，背景理論として道徳的コスモポリタニズムを採用する非関係主義を検討しよう．トマス・ポッゲの影響力ある分析によれば，道徳的コスモポリタニズムは三つの要素からなる．第一の要素は「個人主義（individualism）」であり，道徳的関心の究極的単位は国家や共同体ではなく人間あるいは人格であるとする．第二の要素は「普遍性（universality）」であり，一部の人ではなく万人が平等に道徳的関心の究極的単位となるとする．第三の要素は「一般性（generality）」であり，同国民だけではなく万人に対して，人は道徳的関心の究極的単位となるとする（Pogge 2008: 175）．このように，道徳的コスモポリタニズムは，道徳的関心の①究極的単位，②対象の範囲，③主体の範囲の三つによって特徴づけられる．

　最近の論考でポッゲは，道徳的コスモポリタニズムの第二の要素（普遍性）をさらに二つに分解する（Pogge 2012: 316）．第一は「不偏性（impartiality）」であり，万人が対称的に考慮されることを要求する．これは，社会選択理論における匿名性条件に相当する．第二は「万人包含性（all-inclusiveness）」であり，万人が道徳的関心の究極的単位となるとする．

　道徳的コスモポリタニズムの要素のうち万人包含性を，universalism と呼ぶことにしよう．この語のこの文脈における正確な訳語は，通例のような「普遍

主義」ではなく，「宇宙主義」である．すなわち宇宙主義とは，「宇宙 (universe)」に存在する万人が道徳的関心の究極的単位であるという主張である[7]．道徳的地平を宇宙とするのが，宇宙主義である．

　このような（道徳的）宇宙主義と並行的に，正義の宇宙主義を規定することができる．正義の宇宙主義によれば，正義の射程は宇宙全体におよぶのであり，天の川銀河の太陽系の一つの惑星にすぎない地球に限定されない．正義の宇宙主義からすれば，地球以外の惑星における正義（たとえば，「火星の正義 (Martian justice)」）も当然含まれるし，それだけではなく「惑星間正義 (interplanetary justice)」や，より広く「宇宙正義 (cosmic justice)」も含まれる．仮に理性をもった地球外生命体が発見されたならば，そうした存在に対する正義の義務を，正義の宇宙主義は理論上肯定する[8]．

　このような正義の宇宙主義は，正義の国家主義と対立するだけではなく，正義の地球主義と対立する．なぜなら，正義の射程を「地球 (globe)」とする正義の地球主義は，正義は国境を越えるという点で国家主義を否定するだけではなく，正義は地球を越えないという点で宇宙主義を否定するからである．正義の地球主義は，正義の国家主義を乗り越える「普遍的な (universal)」議論だと一般に理解されているが，宇宙主義から見ればこれは誤解である．正義の国家主義が国家に「特殊な (special)」議論であるのと同様に，正義の地球主義も地球に特殊な議論であり，普遍的な議論ではない[9]．

　ここで，正義の国家主義―地球主義―宇宙主義と，関係主義―非関係主義の理論的関係について確認しておこう．

　関係主義は，正義の宇宙主義を否定する．命題 (S1)「正義の義務は，特定の関係においてのみ生じる」からすると，特定の関係，すなわち先行する実践が存在しないところでは正義は妥当しないからである．結果として，すでに確認したように，正義の国家主義と正義の地球主義が主張されている．

　これに対して，非関係主義は，正義の宇宙主義を肯定する．非関係主義は，S1 を否定し，結果として正義の国家主義のみならず正義の地球主義も否定して，正義の宇宙主義に到達するからである．

　第 1 節で見たように，国家主義―地球主義という対立軸と，関係主義―非関係主義という対立軸は必ずしも重ならず，論争を複雑化させていた．しかし，

宇宙主義という第3項を導入すると，国家主義・地球主義—宇宙主義という対立軸と，関係主義—非関係主義という対立軸が重なることが判明する．

(2) 地球の正義

このような理論配置を確認した上で，考察すべきなのは，地球の正義（正義の地球主義）の妥当性である．正義の地球主義は，正義の国家主義と正義の宇宙主義に挟まれた，いわば中途半端な立場にみえる．正義の地球主義を擁護する議論は，一方で正義の宇宙主義を批判して，しかもその批判が正義の国家主義から自身へ向けられないように注意しながら，他方で正義の国家主義を批判して，しかもその批判が正義の宇宙主義から逆手に取られないように留意しなければならない．そのようなことが，いかにして可能だろうか．

協働説であれ強制説であれ関係主義に定位して，地球主義を擁護することも理論的には可能である．だがすでに見たように関係主義に問題点がある以上，ここでは非関係主義に立脚して考察していこう．

非関係主義は宇宙主義を肯定し，正義の射程を理論上宇宙全体に拡張する．先に確認したように，非関係主義と地球主義は理論的には相性が悪い．にもかかわらず，正義の射程を実際上地球に限定する議論として，二つの可能性がある．

第一の議論によれば，正義の射程は理論上宇宙全体であるが，宇宙全体にわたって正義を実現することが実際上不可能であるため，それが現実的に可能である地球に限定される．つまり，正義の実現に焦点を当てることで，正義の射程を実際上地球に限定する（Cf. Gilabert 2010: 416）．この議論では，正義とは実行可能性を織り込んだ価値であり，実行不可能であれば正義の問題は生じないことになる．

第二の議論によれば，正義の射程は理論上宇宙全体であるが，宇宙全体にわたって正義の問題が実際上生じていないため，それが実際に生じている地球に限定される．つまり，正義の問題に焦点を当てることで，正義の射程を実際上地球に限定する．この議論では，解決されるべき問題の存在が正義を要請するのであり，問題解決の実行可能性はさしあたり無関係である．

要するに，なぜ正義の射程は実際上地球に限定されるのかという問いに対し

て，第一の議論は地球外の問題は実際上解決できないからだと答えるのに対し，第二の議論は地球外では実際上問題が生じていないからだと答える．二つの議論はそれぞれ，正義のいわば出口と入口に焦点を当てており，前者を解決アプローチ，後者を問題アプローチと呼ぶことにしよう[10]．

　解決アプローチに対する疑問は，その実行可能性の位置づけにある．解決アプローチは，ある解決策が実行不可能であれば正義にかなっていないとする．しかしむしろ逆に，ある解決策が正義にかなっているがゆえに，それを実行可能とすることが要請される，という議論も可能なはずである．以下で見るように，正義の自然義務論はまさにこうした主張を行っている．

　正義の射程を考えるときに，現在の制度配備を所与として，実行可能性を考えなければならないわけではない．もちろん，いかなる制度配備をしたとしても到達不可能であるような状態にいたることは，たとえそれが正義にかなった状態だとしても，要請されない．だが，現在の制度配備を変更することによって最終的に正義を実現するという動的なルートも，考慮に入れられてしかるべきである[11]．

(3) 正義の自然義務

　問題アプローチについて問われるべきは，正義の射程を画する問題とは何か，である．この問いに対して，イマヌエル・カントの議論にそくしながら，権利侵害の可能性という解答を別稿で与えた（瀧川 2013）．その議論の論理構造は，次のように分析できる．

　　J1　人間は，自由への権利をもつ（Kant VI: 237）
　　J2　人間は，事実として相互に（直接的または間接的に）影響しうる（Kant VI: 230）
　　J3　人類は有限な「球体＝地球（globus）」に共属しており，相互に影響を与えることが避けられない（Kant VI: 352）[12]
　　J4　自由への権利を実現するために，正義の関係に入ることが要請される（Kant VI: 307）

ここでは，三つの前提（J1〜J3）から，結論（J4）が導出されている[13]．J4の「正義の関係」とは，カントが「法的状態」（Kant VI: 306）と呼んだものであり，現在「法の支配」と呼ばれているものに対応する．簡潔にいえば，支配からの自由として理解された「自由への権利」が平等に保障された状態である[14]．こうした正義の関係に入る義務は，現代正義論では「正義の自然義務」と呼ばれている（Rawls 1999a; Buchanan 2004）[15]．

この議論について本章の文脈で重要なのは，次の3点である．

第一に，この議論は非関係主義である．正義の義務の根拠は，特定の関係に依拠しておらず，各人が自由への権利をもつことに依拠している．自由への権利は人権と重なっているため，人権が正義の義務を基礎づけることになる．

第二に，この議論は問題アプローチを採用する．正義の射程が実際上地球に限定されるのは，地球が有限な空間であり，人間が不可避的に相互に影響を与えることになるからである．仮に，人間が無限の空間に住んでおり，相互に影響を与えずに生きることができるならば，正義の問題は生じない[16]．

第三に，この議論は正義の義務を正義の関係に参入する義務とする．つまり，関係主義のように，関係の先行性，すなわち一定の関係があらかじめ存在することは前提とせず，むしろ正義にかなう関係を構築することを要請する．第1節で関係主義に対して，関係が正義の必要条件であることを示していないという疑問を提起した．この議論が示すのは，先行する実践が存在しなくても，正義にかなう関係を構築することが正義の義務であり，関係は正義の必要条件ではないということである．

3　正義の自然義務と消極的義務

(1) 消極的義務

この議論の位置価を明確にするために，ポッゲの消極的義務論と対比させてみよう．ポッゲの着想は，ピーター・シンガーのように積極的義務（重大な犠牲を払わなくてすむかぎり援助しなければならない）ではなく，消極的義務（他者に危害を加えてはならない）に正義の根拠を見出す点にある．ポッゲが消極的義務に依拠する理由は，積極的義務に対して批判的なリバタリアンでさえ，消極的義

務を承認することにある．ポッゲは，先進国の援助義務の根拠として，従来無視されてきた消極的義務とその違反，たとえば不公正な国際貿易体制（関税・補助金）に注目する．ポッゲの消極的義務論の論理構造は，次のように分析できる．

- P1　消極的義務に違反した者は，正義の義務を負う
- P2　先進国は，不公正なグローバル秩序を通じて，途上国に危害を加えている
- P3　先進国は，途上国の貧困に対処する正義の義務を負う

　論争の的になってきたのは，P2である．〈途上国の貧困は途上国が原因である〉という言説を，ポッゲは「説明のナショナリズム（explanatory nationalism）」と名づけ，かなり有効な批判を加えた．だが，それによってポッゲのような説明のグローバリズム，すなわち〈途上国の貧困はグローバル秩序が原因である〉という言説が擁護されるわけではない．むしろ説明の多元主義，すなわち〈途上国の貧困はグローバル秩序と途上国がともに原因である〉という言説を否定できない．その場合，途上国の貧困のうちグローバル秩序に起因しない部分（貧困者単位でみるにせよ，寄与度でみるにせよ）については，それを解消する正義の義務を先進国は負わないことになる．
　この結論を避けるためにポッゲは，途上国の貧困の原因たる途上国の政治的腐敗はグローバル秩序が原因であるという議論（資源特権論・借款特権論）を展開している．しかし，途上国の政治的腐敗について，その原因のすべてをグローバル秩序に帰して，途上国の政治文化や政治参加等の要素がまったく寄与していないという主張をすることは困難である．そうだとすると，すぐ後で述べるように，消極的義務論の射程は，途上国の貧困の一部（一部の貧困者，あるいは貧困の一部分）に限定されることになる．
　P1は，危害関係こそが正義の引き金になるとしており，関係主義に立脚する．だがここで問題となるのは，危害の概念である．ジョン・スチュアート・ミルの危害原理について危害の概念が曖昧すぎると批判されてきたのと同様の問題が，ここで生じている[17]．先進国がグローバル秩序を通じて危害を加えているというとき，グローバル秩序が存在しない状態と対比されているのか，

理想的なグローバルが存在する状態と対比されているのか．地球の正義に関して危害の概念を援用する者は，この基準線問題に答える必要がある．

　この基準線問題に対するポッゲの解答は，「国際社会で承認された最低限の基準としての基本的人権」こそが基準線だというものである（Pogge 2008: 25）．要するに，危害は人権侵害へと還元される．そうだとすると，P1は次のように書き改められる．

　　P1'　人権を侵害した者は，正義の義務を負う

　ここで重要なのは，人権侵害は消極的義務違反のみならず積極的義務違反によってもなされる，という点である．たとえば水へのアクセスが基本的人権であるならば，水を供給するという積極的義務を負う者がその義務を履行しないことは人権侵害に該当する[18]．そうだとすると，積極的義務とは区別された消極的義務とその違反によって正義の義務を正当化しようとするポッゲの議論は，結局瓦解することになる．

　これに対してポッゲは，消極的義務を積極的義務から区別すべく，消極的義務は義務の対象・主題・内容の点でより限定的であるという（Pogge 2008: 26）．つまり，①グローバル秩序の被害者のみが対象であり，②人権侵害を回避することのみが問題であり，③人権侵害に対する自分の寄与部分のみが責任射程であるという点で，消極的義務は無限定な積極的義務とは異なると反論する．

　しかしながら，ポッゲの反論は成功していない．まず，義務の範囲として，グローバル秩序の被害者のみを対象とするのでは，それ以外の貧困者が放置されてしまう．また，義務の主題として，人権侵害に該当する貧困の解消のみを要求する限定的な積極的義務の構想も可能である．さらに，義務の内容として，積極的義務を無制限に理解せず，各自に割り当てられた負担分を観念することも可能である．つまり，義務の主題・内容の点で，消極的義務が積極的義務よりも限定的であるとはいえないし，義務の範囲の点で，消極的義務論は諸刃の剣である．

(2) 正義の自然義務の基底性

以上の指摘は、ポッゲは消極的義務論のみに依拠する点で誤っており積極的義務論も同時に主張すべきだ、というものではない.実際、ポッゲは消極的義務に加えて積極的義務も存在することを、明示的に認めている (Pogge 2010).むしろここで指摘しているのは、基底的な義務は、他者に危害を加えないという消極的義務ではなく、正義の自然義務（法的状態参入義務）だ、ということである.消極的義務は、正義の自然義務の重要ではあるがその一部にすぎず、正義の自然義務に言及しなければ消極的義務はその位置づけが不明なままである.そして、いったん正義の自然義務が消極的義務の基底にあるということが認められれば、同じく正義の自然義務を基底として導出される積極的義務も当然認められるべきだということになる.結局のところ、ポッゲの消極的義務論は、カント的な正義の自然義務論として理解されるべきである[19].

同様の指摘は、井上達夫の議論にも当てはまる.井上は、ポッゲ流の「制度的加害是正論」とシンガー流の「積極的支援義務論」のそれぞれの理論的強みを活かす「相補的結合」を提唱する（井上 2012: 244）.その際強調するのは、制度的加害是正責任と積極的支援義務が「別個独立の義務」だという点である（井上 2013: 249）.そのように主張する理由は、前者は後者よりも規範的拘束力が強いという点に求められる.

しかし、こうした井上の議論に対しては、この二つの義務はそれぞれ何に由来するのか、二つの義務の間に関係はないのか、二つの義務以外に第三の義務は存在しないのか、といった疑問がただちに湧いてくる.こうした疑問に答えるのが、正義の自然義務論である.われわれが負う基底的な義務は、正義にかなった制度を構築する義務である（瀧川 2013: 82）.消極的義務およびそこから派生する制度的加害是正責任と、積極的支援義務は、いずれもこの基底的な義務から導出される.

4　正義の義務と人道の義務

(1) 多様な区分法

ポッゲと井上が積極的義務と区別された消極的義務に依拠して地球の正義を

論じるのは，すでに見たように，消極的義務は万人に受容されていて，なおかつ規範的拘束力が強いと考えるためである．だがすぐ気づくように，積極的義務について，規範的拘束力が弱いのにもかかわらず，リバタリアンによって拒絶されるというのは，一見矛盾しているように見える．この矛盾を解明するために，地球の正義論でしばしば言及される正義の義務と人道の義務の区別について検討しよう[20]．この区別自体錯綜しているが，従来提示されてきた多様な区分法は，以下のように整理することができる（Buchanan 1987; Gilabert 2012: 11, Armstrong 2012: 21）．

（Ⅰ）正義の義務は厳格（stringent）であるが，人道の義務は厳格でない
（Ⅱ）正義の義務は制度に関わる（institutional）が，人道の義務は行為に関わる（interactional）
（Ⅲ）正義の義務は強制可能（enforceable）であるが，人道の義務は強制不可能である
（Ⅳ）正義の義務は権利と相関する（correlative）が，人道の義務は権利と相関しない
（Ⅴ）正義の義務は消極的（negative）だが，人道の義務は積極的（positive）である
（Ⅵ）正義の義務は完全（perfect）だが，人道の義務は不完全（imperfect）である

貧困途上国支援が正義の義務か人道の義務かをめぐる論争の実質的意義は，区分法Ⅰに見出すことができる．正義の義務と人道の義務は厳格さが異なる．義務の厳格さとは，その義務を果たすことの重要さ，その義務を果たさないときの不当さに関わる．区分法Ⅰが主張するのは，人道の義務を果たすよりも正義の義務を果たすほうが重要であり，正義の義務を果たさないのは人道の義務を果たさないよりも不当だということである．

たとえば，ロールズのいう「重荷を負う社会」に対する援助義務（Rawls 1999b: 106）を，人道の義務として理解するか（Tan 2004: 65），正義の義務として理解するか（Freeman 2007: 441）が争われてきた．この論争が実質的意義を

もつものだと（少なくとも論争当事者に）考えられてきたのは，区分法Ⅰが前提とされているからである．正義の地球主義が懸念するのは，先進国が自国内の困窮者支援を正義の義務として位置づけながら，貧困途上国支援を人道の義務とするのでは，結局後者が劣後して無視されてしまうのではないかという点である．

　この点に関連するのが，区分法Ⅱである．コク‐チョー・タンによれば，制度ではなく個人の行為に焦点を当てる人道の義務論は，途上国の貧困の制度的原因に十分な関心を払わない．そのため，単なる人道的な援助では，貧困問題の根源に迫ることはできず，表層的な解決にとどまってしまう．人道的援助はいわば対症療法にすぎず，制度改革を要請する正義論こそが根治療法たりうる（Tan 2004: ch. 2）．

　この区分法Ⅱの前提にあるのが，ロールズの正義理解である．ロールズによれば，「正義は社会制度の第一の美徳である」（Rawls 1999a: 3）．ロールズは，プラトン・アリストテレス以来の伝統を離れ，正義をもっぱら制度に関わる価値として理解している．タンのロールズ批判は，このようなロールズの正義理解を受け入れた上で，正義を地球規模の貧困問題に適用しない点にある．

　区分法Ⅲは，義務の強制可能性に関わっている．強制可能性―強制不可能性の区別の典型は，カントによる法の義務と徳の義務の区別である．カントによれば，法の義務は外的強制が道徳的に可能であるが，徳の義務はそれが不可能である（Kant VI. 383; VI. 239）．つまり，人は他者に何を強制できるのかという法の義務の問題とは別の地平にあるのが，徳の義務である．区分法Ⅲによれば，こうした強制可能性―強制不可能性の区別が，正義の義務と人道の義務の区別に対応している．

　区分法Ⅳは，権利との相関性に関わっている．権利と義務は相関するのか，権利なき義務あるいは義務なき権利は存在するのかが従来議論されてきた．ウェズリー・ホーフェルドの権利分析によれば，権利と義務は相関関係にあり，相互に論理的に包含する．つまり，ＸのＹに対する人道の義務は，ＹのＸに対する権利を論理的に包含する．したがって，人道の義務が権利と相関しないのであれば，それはそもそも義務ではないということになる．

　これに対して，仮に慈善を施すことが義務であるとしても，それに対応する

慈善を施される権利を誰かがもつわけではないとして，区分法Ⅳを擁護する者もいる．しかしながら，慈善の義務が真正の義務であるならば，それに対応する権利を，慈善を施される人はじつはもっているのだといっても特段おかしいところはない．あるいは，慈善を施す義務は，施される人に関する神に対する義務であり，それに対応する権利を神がもっていると論じることもできる．神を「貧困者集団」や「人間社会」に置き換えれば，違和感はさらに減少するだろう．つまり，区分法Ⅳは権利・義務という言葉の用語法に関わるものであり，実質的な問題に関わっているわけではない．

区分法Ⅴは，義務が要求する行為の性質に関わる．消極的義務とは，他者から剝奪しない義務である．他者に危害を加えることで自由を奪わない義務や，他者の財物を窃取しない義務などが典型である．これに対して積極的義務とは，他者を支援する義務である．他者の自由を増進するために経済的に援助する義務が典型である（Cf. Gilabert 2010: 4）．区分法Ⅴによれば，こうした消極的義務と積極的義務の区別が，正義の義務と人道の義務に対応している．

区分法Ⅵは，義務が要求する行為の様態に関わる．実のところ，完全義務—不完全義務の対比自体が錯綜している[21]．カントの用法では，完全義務は狭い義務であり，何をどの程度すべきかが明確で選択の幅が狭い義務である．これに対して，不完全義務は広い義務であり，何をどの程度すべきかが不明確で選択の幅が広い義務である（Kant VI: 390）．たとえば，他者に危害を加えない義務は，危害を加えないという点では明確であり，危害を加えることが許される時間と場所を選択する余地などなく，完全義務である．これに対して，他者を支援する義務は，何をどの程度支援するか選択の幅が広いことが通例であり，不完全義務である．ザミュエル・フォン・プーフェンドルフの用法では，完全義務は社会の存立に関わるのに対し，不完全義務は社会の善きあり方に関わる（Pufendorf 1672: 1.7.7）．完全義務は社会の文法であり，それを遵守しなければ社会が意味をなさなくなるのに対し，不完全義務は社会の文体であり，それを遵守すると社会に彩りが与えられる．

(2) 正義の積極的義務

以上のような区分を踏まえて，ここで提案したいのは，二つの積極的義務，

すなわち人道の積極的義務と正義の積極的義務を区別することである．この区別を導入することで，従来の錯綜した議論に対して明確な見通しを与えつつ，正義の義務を正確に位置づけることが可能になる．

　人道の積極的義務は，正義ではなく人道性に由来する援助義務である．ここで人道性とは，他者に対する共感のことである．つまり，被援助者の福利ではなく援助者の美徳に由来する援助義務が，人道の積極的義務である[22]．それは厳格ではなく行為に関わり強制不可能である．これに対して正義の積極的義務は，正義の自然義務から導出される援助義務である．それは厳格であり制度に関わり強制可能である．つまり，区分法Ⅰ（厳格性）・Ⅱ（制度／行為）・Ⅲ（強制可能性）について対比される2種類の積極的義務があることになる．

　重要なのは，正義の積極的義務が存在するという点である．つまり，区分法Ⅴは否定される．その理由は，すでに見たように，正義の義務とは万人の平等な自由への権利を保障するために正義の関係を構築する義務であり，それには消極的義務（他人の権利を侵害しない義務）のみならず，他人の権利を保障する義務，そうした権利保障制度を構築するために支援する義務が含まれることにある．区分法Ⅵについてプーフェンドルフの用法に従うならば，正義の積極的義務は完全義務であり社会の存立に関わるのに対し，人道の積極的義務は不完全義務であり社会の善き存立に関わる．つまり，正義の積極的義務は正義の関係を構築することをめざすのに対し，人道の積極的義務は構築された正義の関係をより善く洗練させることをめざす．

　この区別により，先にみた矛盾を説明することが可能になる．その矛盾とは，積極的義務は，規範的拘束力が弱いのにもかかわらず，リバタリアンによって拒絶されるというものだった．一方で，ポッゲや井上が規範的拘束力の弱さに懸念するのは，人道の積極的義務である．人道の積極的義務は厳格でなく強制可能でないため，リバタリアンでも受容できる．他方で，リバタリアンが拒絶するのは，正義の積極的義務である．正義の積極的義務は，正義の義務である消極的義務と同様に厳格であり，しかも強制可能であるため，リバタリアンは受容できない．要するに，二つの別の積極的義務が混同されたために矛盾が存在するように見えたにすぎない．

　いまや，援助義務には3種類存在することが判明する．①人道の積極的義務

としての援助義務，②正義の積極的義務としての援助義務，そして③消極的義務違反に基づく援助義務である．このうち②と③について義務内容を明確化し，その義務を果たすための制度配備を検討することこそ，地球の正義論の課題である．

注
(1) 正義の射程について，二つの立場が対比されることについては共通了解があるが，それぞれの立場の呼称は多様である．「国際主義 (internationalism)」と「地球主義」という呼称を使う論者もいれば (Sangiovanni 2007; Risse 2012)，「国家主義」と「コスモポリタニズム (cosmopolitanism)」という呼称を使う論者もいる (Valentini 2011)．こうした呼称の選択は，単なる名前の問題ではなく，以下で示すように実質的な問題であり，国家主義と地球主義という呼称が最適である．
(2) ロナルド・ドゥオーキンは地球の正義について奇妙な沈黙を守っているが，それには彼の政治理論上の根拠があることを，別稿において示した（瀧川 2011）．
(3) ここからすると，国際社会は政治的に組織化された社会ではないため，地球規模で正義は妥当しないことになりそうである．しかしながら，井上達夫は近年「世界正義」論を精力的に展開している（井上 2012: 244）．一見矛盾して見える井上の立場を理論的に整合化するためには，いくつかの方法がありうる．
　第一の方法は，国際社会は政治的に組織化された社会であり正義が妥当する，ということである．この場合，「公権力による強行可能性」という要件を現在の国際社会が充足しているかが問題となる．
　第二の方法は，ポッゲ流の制度的加害是正義務は，じつは政治社会の外部でも妥当すると主張することである．この場合，正義の基底性の第一命題，すなわち正義は政治社会（政治的に組織化された社会）の構成原理だという主張を撤回することになる．
　第三の方法は，正義の基底性の第一命題を維持しながら，シンガー流の積極的支援義務を正義の義務ではなく人道の義務として位置づけることである．この場合，世界の貧困問題に対処すべき根拠は，正義の義務（制度的加害是正義務）と人道の義務（積極的支援義務）の2種類があるということになり，その関係が問題になる．
　私の問題提起に対する，2012年の日本法哲学会学術大会における井上自身の回答は，強制力の影響は一国内に留まらず国境を越えるのだから，正義も国境を越えるというものだった．この回答は第二の方法を採用しており，正義は政治社会の構成原理であるという『他者への自由』以来の主張を変更するものである．そしてじつは，『共生の作法』においては，正義は政治社会の構成原理ではなく，単に「社会の構成原理」（井上 1986: 216）とされていたのだった．そのような正義理解は，強制こそが正義を

要請するというものであり，後で検討する強制説に他ならない．ローラ・ヴァレンティニの用語を使えば，狭義の強制ではなくシステム強制に着目し，国際社会にはシステム強制が存在するがゆえに，正義が要請されるという立場だと理解できる（Valentini 2011）．
（4）ここで，「特定の関係」とは人間関係に限定されない．人間と動物の関係も，正義の根拠たる「特定の関係」でありうる．
（5）正義の根拠をめぐる関係主義と非関係主義の区別は，いまや共有された議論枠組となっている（Sangiovanni 2007; Valentini 2011; Armstrong 2012; Risse 2012）．
（6）この論争について，紙幅の制約により詳述できない．概観として，参照，瀧川 2013．
（7）別稿（瀧川 2013）では，道徳的コスモポリタニズムとここでいう宇宙主義の関係を明確にできていなかったが，道徳的コスモポリタニズムの一要素として宇宙主義を位置づけることにしたい．
（8）こうした主張は，おそらく奇異に響くだろう．正義の宇宙主義という理念を着想したとき，私自身も奇妙な場所に辿り着いてしまったと感じた．だが，奇異だとしても正しいのだから受容せざるをえない．
（9）こうした洞察を根拠として，global justice を無自覚に「世界正義」と訳す井上達夫に批判を行った（瀧川 2013）．これに対する井上の応答は，正義概念は普遍主義を内包しており，global justice は地球外生命体と遭遇するならば cosmic justice へと論理的に展開するというものである（井上 2013）．普遍主義的要請を中心に据える井上の正義理解からは当然予想されるものであり，妥当である．すなわち，井上は正義の地球主義者ではなく，正義の宇宙主義者である．ただそうであるならば，地球外生命体と人類が遭遇するならば，「彼らもまた当然，global justice の射程に入る」（井上 2013: 91）という言い方は正確ではない．地球外部における正義を語っているのであるから，むしろ cosmic justice（ないし，単に justice）の射程に入るというべきだろう．
（10）解決アプローチのように実行可能性に着目する議論が，地球規模で正義を実現することの事実上の困難さに依拠しつつ，国家主義を下支えしてきた（Nagel 2005: 137）．
（11）こうした実行可能性の問題について，参照，Gilabert 2012: ch. 4.
（12）道徳的コスモポリタニズムに対しては，それが普遍性をその構成要素とするがゆえに，動機づけの力をもちえないのではないかと批判されることがある．逆に，特定の国家や民族といった特殊性に価値をおく国家主義やナショナリズムは，動機づけの力をもつとして擁護される（Cf. Miller 1995; Ypi 2008）．道徳的正しさの問題に動機づけの力の問題がそもそも関連するか疑問であるが，こうした批判に対しては，いまや次のように答えることができる．動機づけの源泉はおそらく，批判者も共有するように，運命の感覚にある．すなわち，他でもありえたのにこれであったという偶然性と必然性が結合した運命的事実が，人を動機づける．地球の正義論が前提とするのは，広大な宇宙の中で他でもなくこの地球にともに生まれ落ちたことであり，このことは驚くべき偶然である．したがって，地球の正義論は，宇宙から地球を見る視線を喪失しな

いかぎり，動機づけの力をもつ．地球の正義論が，しばしば宇宙から撮影された地球のイメージを用いる（たとえば，Peter Singer 著 One World のカバー）のは，このような考慮に基づいているのだろう．
(13) カントのいう三つの法義務は，第3定式（lex iustitia: 法的状態参入義務）を導出するために，第1定式（lex iusti: 自己の権利承認）と第2定式（lex iuridica: 他者の権利承認）という二つの前提をおく，という構造になっている（Kant VI: 236）．簡潔にいえば，J1 から J4 を導出している．J2 と J3 は，そのための経験的な前提である．つまり，人間が，一方で相手に影響をおよぼしてしまう力をもちつつ，他方で相手から影響を受けてしまう脆弱性をもち，その人間が同じ地球に属してしまったという偶然的な事実が，経験的な前提となっている．
(14) このような自由理解の背景にある「支配」と，本書第6章（吉原）が扱う「搾取」の関係は検討に値する問題だが，本章では扱うことができない．
(15) 正義の自然義務の「自然」とは，契約のような先行行為がなくても負うという意味である．
(16) ただし，無体財産権（知的財産権）については，別の考慮が必要となる．同じ惑星にいなくても権利侵害が比較的容易だからである．この問題に対処するためには，問題アプローチを貫徹して，無体財産権も含めれば権利侵害は地球内部に限定されないので，正義の射程は別の考慮（たとえば，情報の伝播可能性）によって画されるという方向性と，無体財産権のような人工的権利は正義の義務の根拠たる自由への権利に含まれず，（少なくとも基底的レベルでの）正義の問題を生じないという方向性がありうる．
(17) ニコル・ハッスーンの理解では，貧困層に危害を加えていることではなく，貧困層を強制していることに焦点を当てることで，危害の有無をめぐる論争に巻き込まれずにすむ点が，強制説の意義の一つである（Hassoun 2012: 10）．
(18) 同様の指摘として，参照，井上 2013: 209-214．
(19) 「社会実践の正義に向けた共有責任」（Pogge 2008: 76）を個人が負うとするポッゲならば，この指摘をおそらく受容するのではないだろうか．
(20) 正義の義務と対比される義務は，「人道の義務（humanitarian duty）」あるいは「慈善の義務（duty of charity）」と呼ばれる．「人道主義（humanitarianism）」は，人間性（humanity）を語源にもつ点では「人間主義（humanism）」と共通するが，意味内容は同じではない．参照，上野 2005．
(21) 議論の概観として，参照，Schumaker 1992．
(22) Oxford English Dictionary によれば，humanitarian には，「人間の福利を促進する」という語義がある．また，humane には，「他者に対する共感・配慮」という語義があるが，その「他者」には人間のみならず動物も含まれる．つまり，後者に含まれる動物が前者には含まれない．動物の扱いに関して生じているこのような齟齬を解消するために，人間性が援助者に係る場合と被援助者に係る場合を区別するというのが本章の提案である．すなわち，一方で援助者の人間性（＝他者への共感能力）を根拠と

する援助義務を人道の積極的義務とし，他方で被援助者の人間性（＝福利・脆弱性）を根拠とする援助義務を正義の積極的義務として位置づける．

参考文献

Armstrong, Chris, 2012, *Global Distributive Justice: An Introduction*, Cambridge and New York: Cambridge University Press.

Beitz, Charles R., 1999, *Political Theory and International Relations, With a New Afterword by the Author*, Princeton, N.J.: Princeton University Press（＝進藤榮一訳 1989『国際秩序と正義』岩波書店）.

Blake, Michael, 2001, "Distributive Justice, State Coercion, and Autonomy," *Philosophy and Public Affairs* 30 (3): 257-296.

Buchanan, Allen, 1987, "Justice and Charity," *Ethics* 97: 558-575.

——, 2004, *Justice, Legitimacy, and Self-Determination: Moral Foundations for International Law*, Oxford: Oxford University Press.

Freeman, Samuel, 2007, *Rawls*, London and New York: Routledge.

Gilabert, Pablo, 2010, "Kant and the Claims of the Poor," *Philosophy and Phenomenological Research* 81 (2): 382-418.

——, 2012 *From Global Poverty to Global Equality: A Philosophical Exploration*, Oxford: Oxford University Press.

Hassoun, Nicole, 2012 *Globalization and Global Justice: Shrinking Distance, Expanding Obligations*, Cambridge and New York: Cambridge University Press.

Kant, Immanuel, 1797, *Die Metaphysik der Sitten*: Ak. VI 203-493（樽井正義・池尾恭一訳 2002『カント全集 11 人倫の形而上学』岩波書店）.

Miller, David, 1995, *On Nationality*, Oxford: Oxford University Press（＝富沢克・長谷川一年・施光恒・竹島博之訳 2007『ナショナリティについて』風行社）.

Nagel, Thomas, 2005, "The Problem of Global Justice," *Philosophy and Public Affairs* 33 (2): 113-147.

Pogge, Thomas, 2008, *World Poverty and Human Rights*, Second Edition, Cambridge and Malden, Mass.: Polity Press（＝立岩真也訳 2010『なぜ遠くの貧しい人への義務があるのか：世界的貧困と人権』生活書院）.

——, 2010, "Responses to the Critics," in Alison M. Jaggar (ed.), *Thomas Pogge and His Critics*, Cambridge and Malden, Mass.: Polity Press.

——, 2012, "Cosmopolitanism," in Robert E. Goodin, Philip Pettit and Thomas Pogge (eds.) *A Companion to Contemporary Political Philosophy*, Second Edition, Oxford and Malden, Mass.: Blackwell.

Pufendorf, Samuel, 1672, *De Jure Naturae et Gentium Libri Octo* (= C. H. Oldfather and W. A. Oldfather, 1934, *The Classics of International Law*, The Translation of the Edition of 1688, Oxford: Clarendon Press).

Rawls, John, 1999a, *A Theory of Justice*, Revised Edition. Cambridge, Mass.: Belknap Press of Harvard University Press (=川本隆史・福間聡・神島裕子訳 2010『正義論』紀伊國屋書店).
――, 1999b, *The Law of Peoples*, Cambridge, Mass.: Harvard University Press (=中山竜一訳 2006『万民の法』岩波書店).
Risse, Mathias, 2012, *On Global Justice*, Princeton and New York: Princeton University Press.
Sangiovanni, Andrea, 2007, "Global Justice, Reciprocity, and the State," *Philosophy and Public Affairs* 35 (1): 3-39.
Schumaker, Millard, 1992, *Sharing Without Reckoning: Imperfect Right and the Norms of Reciprocity*, Published for the Canadian Corporation for Studies in Religion/Corporation Canadienne des Sciences Religieuses by Wilfrid Laurier University Press (=加藤尚武・松川俊夫訳 2001『愛と正義の構造』晃洋書房).
Singer, Peter, 1972, "Famine, Affluence, and Morality," *Philosophy and Public Affairs* 1 (3): 229-243.
Takikawa, Hirohide, 2012, "Free Riders Play Fair," *25th IVR World Congress Paper Series* No. 030/2012 Series D, edited by Goethe University Frankfurt am Main: 1-11.
Tan, Kok-Chor, 2004, *Justice Without Borders: Cosmopolitanism, Nationalism and Patriotism*, Cambridge and New York: Cambridge University Press.
Valentini, Laura, 2011, *Justice in a Globalized World: A Normative Framework*, Oxford and New York: Oxford University Press.
Ypi, Lea L., 2008, "Statist Cosmopolitanism," *The Journal of Political Philosophy* 16 (1): 48-71.
井上達夫 1986『共生の作法』創文社.
―― 1999『他者への自由』創文社.
―― 2012『世界正義論』筑摩書房.
―― 2013「国境を越える正義の諸問題――総括的コメント」『法哲学年報 2012』有斐閣, 89-104頁.
上野友也 2005「人道主義の倫理」『東北法学』26号, 129-182頁.
瀧川裕英 2011「ドゥオーキンの帝国――ドゥオーキンはなぜグローバルな正義に沈黙するのか」宇佐美誠・濱真一郎編『ドゥオーキン――法哲学と政治哲学』勁草書房, 167-187頁.
―― 2013「コスモポリタニズムと制度的分業」『法哲学年報 2012』有斐閣, 72-88頁.

Comment
関係主義／非関係主義概念による整序

施　光恒

　第4章（瀧川論文）には賛同するところが多く，議論に内在する批判点はほとんどありません．最初の関係主義／非関係主義については，新奇な観念ですが，宇宙主義・地球主義・国家主義という理念に言及しつつ整理するところは，非常にわかりやすく，説得的でした．また解決アプローチ／問題アプローチという区分も明快だったと思います．

　瀧川論文の結論にあたる，正義の義務には消極的義務だけでなく積極的義務もあるとして正義の義務と人道の義務とを区別する点，そして正義の積極的義務／消極的義務を区別するあたりの話も，非常にうまく整理されていました．この点は第1章（宇佐美論文）と合致する内容だったと思います．

　いわゆる正義の消極的義務だけではなく積極的義務があるという話をするために，カントの正義の自然的義務を，人権理念を用いつつ解釈しなおすことにより正義の積極的義務がよって立つ基盤を見出してくるところも，非常にわかりやすく見事です．たしかに，これによって正義の規範的拘束力が弱いにもかかわらず，リバタリアンが正義の積極的義務を拒絶するという，一見矛盾に見えることを適切に説明できているように思います．

　瀧川論文に対しては，批判というほどの批判はありませんが，あえて少し批判めいたコメントをするとすれば，議論が一元論的な正義論に感じられる点です．この議論だけですと，やはり権利の中身が非常に薄くなってしまい，社会正義としばしば称される厚い権利，つまり「シティズンシップの権利」のようなものをどこに位置づけられるのかが，よくわからなくなります．

　さらにいえば，これも重箱の隅をつつくような話ですが，たとえば注12では，道徳的コスモポリタニズムに対するしばしばみられる批判として，動機づけの力をもたないという批判に言及しています．ここで，グローバルな正義論

を展開するときに，宇宙から見た地球を想定すれば，グローバルな正義に人々を結びつける動機が導かれるのではないかという示唆が書かれています．しかし，これだけではグローバルな正義の実現の動機としては，やはり弱いように私には思えます．いくら宇宙船地球号を意識したとしても，または宇宙から見た地球を意識したとしても，その動機づけの力は大変弱いので，下手をするとグローバルな正義，または瀧川論文でいう正義の自然的義務，具体的には人権という一種の法的関係が非常に薄い内容になってしまわないか．したがって，もう少し厚い義務を引き出すような，何らかの道具立てに着目する必要が出てくるのではないかと感じます．

　私はデイヴィッド・ミラーと同じく，ナショナルな絆というところにその動機づけを期待しています．正義の議論について二元論的立場をとり，薄いグローバルな正義と，もう少し厚いシティズンシップの権利もしくは社会正義とを腑分けしていくような道具設定をするべきではないか．ただ，もちろんそのときには，「ナショナルな社会正義とグローバルな正義との関係性をどう考えるか」，または「ナショナルな社会正義のほうに関心が強く行きすぎてしまって，グローバルな正義がおろそかになるのではないか」，「グローバルな正義が社会正義などのいわば国益の追求をいかにして制約できるのか」といった，さまざまな難しい問題が生じてきます．誠実なリベラル・ナショナリストはこうした問いかけに応えて，ナショナルな社会正義だけではなく，グローバルな正義への動機づけをうまく理論的に説明していかなければなりません．リベラル・ナショナリズム以外の立場をとるとしても，グローバルな正義のレベルとそれよりも厚い福祉を想定する社会正義とのレベルからなる正義の二元論的議論を展開する必要はあるのではないかと思います．瀧川論文によって提示される分類には納得する点が数多くありましたが，外在的には，そういったグローバルな正義論の薄さが気にかかり，福祉などのより厚い社会正義の実現を可能にする動機づけや紐帯への着目が必要ではないかと感じました．

　グローバルな正義を実現するための動機づけについて，瀧川論文では，正義論のレベルで動機づけの問題を視野に含むべきかどうか疑問も大いにあると記されています（98頁）．たしかに，正義の問題と動機づけの問題は，理論的には分けて考えるべきなのかもしれません．しかし，いずれにせよグローバルな

正義の実現に当たっては動機の問題は重要になってくるわけですから，正義の議論のなかに含まれるかどうかはともかく，動機づけの問題も視野に入れるべきだというのが，私のスタンスです．この点は，法哲学専攻の著者と政治学専攻の私との問題関心の違いも反映しているかもしれません．政治学専攻の私としては，動機づけの問題，そして正義の秩序の実現可能性に，法哲学の方々よりも重点をおく立場をとります．そのため，この点がやはり気になります．

II
制度と実践

第5章 移民の規制は正当化できるか？

森村　進

1　序

(1) この問題に関する議論はまだ多くない――とくに日本では

　本章の目的は，国境を超えた移民を国家が禁止したり制限したりすることについて，道徳的に正当な権限があるかどうかを検討するものである．私は次節以降，移民の規制を擁護あるいは批判する際に持ち出されるさまざまの規範的考慮を紹介し検討する．

　移民という現象は国家（それをどう定義するにせよ）とともに昔から存在するし，特定の地域や時代の移民に関する歴史学や社会学の研究も多い．しかし移民規制の道徳的正当性という問題が倫理学や政治哲学で論じられるようになったのは最近である．それは「グローバル正義論（global justice）」とか「国際倫理学（international ethics）」と呼ばれる学問領域のなかで，20世紀の終わりから少数の学者によって熱心に論じられるようになってきたが，グローバル正義論に属する他の主要問題である，戦争や軍事的介入の正当性だけでなく，グローバルな分配的正義論に比べても，その議論の歴史は短い．しかしながらこの問題は多様な思想と論点とが交錯する領域なので，その整理は実践的な意義とともに，グローバル正義論の理解を深めることにもなるだろう．

　とくに欧米に比べて日本では移民規制の正当化可能性に関する学問的研究が少なく，桂木隆夫の先駆的な論文（桂木1992）を別にすると，ようやく21世紀になって末尾の「参考文献」に挙げるような数本の論文が発表されたにすぎない．その閑却の原因の一つとしては，〈国家は移民を規制する正当な権限をもっているし，また規制するのが当然だ〉という発想が先進国のなかで例外的なほど強いという事実があるだろう．

いまの日本では高齢化と少子化にともなう労働力不足が深刻な問題になりつつあるが，それでも移民労働者を進んで受け入れるべきだという声は有力にならない．現代社会における移民を取り扱った研究書で，日本は「不法」移民に対する刑事制裁が最も厳しい国として挙げられている（Llosa 2013: 68n41）が，そのような法制度の変更を主張する人もごく少ないようだ．日本の閉鎖的な移民政策はヨーロッパの観点からすれば「極右」の提唱するものだが，大部分の日本人はそのような自覚をもっていない．日本で国内の排外的ナショナリズムを批判する人々の多くも，在日外国人への差別やヘイトスピーチといった風潮について憂慮しても，公的な制度である厳しい移民規制の撤廃を強く提唱しない．日系ブラジル人の移民を優遇する制度を民族差別として批判する人も知らない．また2010年3月22日，日本での在留期限が過ぎたガーナ人が成田空港で強制送還される際に，複数の入国管理局職員によって制圧され窒息死した事件があり，2014年3月19日東京地裁は職員の行為を違法として遺族の訴えを認め国に損害賠償を命じたが，私は寡聞にして，「海外にも衝撃を与え」，英誌エコノミストでも取り上げられたという（朝日新聞2014年3月20日による）その事件が当時日本のメディアで取り上げられたのを見た記憶がない．さらに難民の申請者は毎年4桁だが，認定者は2桁にとどまる．コスモポリタンなリバタリアンとして私はこの事態を大変情けないことだと思う．

もう予想できるだろうが，本章の結論は〈移民の規制は例外的な場合しか正当化できない〉というもので，したがって現在の日本の移民政策は閉鎖的すぎるということになる．本章がいくらかでも読者にこの問題を考慮させることになれば幸いである．

なおこの問題については，移民規制（あるいは逆に移民の自由化）を道徳的な義務として要請する議論，それを政策の問題として支持する議論，そこまでも行かずに許容するだけの議論，などニュアンスの相違があって，論者のなかにはたとえばクリストファー・ウェルマン（Wellman and Cole 2011）のように〈私は現在のわが国が移民を実際に規制すべきだと主張しているのではなくて，規制する正当な権限があるといっているだけだ〉と主張する人もいる．しかし本章ではその相違にあまりこだわらないことにする．というのは，何らかの規範的考慮が特定の公的制度（ここでは移民規制）に対して肯定的だとしても，

それを義務として要求するのか，望ましいものとして支持するのか，単に許容するだけなのかの区別はしばしば困難だからである．また本章では，書物や論文で主張されていなくても，メディアやネットや日常の議論のなかに見受けられるタイプの議論や主張も取り上げるが，それは移民問題のように非専門家も論じやすいテーマでは，それらの議論も社会的に重要な役割を果たしているからである．

(2) 出国と入国

　移民するということ (migration) には，ある国から外国への出国 (emigration) と外国からの入国 (immigration) という二つの面がある．つまり移民 (migrant) は特定の国からの出国者 (emigrant) であると同時に別の国への入国者 (immigrant) なのだが，本章では後者の面をもっぱら取り上げる．なぜなら受刑者や刑事被告人のような例外を除くと，誰もが出国の自由をもっているということは自由主義的な社会では今日広く認められているが，入国の自由についてはそうではなく（後述第2節 (1) を参照），むしろ外国人の長期的な滞在や居住を制限する方が普通だし，国によっては短期的な旅行者に対してさえ特別のビザを要求する（たとえば一定の収入のない中国人は観光目的でさえ日本に入国できない）ということも多いからである．「入国管理」と「出入国管理」という言葉はよく見るが，「出国管理」という言葉を目にすることはない．大部分の国々は「去る者は追わず」だが，「来る者は拒まず」ではないのである．最近アメリカに出張した私は，アメリカへの入国の際に指紋まで検査された一方，出国ではパスポート管理もないことに拍子抜けした．

　しかし出国よりも入国が制限されているという状態が普通になったのは，19世紀の終わりになってからである．つとに経済学者のルードヴィヒ・フォン・ミーゼスは1927年の著書『自由主義』の「移動の自由」という節で，次のように書いた．

> 自由主義者はあらゆる人が自分の住みたいところに住む権利を要求する．これは「消極的」な要求ではない．あらゆる人が自分の最善と考える仕方で労働しその稼ぎを処分することができるということは，私有財産に基づ

く社会の，まさに本質に属する．この原理が消極的性質をもつのは，それが移動の自由の制限をめざす諸力と衝突する場合にすぎない．移動の自由の権利のこの消極的性質は時間がたつにつれて完全な変化をとげた．18・19世紀に自由主義が興ったとき，それは出国の自由のために戦わなければならなかった．今日ではその戦いは入国の自由をめぐっている．前者の時代に自由主義が反対しなければならなかった法律は，田舎の住民が都市に移るのを妨げ，自分の祖国を去って外国で自分の状態を改善しようと望む人を厳しく処罰しようとする法律だった．しかしその当時，入国は一般に妨げられておらず自由だった．［原文改行］よく知られているように，現状はまったく異なる．その潮流は数十年前に中国人のクーリーの入国を妨げる法律から始まった．今日では，入国が魅力的に見える世界中のあらゆる国において，入国を全く禁止するか厳しく制限する，大かれ少かれ厳格な法律が存在する．（Mises 1985［1927］: 137）

　出国と入国の間のこの非対称性を説明する理由は何だろうか？　次のような説明が念頭に浮かぶ．第一に，国家の社会的・文化的統一性を重視する観点からすると，国民が外国に出ていくよりも外国人が自国に入り込んでくる方がその統一性を弱める可能性がある．第二に，国民の出国がその国に不利益をもたらす可能性はほとんどないが，外国人の入国はその恐れがある（とくに貧しい外国人について），といわれるかもしれない．だが国民のうちで高度な能力や技術をもった人や多額納税者が外国に流出することも，本国にとっては不利益だろうから，この理由だけでは十分でない（実際，自由のない国々ではその理由で出国が制約されてきたし，現在のアメリカなどでも外国に移住する人から税金を取り立てる出国税（exit tax）の制度が存在する．他方，毎日新聞2013年12月28日夕刊によると，スペインなどEUの一部の国々では富裕層の外国人に居住資格を売り出す動きがある）．第三に，出国の自由は主としてその国の国民に関係するのに対して，入国の自由は外国人に関係する．そして憲法をはじめとする国法が国民の権利を保障する程度は外国人の権利を保障する程度よりも強いのが常だから，外国人の入国の自由よりも国民の出国の自由は制限しにくい，といわれるかもしれない．たしかに同じ入国の自由でも，外国人の入国と違って国民の

入国を制限することはめったにない．しかし同様に外国人の出国を制限することも稀である——おそらくその原因は，外国人が犯罪の容疑者でもないかぎり，出国を妨げる理由が乏しいということにあるのだろうが．

しかしこれらの三つの理由にもまして，非対称性の理由として一番重要なのは，現代国家の福祉国家化という歴史的事情にあるだろう．福祉国家においては，国民は富の形成に寄与する生産者という面よりも社会給付の受給者として国庫の負担になるという面が重要になってきたからである．上記の第一から第三までの考慮は昔から当てはまるが，最後の考慮だけは最近1世紀に妥当するようになったという事実も，出国より入国の方が問題になってきたという歴史的趨勢と合致する．

本章の以下の議論では，移民が入国しようとする国（移民受け入れ国）を「I国」と呼び，移民が出国してきた国（移民送り出し国）を「E国」と呼ぶことにする．本章ではいずれも特定の国を念頭におくことはしないが，E国よりもI国の方が住民の平均的な生活水準が高いという意味で豊かな国であることが普通だろう．

(3) 本章で取り扱わない問題

本節の最後に，本章で触れられない問題をあげておこう．第一に，移民を含む国内の外国人について，居住の権利以上にどの程度まで国民と同じような法的取扱いをすべきかは重要な問題だが，本章ではそこまで取り扱わない．移民する権利を主張する論者のなかには，セイラ・ベンハビブ（2006）やクリスチャン・ヨプケ（2013）など，どのような政治参加の権利（シティズンシップ）を認めるべきか，また帰化をどのくらい容易に認めるべきか，あるいは奨励すべきかといった問題を熱心に論ずる人がいるが，たいていの移民はI国の政治に参加したいからではなく，よりよい生活を求めてI国にやって来るのだろうから，移住できるかどうかの問題が何より重要であり，政治参加の権利はその次の問題である．とはいえ，移民受け入れに肯定的な論者はコスモポリタンな傾向が強いから，国民と移民に同等の取扱いを支持する傾向があり，反対に移民規制を肯定する論者はナショナリストが多いから，合法的な移民に対しても公民権において国民とは異なった取扱いを支持する傾向があろう．同様にして，

移民に対してI国への文化的一体化を求めるか，それとも逆に文化的独自性を保障するか，という問題もここでは論じない．

本章は難民の問題もとくに取り上げないが，それはこれが重要でないと思うからではなくて，難民は普通の移民と違って，本国で迫害を受け，あるいはその恐れがあって，本国政府による保護を期待できない人だから，人道的考慮によっていっそう受け入れるべき理由が強いからである．移民の規制が正当化しがたいならば，まして難民の申請は基本的にすべて認めて受け入れるべきである．

なお本章は日本国憲法22条2項の定める移住・移転の自由の保障の規定が外国人に当てはまるかという憲法解釈の問題を論ずるものではない．最高裁判例昭和32・6・19も学説も，外国人の入国の自由は憲法が保障するものではないとする．それに対して宮地基（2012）は，この判例・通説が最大の論拠としている「国家は外国人を受け入れる義務を負わない」という国際慣習法が今日も存在しているかどうか疑問だとするが，宮地がその際に引き合いに出すEU加盟国内部の自由移動や難民の取り扱いに関する国際法はいまだに例外にすぎず，一般的に国家間の移民の自由が認められているとは言えないだろう．私が本章で論ずるのは，政治道徳上の問題である．日本の——いや，どの国のものにせよ，国際法にせよ——法制度がどうであれ，普遍的な正義の問題として国家は移民を受け入れるべきだと言いたいのである．

2　自由権

(1) 移動の自由

移民規制に反対するおそらく一番単純明快な議論は，人権の理念に訴えかけるものである．そのなかでも移動の自由という，国際条約や諸国の憲法で広範に認められている自由は，移民の自由を含むものと解釈できそうに思われる．実際，移動の自由は人身の自由の自然なコロラリーである．ところが実際には，移動の自由は国内旅行の自由や出国の自由を含んでも，入国の自由までは含まないと考えられることが多い．たとえば「市民的及び政治的権利に関する国際規約」（1979年）はその12条で，国内における移動の自由及び居住の自由（第

1項）と出国の自由（第2項）を強く保障し（第3項），さらに「何人も，自国に戻る権利を恣意的に奪われない」（第4項）と定めているが，外国に入国する権利には触れていない．基本的な人権であるはずの移動の自由のなかで，なぜ入国の自由は規制できるのだろうか？

　移民規制を正当化する論者はたいてい〈人権といえども決して絶対的な権利ではなく，他の人権やその他のやむをえない理由があれば制限できる〉と答える．移民の移動の自由を規制するそのような理由としては，移民の流入は福祉国家を不可能にするとか受け入れ国の文化と伝統を破壊するとか社会秩序をおびやかすとかいった憂慮が持ち出される．これらの論拠がどれほど合理的なものかは次節以下で検討するが，いずれにせよ，これらの考慮が国境を超えた移住を一般的に──具体的に1人1人の移民にそくしてではなく──制限できると考えるならば，事実上それは最初から移動の自由を基本的人権として認めないのと大差ない．

　実際にこれらの論者は，移動の自由を，何らかのもっと基本的な目的や利益を実現するための単なる手段として理解し，その目的が十分に実現できるならば移動の自由の制限に問題はないと考えていることが多い．たとえば代表的な「リベラル・ナショナリスト」のデイヴィッド・ミラーは「基本的人権というものは，人々がどこに暮らしていようとも人間らしい生活を送るためにもたなければならない物や条件として理解される人間的ニーズに基礎づけられるという観念から出発」し，狭い意味の人身の自由にとどまらない「もっと広範囲の移動の自由も，手段的に役立つ利益について考えれば正当化することができる．十分に広い領域にわたって移動できなければ仕事を見つけたり，自分の宗教を実践したり，よい結婚相手を見つけたりすることは不可能であろう」とするが（ミラー 2011: 249-250），「人間らしさを備えた国々」ではそのような利益は保護されているから，国境を越えて移動する権利までは保護されないとする（同上: 251）．ミラーの考えでは，自国に存在しない文化に参加したり，外国で提供される仕事に就いたり，外国人と結婚したりすることは，基礎的な「人間的ニーズ」に含まれないのである．またジョン・ロールズも，『万民の法』のなかで「リベラルな諸国民衆や良識ある諸国民衆からなる社会」では政治的抑圧とか宗教的迫害とか飢饉とか女性の隷属といった，移民を生み出す原因が存在

しないから，そこでは移民は深刻な問題でないと述べて（ロールズ 2006: 11），例外的な場合にしか移民の自由を権利として認めない（Palmer 2009: ch. 5 はロールズの正義論全体が原理的に退出の自由を認めないものであるという説得的な議論をしている）．

だが移動の自由の権利をこのように狭く解することは説得力がない．人々が現実にもつ目的や利益は多様であって，そのなかには外国に行かなければ実現できないものもたくさんある．誰もがコスモポリタンな生き方を望むわけではないが，また誰もが自国内だけで一生を過ごしたいと思うわけでもない．後者の生き方だけを尊重して前者を排するのは不当である．全世界が平和で繁栄して正義にかなっていても，移民したいという要求は存在する．それに表現の自由の保障が本人だけでなく社会全体にとっても有益であるように，後述のように移動の自由も移民だけでなく国際社会にもよい影響を与えうるのだから，移動の自由は国内だけでなく国際的にも認められるべき理由がある．

移民の流入の悪影響といわれるものを持ち出して移民を制限する議論に対しては，別の批判もできる．それらの望ましからぬ状態の多くは，移民だけでなく——というよりも，移民以上に——一部の国民が引き起こしそうなものである．たとえば常習的な犯罪者や暴力団員やフーリガンはその国の社会にとって有害だろうが，だからといって国外に追放すべきだ——もし彼らを受け入れる国があれば——とは考えられていない．それは彼らも国民の一部だからだろうが，そのようにして国民と外国人を区別することは恣意的だと思われる．この事情は〈人権といえども無制限でない〉として移民規制を擁護する議論一般に当てはまる．権利の制約を正当化するために持ち出される論拠の多くは，外国人の権利だけでなく自国民の権利にも当てはまるのである（石山 2009: 251-253）．

なお移民規制に反対する論者のなかには，移動の普遍的人権を提唱するフィリップ・コールのように〈出国の自由が一般に認められている以上，それと同様に入国の自由も認めなければ均衡を失するし，望む国に入国できなければいま住んでいる国を出国する意味がない〉と主張する人もいるが（Wellman and Cole 2011: ch. 12, esp. 192-210），私はその議論には納得できない．なぜなら仮に世界に E 国と I 国という二つの国しかなければ，E 国からの出国の自由は I 国への入国ができないかぎり事実上不可能だろうが（公海やどの国にも属さない土

地では生活できないとする），実際には世界にはたくさんの国家がある以上，移民が望むI国には入国できなくても他のどこかの国に入国できるならば，E国からの出国は可能であり意味があるからである．それゆえ出国の自由からすぐに入国の自由を導き出すことはできない．また出国の自由と入国の自由のシンメトリーを主張するこの議論は両刃の剣になりかねない．というのは，移民規制を正当化しようとする論者ならば，〈I国への入国の自由の権利がないように，出国の自由も移住がE国に害を与えるならば制限してよい〉と主張するかもしれないからである．

(2) 経済的自由

　経済的自由や私有財産権に基づいて移民の自由を主張することもできる．この議論によると，移民規制は移民とI国の住民とが「なす債務」を生み出す契約（典型的には労働契約）を結ぶ経済的自由を侵害するだけでなく，I国の住民が自分の土地に移民を受け入れるという私的所有権をも制限していることになる．もっともたいていの場合，移民は入国する前にはI国の特定の住民とまだ契約を結んでいないだろうが，移民規制は移民とI国の住民の両方が契約する自由を侵害していることには変わりない．——このタイプの議論はリバタリアンにとってとくに親しいものである．

　契約の自由を持ち出すこの議論に対しては，移動の自由に対する反論と同様に，〈経済的自由と私有財産権は決して絶対的な権利ではなく，公共的目的のために制限されるべきものだ〉という反論があるだろう．とくに市場経済の批判者のなかには，経済的自由と私有財産権をそれ以外の個人的自由や政治的権利に比べて軽視して，あたかも前者が基本的人権でないかのように論ずる人が多いから，そう主張する人が多いだろう．移民規制に肯定的な人々のなかには，政治的あるいは思想的な理由から母国を離れるのでなく経済的に豊かな生活を求めて先進国にやってくる移民を軽蔑したり嫌悪したりする人も少なくないようである．だが移民の流入がいかなる害悪をもたらすかが具体的に証明されないかぎり，この反論は無内容なものにとどまる．

(3) 結社の自由

　経済的自由としばしば一緒に主張されるのが，結社（結合，association）の自由を持ち出して移民の自由を擁護する議論である．移民の自由がなければ，国境を超えた人々の協力と共同事業はしばしば不可能である．その共同事業のなかには雇用関係も含まれる．この議論はかくして経済的自由の議論と同様に，移民の自由だけでなくⅠ国の住民の権利にも訴えかける．

　上記のミラーはこの議論に対しても移動の自由に対するのと類似の反論を行っている．彼によれば，結合の自由の権利は「いかなる土地に住むいかなる人々とも結びつくことのできる権利」ではなく，「結合が寄与する人間的ニーズや利益の観点に基づいて，友人や結婚相手や職場の同僚や同じスポーツのファンの幅広い選択肢を生みだすのに十分な数多くの人々と交際することができれば十分」（ミラー 2011: 257）である．しかしこの議論に対しても，ミラーが考える「人間的ニーズ」の内容はあまりにも制限されているという反論ができる．

　結社の自由という権利はこのようにして移民規制に反対する論拠になるが，逆にこの権利を利用して移民規制を擁護する議論もある．それには2種類あって，一つは〈結社の自由は結社を結ばない自由も含むから，移民の受け入れは外国人とつきあいたくない多くの人々の結社の自由を侵害してしまう〉というものであり，もう一つは結社の自由の主体を個々人でなく国家という共同体として把握して，〈各国は自分がつきあいたくない外国人を受け入れない権利＝排除する権利がある〉とするものである（前者の例として Hoppe 2002, 後者の例として Wellman and Cole 2011: ch. 1（Wellman 執筆）がある）．

　たしかに信教の自由が自分の信じない宗教の活動や儀式に参加しない自由を含み，表現の自由が表現しない自由を含むように，結社の自由は自分がつきあいたくない人や団体と結合しない自由も含んでいるが，だからといって上記の二つの移民規制擁護論が成功していることにはならない．なぜなら第一の議論についていうと，Ⅰ国の以前からの住民は住民同士で相互につきあうよう強制されていないように，移民とつきあうように強制されているわけでもないからである．移民は単にⅠ国の国土のなかで生活しているだけであって，それは国民との強制的な結社とか結合とは別物である．それに国民のなかには移民が嫌

いな人もいるだろうが，同国人でも嫌いな人はたくさんいる．自分が住んでいる社会のなかに好きになれない人がいるということは，誰もが受け入れなければならない状態である．次に国家の結社の自由を持ち出す第二の議論にもやはり無理がある．まずいま述べたように，ある国の内部に外国人がいるということ自体は決して彼らと結合しているということにはならない．国家には他の国々と外交関係をもったりもたなかったりする自由があるとしても，それは外国人を排除する自由とは別のものである．そして何よりも，国家は個人ではないし，またヴォランタリーな結社でもないのだから，それが個人あるいは私的団体と同じ資格で結社の自由という人権をもつと考えることはできない (Wellman and Cole 2011: ch. 13（Cole 執筆）．また移民問題に触れることはないが，「団体としての国家の自律性」という観念への強力な批判として，ベイツ 1989: 第2部も見よ)．

3 民主主義

(1) 集団的自己統治

民主主義という観念はいうまでもなく多様な意味をもち，それにともなって移民規制についても異なった含意を有することになる．

第一に，民主主義を政治共同体の集団的自己統治の実現として重視する立場からの移民規制擁護論がある．これはいま見たばかりの，国家の結社の自由からの移民規制擁護論と似たもので，社会民主主義的コミュニタリアンのマイケル・ウォルツァーがその代表的論客である．彼によれば，集団の成員資格（メンバーシップ）こそが個々のコミュニティとその成員の性質を形成しているのだから，国家はメンバーシップを分配する基本的権利をもっている．彼は言う．

「[その分配において]問題になっているのは，世界のなかで行為し，主権を行使する，その共同体のかたちである．それは自己決定の最も深い意味を示している．それなしでは特性をもった共同体はありえない．すなわち，それなしでは相互の特別なコミットメントと共同生活についてのある特殊な意識をもった，歴史的にも安定しかつ現在進行中の，人々からなる結合体はありえないだろう」（ウォルツァー 1999: 106. ほかにミラー 2011: ch. 8 Ⅳも見よ）．

おそらくこの見解によれば，参政権とは自分が本来属している国の政治に参加する権利であって，自分が属したい外国に転入する権利ではないのであり，国家はその国民共同体に深くコミットしている外国人ならば移民として（さらに国民として）受け入れてもよいが，その覚悟がない移民は受け入れるべきでないのだろう．しかしウォルツァーが前提としているような，国家とは強い相互的コミットメントを国民に課するものだとするコミュニタリアン・ナショナリズムはきわめて問題の多いものである．国家は入らないことが可能な団体ではなく，国民が生まれながらに所属しており，随意的に脱退しがたい団体なのだから，それが正当にメンバーに課することができる義務と責任は限られているというのが，個人の自由を尊重する国家観である．また国家がその領土内で自己決定をする権利をもっていることは否定できないにせよ，その決定も人類に共通な人権を制限することができない．おそらくウォルツァーのようなコミュニタリアンはコミュニティを超えた普遍的正義の観念自体に反対するのだろうが，異論の余地が大きい主張である．

(2) 国民の意志

　民主主義についてのもっと一般的（通俗的？）な捉え方は，それを多数決による政治的決定の制度として見るものである．この見方からすると，国民の大多数が移民受け入れに賛成しているならば移民を受け入れるべきだが，逆に移民規制に賛成しているならば移民規制が要請される，という結論になる．だが民主的決定も人権——国民のだけでなく，外国人のも——を制限できないはずである．もし移民する自由を人権として尊重するならば，たとえ国民の大部分が移民受け入れに反対していても，移民の禁止は正当化できない．

　なお民主主義に基づく移民制限論一般に対して，〈I 国に移住しようとする人々も I 国の決定に深く影響されるのだから，I 国人と同じような政治的発言権をもつべきだ．国民が外国人のもたない権利をもつという前提は議論の先取りである〉と反対するコスモポリタンもいる（たとえばベンハビブ 2006; Wellman and Cole 2012: ch. 12 (Cole 執筆)）．だがこの反論にどの程度説得力があるかどうか，私は疑問に思う．現実の世界では居留外国人さえ選挙権をもたないのが普通だということは無視できるとしても（なぜならその慣行が正当かど

うか疑わしいから），I国に住みたいが現実に住んでいない人の意志がI国の決定に深く影響されるというだけの理由で，I国に住んでいる人と平等に取り扱われるべきだとは思われないからである．どんな国の国民もその隣国の決定（とくに外交面の）から大きな影響を受けるが，だからといって隣国の国政への参政権をもつべきだということにはならないのと同様だろう．

(3)「足による投票」

　民主主義の意義についてはまた別の発想もある．それは人々の政治的意見がなるべく実現されているような状態が望ましいというものである．これは（1）と（2）とは違って，集団的意志決定自体を重視するのではなしに，個々人の政治的見解の実現に価値を見出すものである．この発想からすると，通常の投票よりも，各人が自分の選んだ地域に移住するという「足による投票」の方が人々の見解をよりよく反映できるという点ですぐれている（ソミン 2009; Somin 2013: ch. 5）．移民の自由が保障されていれば，自分の住んでいる国の公的制度よりも他国のそれの方が望ましいと考える人は，その国に移住することによってみずからの政治的見解を相対的にでも実現させることができるが，通常の投票では本人の投票が少しでも結果を変える確率は極小だからである．

　この議論は経済学でいう「ティボー・モデル（Tiebout model）」の応用である．それは必ずしも移民が参政権をもつことを条件としない（もつことに反対もしないが）．重要なことは市民としての政治参加ではなくて，自分の政治的意見が（相対的にでも）実現されている国に住めることだからである．それはちょうど，消費者が生産者の生産過程への発言権をもっていなくても，消費行動における選択肢があれば自分の選好を満たせる程度が大きいのと同様である．

　もっとも民主主義の意義を市民としての積極的な政治参加自体の内在的価値に求める見方もある．そこからは，移民の自由はむしろ人々を政策の単なる消費者へと矮小化させ，政治参加への誘因を弱めてしまうとして，反対の結論にいたるかもしれない．しかし政治参加を自己目的化するそのような極端な共和主義が採りがたいことは上記（1）の最後に述べた．

4 社会の一体性

　移民の流入は受け入れ国の社会的統一性や文化的伝統を破壊してしまう恐れがあるから，移民の制限が必要だという議論も多い．たとえば〈わが国は○○教の伝統と文化をもった社会だから，それに敵対的な××教徒を移民として受け入れるわけにはいかない〉といった議論がその典型である．世のなかには感情的な外国人嫌悪をこの種の議論でオブラートにくるむ人もいるが，そんな人ばかりではなく，真摯にそれぞれの民族や国家の自律性の保持を望む人もいるだろう．

　たとえば〈福祉国家の存続のためには国民間の社会的信頼をはぐくむための文化的アイデンティティが必要だから，それを守るために移民規制は正当化できる〉という，福祉国家ナショナリズムとでも呼ぶべき議論をする論者は多い．コールはその主張に対して〈国民が同じ文化を共有しているから福祉国家が国民の支持を受けるのではない．逆に福祉国家という制度があるからこそ，国民が連帯感をもつのだ．アイデンティティは所与のものではなく，制度によって作り出される〉と反論している（Wellman and Cole 2011: 267-71）．コールによれば，福祉国家のためにはたしかに社会的信頼が必要だが，その必要性が要求するのは移民の排除ではなくその統合である．コールのこの議論には異論もあろう．国家のなかに異質な文化をもった民族集団が存在する場合，その国の国民の間にはあまり一体感が期待できないということは，歴史をひもといても今日の世界を見ても否定できないように思われる．だがいずれにせよ，福祉国家はリベラル派が考えているような不可侵の前提ではない（私は［森村 2013: 第4章］において福祉国家を批判した）．仮に福祉国家が移民の自由化と両立しないとしても，そのことは福祉国家の欠点であって，移民の自由化の欠点ではない（なお移民は企業家精神に富んだ人が多いから，彼らが社会給付に頼って福祉国家を脅かすなどという懸念は杞憂にすぎないとする論者もいる．たとえば Llosa 2013: 204ff.）．

　あるいはまた〈移民労働者が流入すると，彼らの多くが就くような低賃金の労働——たとえば介護——にはI国の人々は進んで就こうとしなくなるだろう

から，労働の種類による社会階層が生じてしまう〉と心配する人々もいるが，学歴や地域によって職業が違ってくるように，労働者の出身地と職業との間に相関関係があるということも自然なことである．

　ここで元に戻ると，私は国家の内部に濃い社会的一体性や文化的アイデンティティの共有を求めること自体が間違っていると言いたい．国家の機能は多様な目的や価値や信仰をもつ人々が相互にその権利と自由を認め合い協力し合える場を保証することにとどまるべきであって，それ以上に特定の価値や伝統を保護あるいは発展させることは，私人と私的団体からなる市民社会に任せるべきだからである．それにどんな文化も伝統も固定されたものではない．移民の流入によってI国の文化が変化することがどうして悪いのだろうか？　ただしこの私の見解は，しばしば多文化主義者が主張するように〈移民統合政策は移民の文化的アイデンティティを破壊してしまうから，移民受け入れ国は移民の独自の文化を保護しなければならない〉という主張にいたるわけでもない．移民の独自の文化がI国の異質な社会と文化のなかで変化したり消滅したりしても，それはやむをえないことである．

　だが広い意味で社会的一体性に訴えかける論者のなかには，どんな種類の社会的一体性でも守ろうとするのではなく，〈移民を無差別に受け入れると，個人の自由や順法精神や民主主義といった，普遍的な価値に対して敵対的な人々が入ってきてしまう〉として移民規制を擁護する人もいる．こちらの議論の方はまだいくらかもっともな点があるようだが，移民がI国の普通の住民よりも明らかにそのような反社会的傾向をもっていると証明できないかぎり，規制の根拠としては薄弱だろう．その議論はせいぜいのところ，犯罪者やテロリストの入国の拒否を正当化できるにすぎず，たとえば移民が大部分のI国人と違った容貌や服装をしているとか別の宗教を信じているというだけでは規制の理由にならない．

5　経済的豊かさ

　私が「経済的豊かさ」という言葉で意味するものは，物質面と健康面における生活水準のことだが，それは国内の豊かさだけを考慮する——あるいは少な

くとも，外国人の利益よりも内国人の利益をはるかに重視する——ナショナリスト版と世界全体の豊かさを考慮するコスモポリタン（グローバル）版とに分けられる．前者は国際関係論における「リアリスト」が多くの場合に規範的にも採用する発想で，〈国民と外国人との間の区別には，どの政府が彼らを担当するのがよいかを決める便宜的な手段としてしか正統性がない〉というコスモポリタンな国家観と対立し，国家レベルの集団的利己主義に結びつくように思われる．しかしそれでも，〈政府は国民の信託を受けているのだから，人類全体の福利ではなく自国民の意志を尊重すべきだ〉という発想は，現実政治においてはむろんのこと，規範的な議論でもたやすく否定できないものだろう．

　国際的には，人々の自由な移動は労働力と資本の効率的な配分をもたらすのだから，移民の自由化が経済的な豊かさを金銭という尺度だけでなく，生活水準という尺度でも，全般的に向上させるであろうことは疑問がない．何よりもまず，それは移民自身の生活を改善するだろう．多くの移民はE国では貧しい生活をやむなくされていたのだろうから，移民の自由化は単に経済的効率性だけでなく，人道的配慮の要求するところでもある．しかしそれがI国とE国の他の人々の生活を向上させるかどうか，疑問視する人も多い．

　ナショナリスト版の「豊かさ」概念をとる人々は〈移民はI国の低技能労働者の賃金低下あるいは解雇や，社会保障費の増大をもたらす〉として規制を正当化することが多い．しかし移民の大部分は就労の機会にひかれてやってくるのである．彼らはI国の富を横取りするためではなく，労働を通じてその富を増大させるために来る．それに彼らは生産の労働力をもたらす——とくに人手不足の領域に——だけでなく，新たな雇用機会を作り出すし，税金も払うのだから，I国が全体として（人口比で）貧しくなるとは考えにくい．I国の住民のなかには，多くの移民と労働市場において競合するような労働者など，移民の流入によって不利益を受ける人もいくらか存在するだろうが，そもそも誰もI国の国民であるというだけの資格で，現在の収入への既得権をもっているわけではない．自由競争の結果の不利益は甘受すべきである．

　ただし移民のなかには，I国の富の生産に寄与する労働者や将来寄与するだろう子どもたちだけでなく，財産も稼働能力も乏しいためもっぱら社会保障によって生きていくしかないような人たちがいるかもしれない．たしかにこのよ

うな移民はI国を豊かにするとは言えない．だがそのような人々は移民だけでなくI国の国民のなかでも多いはずだから，移民だけを取り上げるのは正当でない．

そして最後に，社会保障に頼らなければならない移民がI国の国庫に負担をもたらすことをどうしても避けたいというならば，移民を受け入れるがそのかわりに入国から数年間は社会保障を受ける資格がないという制度や，移民から入国時に料金を徴収する制度も考えられる（フリードマン 2003: 14章 ; Becker and Posner 2009: ch. 5. 反論として，サンデル 2012: 92-94）．人道的理由から私はこれらの制度に積極的に賛同する気はない．しかしそれは，外国製品の輸入を禁止するよりもいくらかの関税をかける方がまだましであるのと同様，貧しい移民をまったくあるいは大部分排斥するよりはましである．

次に，移民の自由化はE国にとって経済的不利益をもたらすかもしれないと論ずる人もいる．この議論は次に検討しよう．

6 配分的正義，とくに平等

現代の正義論では，人々の絶対的なレベルでの豊かさ以上に彼らの間の相対的な関係である配分的考慮，典型的には経済的な平等を重視する論者も多い．彼らが考えている不平等の大きさの測定法についてはさまざまの見解があるが（セン 2000: 第3章），ここではそれについて深刻な見解の相違はないものと仮定する．むしろ実際的な問題は，生活の豊かさの平等をグローバルな場で求めるか，それとも国内レベルだけで求めるかの相違である．〈人々がどんな環境の下に生まれ落ちたかという，自分の責任でない事情で人々の生活水準に大差が生ずるのは不公正だ〉と考える「運の平等主義者（luck egalitarian）」はグローバルな配分的正義に関心をもち（たとえばCarens 1995），その一方〈経済的不平等が悪いのは不平等というものが抽象的・一般的に悪いからではなくて，貧しい人々がそのために自分の属する社会的関係のなかで威信や自尊心をもてないからだ〉と考える「関係的平等主義者（relational egalitarian）」はもっぱら国内レベルの不平等を憂慮する傾向がある（たとえばウォルツァー 1999）．

国内的には，移民の受け入れは格差を拡大するかもしれない．また貧困を悪

化させるかもしれない．ミラーの次の指摘にはそれなりに説得力がある．

> 無制約の移動の自由が本当にグローバルな平等の実現の最善の方法であるかどうかは今後検討されるべき課題である．貧困国から豊かな国への移住の従来のパターンをみてみると，移動している者とは，移動する資源をすでに手にし，移動先で必要とされる技能を備えている者がほとんどだということがわかる．国境を開放することが医者や技術者，その他の専門職従事者の発展途上国から先進国への移動を増大させるだけであるならば，結果的に，後に残される者は，移動する者の資源や才能から恩恵を受けることができなくなり，その場で享受できる機会はさらに減少することになろう．（ミラー 2011: 247-8）

だがその一方，自国で身につけにくい高度の能力をI国で獲得した移民がE国に戻ってその国の社会の発展に寄与するという場合も多そうである．移民の自由がE国内部の不平等（および貧困）の程度を大きくするか小さくするかは，一概に判断できない問題である．

次に国際的レベルでの不平等を考えてみよう．移民は相対的に豊かになり，さらに彼らからの仕送りによってE国も豊かになる結果として，国家間の国際格差が小さくなるかもしれない．実際に，国民の収入の多くを移民や出稼ぎ労働者からの仕送りに負っているような国も存在する．だがその一方，移民はE国のなかで相対的には豊かな人々や高技能者（「頭脳流出」）だとすると，E国がもっと貧しくなってしまうかもしれない．

だからといって平等論者は通常この理由によって移民規制を正当化しようはしない．彼らの多くは移動の自由という権利も重視するからである．彼らは移民規制の代わりに，豊かなI国から貧しいE国への経済的補償を提唱することが多い．しかしI国にそんな義務があるだろうか？　もしI国が国の政策として積極的に移民を取り込もうとしているなら別だが，そうでもなければ，E国の不平等の拡大はその国民の自由な行動の結果にすぎず，一般的な国際援助義務以上の義務を正当化することはできない．また「頭脳流出」はE国の住民にとって，それがなければ不足しているかもしれない，能力開発への動機に

なるから，結局はE国の住民を豊かにするかもしれない．

　国際的不平等を減少するための手段として移民の自由化を支持する説に反対する理由として，〈貧しい国の貧困はその国の制度や文化に問題があるのだから，豊かな国の責任ではない〉といわれることがある（ロールズ 2007: 第I部注 48 とそれに対応する本文）．しかしその主張が正しいとしても，そのことだけでは移民を排除する理由にならない．移民が不効率な制度や文化を作り出したわけではない．そして仮に移民がその文化ゆえにI国において低い賃金しか得られないとしても，E国におけるよりは高い賃金を得られるだろうから，移民を禁ずる理由はない．また〈国際的不平等の解決は，移民受け入れによらなくても，経済的支援によって可能だ〉という議論もある（Wellman and Cole 2012: ch. 2（Wellman 執筆））．しかし仮に豊かな国が貧しい国に惜しみなく援助するとしても，そのことはやはり移民を禁ずる理由にはならない．程度はともあれ，移民受け入れも国際的な平等化に資するだろう．いずれにせよ，この段落で取り上げた二つの議論は積極的に移民規制を擁護するものではありえない．

　最後に，〈地球は全人類の共有財産だから，各国はその人口に比例した利益の取り分をもつ〉という発想から移民規制反対論を展開するマティアス・リッセ（Risse 2013: ch. 6）の説を紹介しよう．リッセはこの発想から，各国がみずからの支配する資源の市場価格に比例した人口を引き受けるべきだと提案する．その人口よりも少ない住民しか住んでいない国は，その差の人数だけの移民を受け入れるべき義務があるというのである（その一方，資源の価値に比例した人口よりも多くの人が住んでいる国は正当に移民を排除できるのだろう）．

　資源を少なくしか消費しない国から過大に消費する国への移民割当て（移民枠？）を主張するこの説には，いくつもの問題点がある．第一に，〈地球の資源はすべて全人類の共有物だから各人は平等の取り分を受ける権利がある〉という前提は説得的だろうか？　少なくとも私にはそうは思えない．どんな資源も単に存在するだけでは宝の持ち腐れであって，誰かが発見し利用できるようにしなければならないからである．だがもしその前提を受け入れるとしても，自然資源だけでなく人間の労働や制度も富を作り出しているのだから，自然資源の価格だけでなく，人間が作り出した富を含めた富一般の平等な分配を求める方が平等主義としては一貫しているのではないか？　リッセは「資源」とい

う概念で自然資源だけを考えているようだが，それなら先進技術や商業で繁栄している国よりも産油国の方がはるかに移民を受け入れる義務があるということになるだろう．そして移民受け入れの義務の理由がリッセの主張に尽きるならば，過度に資源を消費している国は，その逆の国から移民を受け入れる代わりにその国に応分の援助をすれば移民を排除しても構わないということにもなるだろう．

7　エコロジー

　エコロジーに関心をもつ人々のなかには，環境破壊への憂慮から移民規制を提唱する論者がいる．彼らは〈移民は受け入れ国——それはたいていの場合，大量に資源を消費する国である——の人口を増加させるだけでなく，送り出し国の人口抑制の動機を弱めることにもなるので世界中で人口の爆発をもたらし，環境を破壊してしまう〉と考える．たとえば生物学者のジャレド・ダイアモンドは第三世界から先進国への人口移動が地球の環境を悪化させていると嘆き，近年のオーストラリアがかつての「白豪主義」を捨てて移民受け入れ政策に転じたことを批判している（ダイアモンド 2005 下: 147, 185-7, 322, 329-30, 357. 他に Tanton, McCormick and Smith 1996（Tanton 執筆）; Wellman and Cole 2011: 109-111（Wellman 執筆））．

　この種の議論によれば，先進国は移民を排除するだけでなく，人口を減少させるべきだということになる——何しろダイアモンドによると，オーストラリアの維持可能な人口は現在の半分以下だそうだから．しかし人口の増加にはプラス面も大きいのだから，それが必ず人々の生活水準を下げているかのような議論は疑問である．また仮にその議論が正しいとしても，現在の生活水準を固定させるような移民規制よりもむしろ環境を破壊しないような生活様式の採用を提唱すべきだろう．

8　パターナリズム

　学問的な議論では少ないようだが，私の見るかぎり新聞などのメディアでは，

〈移民を新たに受け入れると，異質な他者を排除しようとするこの社会では外国人差別が悪化・顕在化してしまう〉とか，〈移民を受け入れるための国民意識や政府の態勢と制度がいまだに整っていないから時期尚早だ〉とか，〈外国人労働者を受け入れることは彼らを単なる労働力として利用し，その搾取をもたらすことになる〉とかいった，あたかも移民に配慮しているかのような移民受け入れ反対論をよく目にする．私はこれらのパターナリスティックな議論がどの程度誠実に主張されているのか知らないが，これらの主張に対しては「余計なお世話だ」と言いたくなる．

　移民は決して地上の楽園を期待して外国に移住しようとするのではない．彼らの大部分は，新しい国での生活にさまざまの困難が待っていることを承知してやってくるのである．個々人によって程度の差はあるが，人が自分の生まれ育った国をあえて捨てて外国に移住しようとするのは並大抵のことではない．単に自分がいま住んでいる国よりも少々給料が上がるという程度の動機で移民する人はごく少ない．母国では十分な生活ができないとか，自分の独自の能力を開発したいとか，一緒に生活したい人がいるといった理由で外国に移住しようとするのである．それなのにわざわざ母国を離れてやってこようとする人に対して〈わが国に住むことはあなた自身のためになりません〉といって追い払うことは，偽善的な感じがする．移民を排斥しようとするならば，それよりもすでに検討したような理由を持ち出す方がよほど率直だろう．

9　結語

　古典的自由主義者は移民の自由を支持していた．第1節の最後に引用したミーゼスは，被雇用者の既得権益の維持と大量の移民の流入による社会の変化への不安という，移民規制を支持する論拠を取り上げ，移民が多数を占めるようになりそうな国は国家機能が移民に乗っ取られてしまうという恐怖から戦争に訴えかけるかもしれないという可能性に触れてからいう．

　　人間活動のあらゆる領域に介入する干渉主義的国家か社会主義的国家の理想にしがみついているかぎり，移民問題の解決が不可能だということは明

らかだ．今日解決不可能に見える移民問題を完全になくすことができるのは，自由主義のプログラムの採用しかない．自由主義の原理に従って統治されるオーストラリアのなかで，この大陸の一部では日本人が，別の部分ではイングランド人が多数派だということになるとしても，そこからいかなる困難が生ずるだろうか？（Mises 1927: 142）

もしオーストラリアが，あるいは他のどの国にせよ，政府の機能が必要なものだけに限定されているならばそんな困難はない，というのがミーゼスの考えである．「大きな政府」は移民問題を深刻化させる．いやむしろ，「大きな政府」がなければ移民の存在はほとんど問題にならない，というのである．

私もミーゼスの意見に賛同する．私は本章で移民規制に対するさまざまの賛成・反対の論拠を検討して，全体として移民規制を正当化する論拠よりもそれに反対する論拠の方が強いことを示したつもりだが，私がそれ以上に希望するのは，移民が国内の移住と同じようにそもそも問題視されることがなく，当然のこととして受け入れられるような社会である．

［追記］

私は本章の原稿を提出後，本章を補うものとして「移民規制に関するリバタリアンの議論」『千葉大学法学論集』29 巻 1 = 2 号（2014 年）という論文を書いたが，刊行は逆に後者の方が先になった．私はその論文でも別のしかたでリバタリアンの移民規制批判を紹介したが，本章でほとんど取り上げられなかった，一部のリバタリアンが提唱する移民規制擁護論をも批判的に論じた．

参考文献（本文中言及しなかったものも含む．訳書のかっこ内は原書の出版年）

Bartram, D., Poros, M. V., and Monforte, P., 2014. *Key Concepts in Migration*. Sage. Sec. 32.

Becker, Gary S. and Richard A. Posner, 2009, *Uncommon Sense*, The University of Chicago Press（＝鞍谷雅敏・遠藤幸彦・稲田誠士訳 2011『ベッカー教授，ポズナー判事の常識破りの経済学』東洋経済新報社），ch. 5．［邦訳では割愛されている．］

Carens, Joseph H., 1995 [1987], "Aliens and Citizens: The Case for Open Borders," in R. Beiner (ed.), *Theorizing Citizenship*, State University of New York Press.
Cohen, Andrew and Christopher Heath Wellman (eds.), 2014, *Contemporary Debates in Applied Ethics*, 2nd ed., Wiley Blackwell.
Gibney, Mark (ed.), 1988, *Open Borders? Closed Societies? The Ethical and Political Issues*, Greenwood Press.
Griswold, D. T., 2008, "Immigration," in Ronald Hamowy (ed.), *The Encyclopedia of Libertarianism*, Sage.
Hoppe, Hans-Hermann, 2002, "Natural Order, the State, and the Immigration Problem," *Journal of Libertarian Studies*, 16(1): 75-97.
Huemer, Michael, 2010, "Is There a Right to Immigration?" *Social Theory and Practice* 36 (3): 429-461.
Kukathas, Chandran, 2014, "The Case for Open Immigration," in Cohen and Wellman 2014.
Llosa, Alavard Vargas, 2013, *Global Crossing: Immigration, Civilization, and America*, The Independent Institute.
Miller, David, 2014, "Immigration: The Case for Limits," in Cohen and Wellman 2014.
Miller, D. and S. H. Hashmi (eds.), 2001, *Boundaries and Justice: Diverse Ethical Perspective*, Princeton University Press.
Mises, Ludwig von, 1996 [1927] *Liberalism*, The Foundation of Economic Education.
Palmer, Tom, 2009, *Realizing Freedom*, Cato Institute, Ch. 5.
Risse, Mathias, 2012, *Global Political Philosophy*, Palgrave, Ch. 6.
Scheffler, Samuel, 2010, "Immigration and the Significance of Culture," in Scheffler, *Equality and Tradition*, Oxford University Press.
Schwartz, F. Warren (ed.), 1995, *Justice in Immigration*, Cambridge University Press.
Somin, Ilya, 2013, *Democracy and Political Ignorance*, Stanford Law Books, Ch. 5.
Tanton, J., D. McCormack and J. W. Smith (eds.), 1996, *Immigration and the Social Contract*, Avebury.
Wellman, Christopher Heath and Phillip Cole, 2011, *Debating the Ethics of Immigration: Is There a Right to Exclude?* Oxford University Press.
Wenz, Peter S., 2009, *Beyond Red and Blue: How Twelve Political Philosophies Shape American Debates*, The MIT Press, Ch. 13.
石山文彦 2009「移民政策を規律する理念は存在するか」井上達夫編『現代法哲学講義』信山社.
浦山聖子 2010「移民の正義論」『法哲学年報2009』有斐閣.
―― 2011-2012「グローバルな平等主義と移民・外国人の受け入れ (1)― (5・完)」『国家学会雑誌』124巻7＝8号－125巻3＝4号.
ウォルツァー，マイケル（山口晃訳）1999 [1983]『正義の領分』而立書房，とくに第2章.

桂木隆夫 1992「日本社会と外国人受け入れ問題」井上達夫・名和田是彦・桂木隆夫著『共生への冒険』毎日新聞社.
小泉良幸 2004「入国の自由」『法学』（東北大学）67 巻 5 号 152-175 頁.
後藤光男 2010「外国人の出入国の自由」『早稲田法学』85 巻 3 号 457-492 頁.
サンデル，マイケル（鬼澤忍訳）2010［2009］『これからの「正義」の話をしよう』早川書房，第 9 章.
──（鬼澤忍訳）2012［2012］『それをお金で買いますか？』早川書房.
シャプコット，リチャード（松井康浩・白川俊介・千知岩正継訳）2012［2010］『国際倫理学』岩波書店，とくに第 4 章.
セン，アマルティア（鈴村興太郎・須賀晃一訳）2000［1997］『不平等の経済学』東洋経済新報社.
ソミン，イリヤ 2009「連邦制，政治的無知，足による投票」森村進編・訳『リバタリアニズムの多面体』勁草書房.
ダイアモンド，ジャレド（楡井浩一訳）2005［2005］『文明崩壊（上・下）』草思社.
高佐智美 2012「グローバル化の中の『移動の自由』」『公法研究』74 号 137-149 頁.
フリードマン，デイヴィド（森村進ほか訳）2003［1989］『自由のためのメカニズム』勁草書房.
ベイツ，チャールズ（新藤榮一訳）1989［1979］『国際秩序と正義』岩波書店.
ベンハビブ，セイラ（向山恭一訳）2006［2004］『他者の権利──外国人・居留民・市民──』法政大学出版局.
宮地基 2011「個人の日本国内への入国と居住を保障する憲法原理を求めて」『法律時報』84 巻 12 号.
ミラー，デイヴィッド（富沢克ほか訳）2011［2007］『国際正義とは何か』風行社，とくに第 8 章.
森村進 2013『リバタリアンはこう考える』信山社.
ヨプケ，クリスチャン（遠藤乾ほか訳）2013［2010］『軽いシティズンシップ』岩波書店.
ロールズ，ジョン（中山竜一訳）2006［1999］『万民の法』岩波書店.

Comment
自国民／外国人の二重基準を掘り崩す

松元雅和

　これまでの移民規制論には，いつどの場合に移民が許されるのかという発想が前提としてありました．しかし，第5章（森村論文）では，逆に移民は原則的に許されるべきで，むしろ立証責任は規制する側にある，つまりいつどの場合に移民の規制が許されるのかという具合に，われわれの発想の転換が問われています．この点が大きな特徴です．

　これまで移民規制を正当化しようとする際，たとえば移動の自由や経済的な自由などの自由権を基本的に尊重した上で，いつどのような場合に規制できるかという制約条件が議論されてきました．森村論文では他にも，民主主義を実現するために規制が必要だとする議論，あるいは社会の一体性を維持するために規制が必要だとする議論等々が挙げられています．本論文では，それら制約条件の論拠を取り上げて批判的に検討し，一つ一つその妥当性を掘り崩していくという構成が取られていました．

　とくに興味深いと感じたのは，自国民と外国人の二重基準（ダブルスタンダード）を所与の前提とせずに，その基準・区別を取りはらった上で移民規制論が成立するかしないかを原理的に問い直した点です．たとえば，なぜ出国許可は緩いのに入国許可は厳しいのかといった問題提起に始まり，外国人入国制限理由はじつは同様に自国民に対しても当てはまるのではないかと指摘することで，自国民と外国人に適用される基準の道徳的恣意性を浮き彫りにします．森村論文の大変重要な着眼点です．移民規制論は，国境開放論の一部としてグローバル正義論のなかでも議論されますが，そういう観点から考える際の重要なポイントになっていると思います．

　われわれ現代日本の観点からは，たとえば社会保障費や犯罪件数の増大を懸念して移民規制を正当化する議論が注目に値するでしょう．森村論文は，こう

した議論に対して，移民は通常，受け入れ国の国富を増大させるのだと明快に論じています．すなわち，移民は受け入れ国にとって負担だから受け入れないという議論に対して，いやその理由は間違っているとはっきり述べる．生活保護など社会保障費や犯罪件数・犯罪率の増加，こういった社会問題を引き合いに出す議論は，一般的な国民感情に訴えかけやすく，移民受け入れの危険性を説くメディア言説にもしばしば登場します．森村論文は，その言説が理論的根拠に乏しいことを詳らかにしています．

また，たとえ事実問題として，一部の移民がこうした社会問題を引き起こしたとしても，なおそれは移民を規制する理由にはなりえないとも主張します．もしそれらの社会問題が入国を規制する十分な理由になるのだとすれば，問題を引き起こすのはもちろん外国人に限られない．自国民も同様ですから，そういう理由で移民を追い返すのが正当化されるなら，同じ理由で問題を抱える一部の自国民を外国に追い出すことにもなりかねない．ところが，同じ理由が外国人には当てはまるけれども，自国民には当てはまらない．だとすれば，ここにも，自国民／外国人の二重基準が見て取れます．二重基準への着目は，こういった点で，従来の移民規制論に含まれる矛盾や齟齬を浮き彫りにする効果があります．

さらに，論文全般をみると，著者自身がリバタリアンという立場を明確にしており，リバタリアニズムの理論的見地から引き出されるさまざまな議論を用いながら，移民規制論を逐一論駁する展開でした．そういう意味で，森村論文では移民の問題を素材として，リバタリアン対コミュニタリアン，リバタリアン対リベラル・ナショナリストなど，一種の規範理論論争が展開されていると捉えることもできます．単にグローバル正義論の解説ではなく，グローバル正義を素材としてリバタリアニズムの理論的妥当性を検証する試みとして見ることもできると思います．

以上の点を敷衍すると，これは森村論文に限りませんが，既存の正義論的な分析枠組みを改めて十全に検討した上で，それをグローバルな諸問題へ展開するという二段構えの構成が見て取れます．第一に，正義論そのものの理論的検討，第二に，それをグローバル正義論に応用する．各テーマでそうやって一体的に着手し，密度を高くしている．逆にいえば，今後グローバル正義論につい

て語ろうとすれば，南北関係，国際紛争，移民管理など，グローバルな諸問題の個々のトピックに拙速に飛びつくことなく，まずはその分析を支える正義論自体の確固たる足固めが必要であり，また有益であろうと感じました．当たり前の話ですが，正義論があってこそのグローバル正義論だからです．

ところで，正義論などに典型的な理論的精緻化については，一方で現実的に受け入れられるのかという見方もあるでしょう．「理屈はわかるけれども」という反応は必ずついて回ります．そこに正面からどう向きあうかは，政治哲学の観点からも別途考えなければなりません．ただし，哲学的なアプローチは理屈を詰めるのが仕事なので，現実的には一蹴されるからといって，理屈自体が必要ないということにはならないでしょう．現実に受け入れられるか，あるいは実際に貫徹されるかどうかはともかく，理屈の上ではこれが正しいにちがいないと言い続けることは，誰かがする必要がある．その上で，世論の支持が得られない，予算が絶対に足らないといった現実政治的な配慮がどこまで理屈や建前を脅かしてよいか，理屈や建前に修正を迫るのかという次の問題が出てきます．

もちろんその点についても，森村論文は配慮を示しています（123頁）．現実が理屈どおりに進まないことは事実として，それでも理屈を説き続け，少しでもそれに近い状態を妥協点として探る．理想的な正義の観点からは不十分で次善の策だとしても，現状よりはよいはずだ．現実の受け入れ可能性を考慮に入れ，正義論それ自体にある種の調整が加えられていると見ることもできます．どこまで理屈を貫き通すのか，あるいはどこまで現実の制約に合わせて正義原理それ自体を修正していくのかは，また別途の方法論的課題として引き継いでいくべき点になると思います．

第6章 グローバル不正義としての南北間搾取

吉原直毅

1 問題の所在

　標準的な国際経済モデルにおいて，各国間の資本ストックの格差（南北間格差）が存在する想定下で，財市場における自由貿易均衡を考察するとき，そこに南北間の搾取構造を見出すことができるか．そして，それははたして，グローバルな不正義として評価されうる経済的資源配分を意味するのか．

　この問題はかつて，いわゆる国際的不等価交換論として，マルクス経済学および新古典派経済学の研究者双方を巻き込む形での論争となった[1]．カール・マルクスは，『資本論第1巻』の第22章での言及にもあるように，労働の国民的強度や労働生産性の国際的な格差による同一商品の各国労働価値の格差の存在について言及し，それを反映する各国の商品価格に関しても，より労働強度・労働生産性の高い先進国の方が途上国に比してより低くなる，と論じている．したがって，自由貿易下の国際価格で評価しての等価な商品の交換の下では，先進国はある労働価値量分の商品を取得するために，途上国と交換する諸商品の労働価値量はより少なくてすむのに対して，途上国は同じ労働価値量分の商品の取得のための，先進国と交換する諸商品の労働価値量はより多くなることが，推論される．この議論は，各国のアクセス可能な生産技術が異なるという条件に依拠したものであって，また，国内労働価値による国内価格の規定という想定ゆえに，リカード的貿易モデルに整合的な議論であるといえる．

　他方，リカード貿易論のようなアクセス可能な生産技術の相違性ではなく，むしろ労働の国際間不移動と賃金の市場外的要因による決定に基づく各国間格差と資本の国際間移動の可能性による利潤率の国際的均等化という前提の下で

の国際的不等価交換の生成に言及したのが，いわゆる従属学派のアルジリ・エマニュエルである（Emmanuel 1972）．ここで「労働の国際間不移動」と述べたのは，正しくは賃金率を均等化させるほどに完全な移動性をもたないというべきであって，実際には，エマニュエルは労働の国際間移動の存在も分析の視野に入れつつも，労働のそれは資本の場合とは違って，賃金率の国際的均等化を実現させるほどの完全なものではないという前提をおいている．しかし，仮に賃金率の国際的均等化が実現される状況で考えても，各国の従事する産業における資本集約度の違いは，利潤率の国際的均等化メカニズムを通じて，より労働集約的な産業が主である周辺国からより資本集約的な産業が主である中心国への剰余の移動が生じることによる不等価交換的関係が生ずるとみなすことができる．賃金の国際間格差の残存は，その国際的不等価交換の関係を強化する機能を果たすことになろう．

では，リカード的貿易モデルとは異なり，何らかの水準の資本財投入がいずれの産業においても不可欠であるという前提——それゆえに，産業間の資本集約度の違いを論ずることができる——の下で，はたして各国間の賃金率の違いを維持しつつ，利潤率の国際的均等化を実現するような国際的商品価格体系は存在しうるだろうか．たとえば2商品（製造業生産物と農業生産物）・2国家（中心国と周辺国）のケースを考えれば，市場外生的な慣習的・制度的要因——たとえば，国内の階級間闘争——によって決まる中心国の賃金率と周辺国の賃金率の格差を所与として，他方で資本の国際間移動による利潤率の均等化メカニズムを考慮すれば，成立する諸商品の自由貿易均衡は，完全特化的なものしかない．すなわち，資本をより多くもつ中心国がより資本集約的な製造業に完全特化し，対して周辺国はより労働集約的な農業に完全特化するならば，中心国と周辺国の外生的な賃金格差は製造業と農業との実質賃金格差として均衡において維持される[2]．そのような均衡の下では，中心国と周辺国の人口を同一と基準化すれば，1単位労働供給に対応する賃金収入も利潤収入も，より高賃金率でかつより資本集約的産業に完全特化する中心国の方が，より低賃金率でかつより労働集約的産業に完全特化する周辺国よりも，多くなる．この性質は，国際間の労働の不均等交換を意味し，中心国と周辺国の搾取関係を表している．

エマニュエル等の従属学派の要諦は，周辺国が中心国との不等価交換関係ゆ

えに，経済的低開発状態に甘んじざるをえないような，支配−従属的な構造に焦点を当てることにあったといえよう．この議論では，自由貿易均衡はリカード的貿易理論や新古典派のヘクシャー＝オリーン的貿易理論の論ずるような「ウィン・ウィン関係」という性質をもつものではないことがむしろ強調される．他方，ポール・サミュエルソン（Samuelson 1976）は，周辺国は中心国との貿易によって，むしろ自給自足経済体制の場合に比べて国の厚生水準が低下するという議論は非論理的であって，貿易均衡では必ず両国とも「交易の利益」を享受できる，と批判する．彼のこの批判は，じつはエマニュエルの理論と両立可能な主張である．すなわち，サミュエルソンの議論の前提は，周辺国に国際貿易への参加・不参加の意思決定の自由が実質的に保証されている状況である．その場合，エマニュエルの想定するような不等価交換は，自由貿易均衡として実現されることはないであろう．他方，エマニュエル等の従属学派にとっては，「自由貿易」といっても，そこには中心−周辺の支配−従属的関係があり，そのような構造に周辺国が組み込まれていることをこそ，不等価交換的な貿易均衡の現実は示しているという含意をもつ．

　エマニュエルの不等価交換論は，戦後の新植民地主義的な世界経済に存したある特性をたしかに鋭く描写したものと理解することが可能であり，逆にヘクシャー＝オリーンやサミュエルソン等のような新古典派的な自由貿易論では当時の世界経済に存在した新植民地主義的性質を捉えることに失敗する，と理解できよう．しかしこれらの整理は，戦後の60年代後半，70年代前半までの世界経済の現実的特性に関するものではあっても，21世紀に入った現代の世界経済の理解としてそのまま通用するものと主張するのは難しい[3]．今日では，依然として南北間の富の格差は存在するが，「中心」を構成する北の諸国の「周辺」として，南の諸国が従属的にモノカルチャー経済に完全特化するという状況が典型的特徴というわけではない．さらにいえば，周辺国がそもそも「貿易の利益」を享受できないような中心−周辺の支配−従属的構造を国際的な搾取関係の成立の前提とする議論は，マルクス自身の想定していたであろう国際的不等価交換の生成メカニズム論とは異なる．マルクス自身は「より富んでいる国が，より貧乏な国を搾取する」のは「たとえ後のほうの国が交換によって利益を得るにしても」そうだ（マルクス 1970: 202-203）と念を押している

ことからも，むしろヘクシャー＝オリーン＝サミュエルソン的な自由貿易モデルのように「貿易の利益」が生ずるような経済構造の下であってもなお，搾取関係の生成を見出すことができることを示せるか否かが，より本質的な問題であると考えられる．

　以上を踏まえての本章の課題は，はたしてヘクシャー＝オリーン＝サミュエルソン的な自由貿易モデルの下では，不等価交換は生成するのか否かという問題である．そこでは，第一に，エマニュエル・モデルとは異なり，南北間の賃金率の格差が外生的に前提とされることはない．しかし経済グローバリゼーションの現代においても，労働の国際間移動には依然として強い制約があるとの認識に基づき，各国の賃金率決定は国内の労働市場で閉じていると想定する．すなわち，賃金率は純粋に国内労働市場の競争メカニズムで決定されると想定する．第二に，そのような想定下であっても，資本の完全な国際間移動を前提とするかぎり，資本集約的産業により特化する諸国と労働集約的産業により特化する諸国との不等価交換関係の成立は，国際的な利潤率均等化メカニズム下での後者から前者への剰余の移転に関する上記の議論からも容易に想定される．しかし，資本の国際間移動が不完全ないしは存在しない場合において，はたしてなおも南北間の不等価交換の生成が見出されるか否かという問いが残されている．

　すなわち，本章では標準的なヘクシャー＝オリーン的国際貿易的経済環境の想定の下で，国家間の初期賦存――富の豊かさ――の格差のみが存在し，その他はすべて対称的な経済主体間の完全競争的市場取引を考察する．そこでは，すべての私的財の市場のみが世界市場化されていて，他方，労働市場や信用市場（金融資本の貸借市場）などのいわゆる生産要素市場は，各国民経済ごとの国内市場のみが存在し，世界市場は存在していないと想定される．したがって，各国間の資本の輸出入も存在しないし，したがって，ある国の資本家が別の国の労働者を雇用するというような国際的雇用関係も存在しない．そのような経済環境での自由貿易均衡においてもなお，いわゆる富の相対的に豊かな国と富の相対的に貧しい国との不均等交換に基づく搾取関係が成立する．このことを示した定理を紹介するとともに，幾何的な解説を行う．

　ところで，エマニュエルの不等価交換論では，中心国と周辺国の間の労働の

不均等交換関係の成立のみならず，そのような交易によって周辺国の厚生水準は，自給自足経済体制に比して絶対的に悪化する[4]．その場合には，そのような帰結をもたらす支配－従属的な構造がグローバル不正義であるという主張は比較的に理解されやすいであろう．他方，ヘクシャー＝オリーン的国際貿易的経済環境での自由貿易均衡における搾取関係の成立の場合は，その批判的意義は必ずしも明白ではない．そこでの自由貿易体制はいずれの国も「交易の利益 (gain from trade)」を享受していることが確認できるはずである．北との交易を行うことで，明らかに南はそれを行わない場合に比してより大きな経済的便益を享受している以上，それは新古典派経済学の立場からは，搾取という批判的言質で特徴づけるべきではなく，したがって，ヘクシャー＝オリーン的国際貿易の意味での自由貿易体制下にある南北関係を搾取関係という観点からグローバル不正義の対象として特徴づけるのは妥当ではない，という議論となろう．

　本章では，ヘクシャー＝オリーン的国際貿易的経済環境下での南北間自由貿易を搾取関係と特徴づける定理（吉原 2014; Yoshihara and Kaneko 2014）を紹介する．この定理は，上記のような想定される批判にもかかわらず，近年の政治哲学の分野での搾取概念に関する先端的研究成果からも支持されうるものである．そのことを見るために，以下ではまず，そもそも搾取関係とはいかなる事態であるかに関する問題，すなわち搾取の概念的定義に関する従来の議論の流れを紹介する．それは，古典派的労働価値説に依拠し，マルクスの『資本論』での剰余価値説とも整合的な，置塩信雄や森嶋通夫などの提唱した定義やジョン・ローマーの所有関係的搾取論 (Roemer 1994) 等の，70 年代から 90 年代にかけての主要な議論のみならず，近年の政治哲学と社会学，それぞれにおける搾取理論に関する先端研究成果としてニコラス・ブローセリス (Vrousalis 2013) およびエリック・オーリン・ライト (Wright 2000) を紹介し，それらの研究成果からもわれわれの定理が支持されうることを確認する．そして，単純化されたヘクシャー＝オリーン的国際貿易モデル上での数理的分析では必ずしも十分に数理的に表現されていない南北間の諸側面を考慮に入れて考えるならば，南北間搾取関係は，いわゆる分配的正義の基準が満たされないという意味とは異なる，グローバル不正義の一側面として了解可能であることについて，

最後に議論する．

2　搾取の概念的定義をめぐる論争

(1) 投下労働価値説に立脚した搾取理論

　労働の不均等交換としての搾取概念については，周知のようにマルクス『資本論』にさかのぼる．マルクスの古典的定義を踏襲する形で，いわゆるアダム・スミスおよびデイヴィッド・リカードに代表される古典派経済学が展開し依拠していた投下労働価値説の枠組みの下での搾取の数理的定式化を行ったのが，置塩信雄 (Okishio 1963) であり，それは森嶋通夫 (Morishima 1973; Morishima 1974) によって発展させられた．古典派経済学の投下労働価値説の理論体系は，各商品の価値をその商品の生産過程において投下された直接および間接的労働投入量の総計として定義する体系として，置塩および森嶋によって定式化された．

　この労働価値の定式に立脚しつつ，労働者階級の1労働日当たり労働供給を行うために必要な投入として定められるある一定の消費財の束の労働価値量が，労働者階級の労働力の再生産のために必要な労働時間，すなわち必要労働として定義される．搾取の存在とは，労働者階級の供給する1労働日と彼らがその見返りとして受領する賃金収入を通じて取得する必要労働時間とに格差がある状態のことを意味する．

　すなわち，置塩–森嶋の労働搾取の形式的定義は，第一に，生産過程における資本–労働の雇用関係を前提にした定義である．第二に，労働力の価値（必要労働価値）を超過する労働時間（剰余価値）の存在として定義されるという意味で，投下労働価値説に依拠した搾取の定式化である．第三に，このような労働力の価値の定義，および搾取率（＝剰余価値率）の定義は，市場の価格情報からは独立に与えられるという意味で，「労働価値の価格からの論理的先行性」という投下労働価値説の理論体系に整合的である．以上の性質をもつ点で，置塩および森嶋の搾取の形式的定義は，マルクス『資本論』における「剰余価値の生産」に関する理論に基づいて，ある種の労働の不均等交換的状況として搾取を定式化したものとみなされうる．

(2) 所有関係的搾取理論

他方，ローマー（Roemer 1994）は，搾取の定式化の際に重要な本質的性質はむしろ，生産的資産・資源の不公正な不均等分布に起因する分配的帰結にこそあると論じた．では，不公正な不均等性とは何を意味するのか．ローマーによれば，資本主義社会においては，譲渡可能な資産[5]の不均等分配こそが不公正である．この見解に整合的な搾取論として，ローマーは所有関係的搾取の定義を提唱している．すなわち，**ある個人ないしは個人の集団が，別の個人ないしは個人の集団を搾取している**とは，(i) 第一に，仮に後者がこの社会に賦存する譲渡可能資源の均等分配分をもって当該社会から逸脱した場合，その主体は当該社会における現存の資源配分の下にある場合に比べて，厚生が改善すること，(ii) 第二に，仮に前者も同様にこの社会に賦存する譲渡可能資源の均等分配分をもって当該社会から逸脱した場合，その主体は当該社会における現存の資源配分の下にある場合に比べて，厚生が悪化すること，(iii) さらに後者が，仮に当該社会において自分に帰属する譲渡可能資源をもって逸脱した場合，前者は現存の資源配分の下にある場合よりも厚生が悪化すること，以上の3条件が満たされるとき，そのときのみであると定義する．所有関係的搾取の定義は，マルクス主義の伝統であった労働の不均等交換的性質にまったく言及することなく，むしろ資本主義的所有関係における物的資本財の不均等分配的性質に基づいている．さらに，ローマー（Roemer 1982）によれば，所有関係的搾取論は，置塩－森嶋的労働搾取の定義が定式化するような労働不均等交換的搾取論よりも，より精緻な搾取の定義を提供できる[6]．ゆえに，社会関係としての搾取について論ずる場合，労働不均等交換的性質に基づいてその概念を定義するのは適切ではなく，むしろ，所有関係的搾取の定義に基づいて議論すべき，というのがローマー（Roemer 1982; Roemer 1994）の結論である．

このように搾取の代替的定義を与えた上で，ローマー（Roemer 1994）はそもそも搾取問題は，現代社会にとって議論するに値する本質的な規範的問題であるのかという疑問を呈した．すなわち，搾取それ自体は，たかだか，規範的には二義的な対象にすぎず，第一義的な規範的関心は所有関係の不公正性にこそあると論ずる．たとえば，譲渡可能な物的資本財が不均等に分配されている場合には，資本主義的所有関係的な搾取が存在する．しかし，譲渡可能な物的

資本財の不均等な分配は，すべての主体の厚生関数や労働スキルが同一の場合には不公正であると認めうるとしても，主体間の厚生関数やスキルなどに異質性・多様性がある場合には，必ずしもただちに不公正であるとはいえない．主体間の特性の異質性・多様性こそが現代社会のより普遍的な現象であることを鑑みれば，より包括的な分配的正義の議論が求められるのであり，そしてそのような分配的正義論の展開こそが搾取論よりもより第一義的な規範的関心対象である，とローマーは主張する．

では，いかなる分配的正義論が求められるべきなのか？ その解答として，ローマー (Roemer 1994; Roemer 1998) は **(実質的) 機会の平等論**を展開した．すなわち，ローマーは，ロナルド・ドゥオーキン (Dworkin 1981)，リチャード・アーヌソン (Arneson 1989)，およびジェラルド・コーエン (Cohen 1989) 等の分配的正義をめぐる論争を踏まえ，以下のような分配的正義の原理を措定する．

自発的な不遇性原理 (Principle of voluntary disadvantage) 任意の主体 ν と主体 ν' との間における**譲渡可能資源の配分が公正** (just) であるのは，この配分の下での資源の享受に関して主体 ν と主体 ν' との間で差異があるとすれば，その差異はもっぱら，彼らの選好，選択，ないしは自己責任的な過失に関する差異の帰結であるとき，そのときのみである．

自発的な不遇性原理を満たさないようなあらゆる不平等な社会状態は，非自発的な不遇性を含意するのであり，それは分配的に不正義な社会状態として，同定されるのである．

非自発的な不遇性とは，個人の自己責任要因として問うことのできない環境的要因に基づく不遇性を意味し，具体的には，出身家庭の環境や天賦の能力，あるいは天災等に基づく不遇な状態を挙げることができる．物的資本財に関する私的所有上の不遇性も，少なくとも当該主体の経済活動の初期においては非自発的であるといえる．

以上の議論を要約すれば，ローマーの所有関係的搾取論に基づけば，少なくとも主体間の異質性・多様性の存在しないという設定下での資本主義的経済環

境の下では，搾取の存在は機会の平等論的意味での分配的不正義と同値であり，したがって，分配的不正義について論ずれば十分である．さらに，機会の平等論は主体間の異質性・多様性の存在する社会においても，譲渡可能な資源の配分が公正であるか否かについて言及できる．したがって，搾取の問題は分配的不正義の問題に置換・還元されうるし，その方がより一般的でありかつ包括的な理論展開が可能である．さらに，置塩－森嶋的な搾取論はローマー的な所有関係的搾取論に包含される関係にある．以上より，置塩－森嶋的な定式で表現されるマルクス主義的労働搾取論は，それ自体，もはや第一義的な規範的関心の対象となりえず，むしろ機会の平等論の適用による社会状態の診断で十分であるという結論となる．ローマーのこの議論はきわめて影響力があり，結果として，搾取理論の独自の規範理論的意義は否定され，機会の平等論等の現代的な分配的正義の理論を発展させ，かつそれを適用することで，資本主義経済システムの批判理論は十分である，という一般的了解の形成がなされてきたといえる．

(3) 政治哲学・社会学における最新の搾取理論

　他方，最近，搾取理論に関する新たな展開が見られるようになった．政治哲学における搾取理論の注目すべき新たな展開としてはブローセリス（Vrousalis 2013）を挙げることができる．また，社会学においてはライト（Wright 2000）を挙げることができる．これらの議論はいずれも，投下労働価値説の概念的枠組みに依拠することなく，搾取の定義を与えている．また，置塩－森嶋的な搾取論と異なり，資本－労働の雇用関係を前提する生産過程に限定することなく，搾取問題について論じうるような理論体系となっている．また，ローマー的な「搾取＝分配的不正義」論への批判的議論を展開しつつ，生産的資源の所有の非対称性に起因する経済的意思決定における非対称的な権力（power）関係の存在を指摘し，それによって媒介される労働不均等交換の関係として，搾取を理解するという点で共通性を有するのである．

1　ブローセリスにおける搾取の概念的定義

　ブローセリス（Vrousalis 2013）は搾取の一般的な概念的定義について，以下

のような議論を展開する.

　定義 1（Vrousalis 2013）　主体 ν が主体 μ を**搾取する**とは，μ の**脆弱性**（vulnerability）を**道具化する**（instrumentalize）ことによって，ν が μ から**何らかの純便益を抽出する**という系統的な関係に，主体 ν も主体 μ も組み込まれていることである.

　この定義を了解可能とするために，ブローセリス（Vrousalis 2013）は，定義1において無定義的に用いられた複数の諸概念について，一つ一つ論じていく.
　第一に，ある対象の**道具化**（instrumentalization）とは，その対象を手段として用いることを意味する．注意すべきは，μ の属性の ν による手段的使用が不公正（unfair）であるか否かということは，搾取の定義にとっては必ずしも要請されないし，それが意図的行為であるということも要請されない．なぜならば，ある個人は意図することなく，あるいは知らぬうちに，ある他者の脆弱性を道具化し，それゆえにその他者を搾取することが可能である，と考えられるからである.
　第二に，脆弱性の定義について論ずるために，ブローセリス（Vrousalis 2013）はそもそも2種類の脆弱性概念——絶対的脆弱性と関係的脆弱性——があることに注意を向ける．**絶対的脆弱性**（absolute vulnerability）とは，ある主体が何らかの意味での尺度（厚生，資源，ケイパビリティ，等々）で評価して，ある著しい損失をこうむる実質的リスクにさらされている状態のことをさす．したがって，絶対的脆弱性の欠如とは，そのような損失を引き起こさない，ないしはそのような損失を補償するような何らかの保障メカニズムによってもたらされる．絶対的脆弱性の場合，ある主体の他の主体におよぼす支配力（power）に関して本質的に言及することはない.
　他方，**関係的脆弱性**（relational vulnerability）の概念は以下のように定義されている．**主体 μ が主体 ν に対して関係的に脆弱である**とは，(i) 主体 μ がその繁栄（flourishing）のために要請されるある切実なニーズ F へのアクセスを欠いており，(ii) μ が F を得られるのは主体 ν を媒介してのみであり，そして (iii) ν は彼の任意裁量の範囲内で，μ がニーズ F にアクセスできないよう

に仕向けることができるゆえに，ν が μ に対してある種の**支配力**（power）をもつ場合に他ならない．

この議論を踏まえ，以下のように定義される**経済的脆弱性**（eoconomic vulner-ability）という概念を導出できる．**主体 μ が主体 ν に対して経済的に脆弱であるとは**，生産関係上の μ の ν に対する相対的地位ゆえに，μ が ν に対して関係的に脆弱であるとき，そのときのみである．生産関係とは当該社会に存する生産手段および労働力への実質的所有権――したがってまた支配力――に基づく系統的関係である．たとえば，主体 ν が上水道装置を所有しており，彼のこの所有権は完全に執行されており，他方，主体 μ は水へのニーズがあるが彼は水にアクセスする自立的手段をもたず，ν のもつ上水道装置を通じてしかアクセスできない場合を想定しよう．それは資本制経済の下で，ν の生産手段への所有権と μ のその欠如ゆえに，μ は ν に対して関係的に脆弱であることを意味する．したがって，μ は ν に対して経済的に脆弱である．この場合，μ がその経済的境遇故に己の労働力を ν に提供することを文字どおり強いられるのか否かに関わりなく，ν は μ に対する**経済的支配力**（economic power）を与えられている．ここで，経済的支配力とは，ν の保持する μ よりもより大きなシェアの資源への権原（control over）によって，ν が μ に何らかの行為をするように仕向けることのできる適切な能力と機会をもつことである．

以上の議論を踏まえると，以下のような論理的関係が導出されうる．

> **命題 1**（Vrousalis 2013） μ の ν に対する経済的脆弱性を，ν が道具化するならば，そのときまさにそのようにすることによって，ν は μ に対する彼の経済的支配力の好機を利用している．

もし μ が生産手段を無所有であり ν はそうでない場合，ないしは μ の所有する生産手段は ν に比して著しく少ない場合，μ は ν に対して経済的に脆弱であり，かつ ν は μ に対する経済的支配力をもっている．たとえば，内的資源（internal resources）[7] の均等賦存の想定下，資本家の所有する富は，労働者に対する交渉上の決定的優位性を，資本家に系統的に与えるのであり，資本家は労働者に対する経済的支配力の好機をつねに利用することができる――そして

逆の関係は成立しない．

以上の考察を踏まえ，定義1で与えられた一般的な搾取の定義を経済的問題に適用することによって得られる**経済的搾取**（economic exploitation）という概念の定義を以下のように導出できる．

> **定義2**（Vrousalis 2013）　主体νが主体μを**経済的に搾取する**とは，(a) **μの経済的脆弱性を道具化する**ことによって，(b) **νがμの労働（の成果）を領有する**（appropriate），という系統的な関係に主体νも主体μも組み込まれていることである．

νがμの労働を領有するとは，μがH時間の労働をしたとき，νがμによる$H-G$時間労働の体化によって生産された使用価値を取得することを意味する——ここで，Gの値は，$H > G \geqq 0$であれば何でもよい．

定義2で注意すべきことは，いわゆる労働の不均等交換は経済的搾取の必要条件にすぎないという点である．労働の不均等交換とは，労働もしくはその成果としての財・サービスのある主体から他の主体への非互恵的な純移転に他ならず，定義2では条件(b)が労働の不均等交換を意味する．定義2より明らかに，経済的搾取は条件(a)と条件(b)によって構成されているゆえに，労働の不均等交換は経済的搾取の必要条件ではあるが，十分条件ではないことが分かる．たとえば，寄贈（gift-giving）は労働不均等交換を含意するかもしれないが，誰も寄贈行為を搾取的経済活動とは考えない．すなわち，もしある主体が彼自身の労働力を用いて創出した何らかの使用価値の大部分を他の主体に移転させると自由意思に基づいて決定した場合，その帰結としての労働の不均等的交換は必ずしも異議をとなえるべき対象とはならない．

2　ライトにおける搾取の概念的定義

ライト（Wright 2000）は搾取の定義について，以下のような議論を展開する．

> **定義3**（Wright 2000）　搾取が存在するのは，以下の三つの基準が満たされた場合である．

(1) **逆相依存的厚生原理**（The inverse interdependent welfare principle）：搾取主体の物質的厚生は被搾取主体の物質的厚生の減少に因果的に依拠している；

(2) **排除原理**（The exclusion principle）：搾取主体と被搾取主体の厚生に関する相依存性は，被搾取主体がある種の生産的資源へのアクセスから排除されていることに依拠している；

(3) **領有原理**（The appropriation principle）：この排除は，搾取主体が被搾取主体の労働努力を領有することを可能にするがゆえに，搾取主体の物質的な優位性を生成する．

　基準（1）についてライト（Wright 2000）は以下のような補足説明を行う．すなわち，市場経済においては，ある市場的交換に臨むいずれの主体も市場的交換以前の状態に比べて，利益を得ている．労働者と資本家も賃金と労働力の交換が成立すれば，いずれも交換が成立しない場合に比べてより多くの経済的利益を得ることができる．そのような取引による相互利益が生じる場合であっても，しかしなお，経済取引によるある主体の利益の巨額さは他の主体の犠牲によって可能となっている，という場合はありうる．このような場合も，逆相依存的厚生原理は満たされると，ライトはみなしている．すなわち，市場交換の場合には，取引による相互利益故に基準（1）が満たされることはありえないという見解は，棄却されるのである．

　ライト（Wright 2000）が定義3として提起する搾取概念は，ブローセリス（Vrousalis 2013）の定義2のような緻密な概念構成にはなっていない．私見では，定義3は搾取概念の必要十分な定義としてはやや不十分であって，むしろ搾取の概念的定義の際に考慮すべき本質的原理を必要条件として列挙したものという印象が強い．しかし，搾取の定義化の際に考慮すべき必要不可欠な条件としては，定義3の三つの原理は直観的に理解しやすい．また，定義2の経済的搾取の定義は，定義3の三つの基準のいずれも満たすことも確認できよう．実際，定義2が定義3の領有原理を満たすのは明らかであるし，また，排除原理を満たすことも，経済的脆弱性の定義より従う．必ずしも自明ではないのは定義2が逆相依存的厚生原理を満たすか否かであるが，それは労働の成果が厚

生に寄与する使用価値であると前提するかぎり,満たされるであろう.

3 搾取概念と経済的抑圧および分配的不正義との関係

定義2や定義3で与えられた搾取の概念的定義の観点から,改めて搾取概念と類似の経済的抑圧に関する概念や分配的不正義の概念との論理的関係について考察しよう.

分配的不正義と搾取概念の関係 定義2の経済的搾取の概念に基づくかぎり,搾取の問題は分配的不正義の問題に還元されうるというローマーの主張は妥当ではない.この点を論証するために,ブローセリス (Vrousalis 2013) は「高潔に形成された資本主義 (cleanly generated capitalism)」という概念を導入する.高潔に形成された資本主義とは,いわゆるマルクス的「原始的蓄積」論のような虐殺的・略奪的・強制的な抽出やある種の分配的正義からの逸脱を媒介とする資本の原始的蓄積によって形成された資本主義ではなく,高潔な社会的相互行為による原始的蓄積によって形成された資本主義的形態を意味する.たとえば,ある労働者が労苦と貯蓄によって十分な量の資本を蓄積し,その結果,資本家になったという状況である.

「高潔に形成された資本主義」の概念を用いて,ブローセリスは以下のような例を考える.

> **例1(アリとキリギリス)** 夏の期間,キリギリスはもっぱら歌って過ごし,他方,アリは全時間を労働に費やし,貯蓄に励んだ.冬が訪れて,キリギリスは寒さを凌ぐシェルターの必要性に直面したが,夏の期間,労働も貯蓄もしなかった彼は現在,それにアクセスする手段が欠落している.そのとき,アリはキリギリスに対して以下の三つの選択肢を提案した.
> (i) アリはキリギリスを援助するような行動をいっさい行わない.この場合,2人の利得プロフィール (V^{*An}, V^{*Gh}) は $(V^{*An}, V^{*Gh}) = (10, 1)$.
> (ii) アリはキリギリスに無料でシェルターを提供する.ただし,条件として,キリギリスはアリの経営するブラック企業 (sweatshop) で働くという契約にサインしなければならない.この場合,2人の利得は $(12, 2)$.

(iii) アリはキリギリスに無料でシェルターを提供するが，それによってアリが何らかの損失を被るということはない．この場合，2 人の利得は (10, 3)．

アリがキリギリスに何らかの援助の手を差し伸べる義務があると考えるのは道理にかなうといえよう．しかし，定義 2 に基づけば選択肢 (ii) は搾取関係の生成を意味するとしても，それがゆえに，選択肢 (ii) の方が選択肢 (iii) よりも道徳的に劣悪であるという見解をもつ必要はない．実際，前節でも議論したローマーの「自発的な不遇性原理」に基づけば，上記の三つの選択肢のいずれも等しく分配的正義にかなうとみなすことができる．このことはまた，選択肢 (ii) は搾取を意味するとしても，それはローマーの機会の平等論的観点からは分配的不正義であるとはいえないことを意味する．

このようにして，搾取は分配的不正義を含意するというローマーの議論は，定義 2 の経済的搾取の概念に基づくかぎり，棄却される．分配的不正義が見出せない下でも搾取の存在を見出しうるのは，搾取とは非対称的な権力関係 (power relation) に起因する経済的取引構造の不当性 (injury) に関する概念であるがゆえであり，それは本来的に分配的不公正性の問題に還元しえないのである．

搾取と非搾取的な経済的抑圧との関係　ライト (Wright 2000) によれば，搾取は一つの**経済的抑圧** (economic oppression) の形態に他ならない．一般に経済的抑圧とは，定義 3 における逆相依存的厚生原理と排除原理の二つの条件を満たすような社会関係として理解される．ライトによれば，この二つの条件を満たすという意味で経済的抑圧として分類できるものの，搾取的ではないそれと搾取的なそれとを，さらに分類することが可能である．

第一に，非搾取的な経済的抑圧の場合，優位な集団はそれ自身，必ずしも排除された集団を必要とはしない．たしかに優位な集団の享受できる厚生は排除原理に依拠しているが，それ以外にはこれら優位な集団の活動が不遇な集団の活動との現在進行的な相互依存性に依拠するわけではない．対して，搾取的な経済的抑圧の場合，搾取主体は彼らの享受できる厚生に関して，被搾取主体の

労働努力に依拠している．それゆえ，搾取主体は被搾取主体との現在進行的な相互依存的活動に依拠しているのであり，その意味で被搾取主体を必要とする．

たとえば，欧州からの征服者たちによる，北アメリカ大陸における先住民の取扱いと，南アフリカ大陸における先住民たちの取扱いの違いを考察しよう．いずれの場合も，欧州征服者たちの物的厚生上の優位性と先住民たちの物的厚生上の不遇性との間に因果関係を見出せる．したがって，いずれの場合も逆相依存的厚生原理は満たされる．さらに，いずれの場合も，この因果関係は，先住民たちが土地という本質的な生産的資源へのアクセスから排除された歴史的過程に起因することを見出せる．すなわち，いずれの場合も，排除原理を満たす．

しかしながら，南アフリカにおいては，征服者たちは先住民の労働の成果を領有することによって，物的厚生上の優位性を確立していたのである．それは当初は農業労働者として，その後には鉱山労働者として，という形でである．すなわち，南アフリカにおける征服者と先住民の関係は搾取的関係であった．

他方，北アメリカでは先住民の労働努力が征服者たちによって領有される状況にはならず，先住民の労働努力は征服者たちにとって必要ではなかった．先住民は単純に資本主義的な経済的活動から排除されたのである．その結果，先住民たちの抵抗運動が起きた場合に，北アメリカの征服者たちは，純粋に先住民を虐殺することによって問題を解決することができたのである．この場合の征服者と先住民の関係は，非搾取的な経済的抑圧として特徴づけられる．

3 拡張されたヘクシャー＝オリーン型国際経済環境

本節では，吉原（2014）および吉原＝金子（Yoshihara and Kaneko 2014）で展開された，ヘクシャー＝オリーン的国際貿易モデルを紹介する．そのモデルに基づいて，以下の第4節，第5節で国際的な労働の不均等交換の可能性について論ずる．

N個の国民経済からなる主体の集合を$\mathcal{N}$とし，その任意の要素を$\nu \in \mathcal{N}$で表す．また，市場で取引可能な私的財の数はn種類である．いずれの国民経済もアクセス可能な世界共通の生産技術体系が存在し，それはレオンチェフ

第 6 章　グローバル不正義としての南北間搾取　151

生産体系 (A, L) で表される．ここで，投入係数行列 A は $n \times n$ 型非負の正方行列であって，それは生産的かつ分解不可能であると仮定する．また，直接労働投入係数ベクトル L は正の $1 \times n$ 型行ベクトルである．すべての国民経済（の住民1人当たり）が1生産期間において生存のために消費しなければならない生存消費財ベクトルを $b \in \mathbb{R}_{++}^n$ とおく．単純化のために各国民経済の人口は同じであって，したがって1生産期間あたりに供給可能な最大労働時間は等しく1であるとする．また，単純化のために，以下では各国民経済の間での労働スキル水準（人的資本水準）に違いはないと想定する．最後に，初期時点における世界全体としての財の初期賦存ベクトルは $\overline{\omega} \in \mathbb{R}_+^n$ で表される．いま，簡単化のために $\overline{\omega} \equiv A[I-A]^{-1}(Nb)$ とおく．

すべての国民経済は共通の消費可能空間 $C \equiv \{c \in \mathbb{R}_+^n \mid c \geqq b\} \times [0,1]$，および，以下のように定義された共通の厚生関数 $u: C \to \mathbb{R}$ をもつ：
任意の $(c,l) \in C$ に関して，
$$u(c,l) = 1 - l.$$
すなわち，すべての国民経済は生存可能な消費水準 b が確保されるかぎり，それ以上の財の消費増加には関心がなく，もっぱら余暇（自由時間）享受の大きさでのみ，当該国民国家の社会厚生を評価する．以上の要素によって定義される国際経済環境 $\langle \mathcal{N}, (A,L,b), \overline{\omega} \rangle$ を以下では，生存経済環境と称することにする．

以下では，簡単化のために，2国2財の経済社会 $\mathcal{N} \equiv \{Nh, Sh\}$ に限定して考察する．しかしながら，以下で得られる考察は，基本的に一般性を失うことなく N 国 n 財の経済世界でも成立する．

2国2財の経済モデルにおいては，投入係数行列 A は
$$A = \begin{bmatrix} a_{11} & a_{12} \\ a_{21} & a_{22} \end{bmatrix} > \begin{bmatrix} 0 & 0 \\ 0 & 0 \end{bmatrix},$$

ただし，$1 - a_{11} > 0$, $1 - a_{22} > 0$, & $(1-a_{11})(1-a_{22}) - a_{12}a_{21} > 0$．また，労働投入ベクトル L は $L = (L_1, L_2) > (0,0)$ である．また，第 t 期における2国それぞれの資本財ストックは $\omega_t^{Nh} = (\omega_{1t}^{Nh}, \omega_{2t}^{Nh}) > (0,0)$ および $\omega_t^{Sh} = (\omega_{1t}^{Sh}, \omega_{2t}^{Sh}) > (0,0)$ である．

以下では，**新古典派的ヘクシャー＝オリーン型国際貿易モデル**とは異なり，一般に資本財は複数種類存在し，それらはそれぞれ経済体系のなかで生産される再生産可能財として取り扱われる．しかし，労働は依然として本源的生産要素として取り扱われ，かつあらゆる財の正の産出の際に，その投入が不可欠であるような生産要素として取り扱われる．

生産における時間構造の存在を，明示的に取り入れる．今期の生産において利用可能な資本財は，先の生産期間までに生産され蓄積された資本財の大きさを超えることはできない．生産の時間的構造は以下のように与えられるものとする．

(1) 第 t 生産期間における期首において市場価格 $p_{t-1} = (p_{1t-1}, p_{2t-1}) \geq (0,0)$ の下で，各国 $\nu = Nh, Sh$ は資本賦存量 $p_{t-1}\omega_t^\nu$ の予算制約の下で，今期の生産活動に投入するための資本財 Ax_t^ν と今期末に販売する投機目的の財 δ_t^ν を購入する．

(2) 労働 Lx_t^ν と購入した資本財 Ax_t^ν を投入し，生産活動を開始する．

(3) 今期の期末に産出物 x_t^ν が得られ，生産活動が終了する．得られた産出物は価格 $p_t \geq (0,0)$ で財市場において売買取引される．今期首に購入した財 δ_t^ν と産出物 x_t^ν を販売して得られた収入 $p_t x_t^\nu + p_t \delta_t^\nu$ で，今期末に消費される消費財 b と来期の生産活動のための資本財ストック ω_{t+1}^ν が購買される．したがって，来期に繰り越す資本賦存量は $p_t\omega_{t+1}^\nu$ である．

以上のような性質をもつ国際貿易モデルを**マルクス派的ヘクシャー＝オリーン型国際貿易モデル**と呼ぶことにする．

ここで，(w_t^ν, r_t^ν) を第 t 期における ν 国内の要素市場価格プロフィール，すなわち ν 国内市場における賃金率と利子率のプロフィールを表すものとする．第 t 期における価格体系 $\langle \{p_{t-1}, p_t\}; (w_t^\nu, r_t^\nu)_{\nu \in \mathcal{N}} \rangle$ の下で，各国 $\nu (= Nh, Sh)$ は，以下の最適化問題を解く．

$$\min_{x_t^\nu, \delta_t^\nu} l_t^\nu$$
$$\text{s.t.} \quad p_t x_t^\nu + p_t \delta_t^\nu \geqq p_t b + p_t \omega_{t+1}^\nu;$$

$$p_t x_t^\nu - p_{t-1} A x_t^\nu = w_t^\nu L x_t^\nu + r_t^\nu p_{t-1} A x_t^\nu;$$
$$l_t^\nu = L x_t^\nu \leqq 1;$$
$$p_{t-1} \delta_t^\nu + p_{t-1} A x_t^\nu \leqq p_{t-1} \omega_t^\nu, \quad \text{ただし } \delta_t^\nu \in \mathbb{R}_+^2;$$
$$p_t \omega_{t+1}^\nu \geqq p_{t-1} \omega_t^\nu.$$

各国 ν が直面する第期における最適化問題の解の集合を $\boldsymbol{O}_t^\nu\left(\{p_{t-1}, p_t\}; (w_t^\nu, r_t^\nu)_{\nu \in \mathcal{N}}\right)$ で表す.

　上記の最適化問題における各制約式は以下のような意味をもつ. 第1行の制約式は, 今期首に購入した財 δ_t^ν と産出物 x_t^ν を販売して得られた収入量 $p_t x_t^\nu + p_t \delta_t^\nu$ は, 生存のために今期末に消費しなければならない消費財 b の購入と来期に繰り越す予定の資本賦存量 $p_t \omega_{t+1}^\nu$ の確保のために十分でなければならないことを示す. ちなみに, 来期に繰り越す資本賦存量は, 今期の期首に前期より継承した資本賦存量 $p_t \omega_{t+1}^\nu$ と少なくとも同程度の大きさでなければならないことが, 第5行の制約式で表されている. 第2行の制約式は, 今期末の粗生産物売上収入 $p_t x_t^\nu$ から今期首に費やした資本財費用 $p_{t-1} A x_t^\nu$ を控除した当該国の純収入, すなわち国民所得は全て労働所得と資本所得に分配されることを意味する. 労働所得 $w_t^\nu L x_t^\nu$ は, この国の生産活動 x_t^ν に対応する総労働供給 $L x_t^\nu$ への労働費用でもあり, かつ資本所得 $r_t^\nu p_{t-1} A x_t^\nu$ は生産活動 x_t^ν に対応する資本財 $A x_t^\nu$ の購入を可能にする貨幣資本のレンタル費用でもある. したがって, 第2行の制約式は, 超過利潤ゼロの状態, すなわち経済活動が完全競争的市場で行われることを示すものである. 第3行の制約式は, この国の総労働供給 $L x_t^\nu$ は供給制約 1 を満たすことを意味する. 第4行の制約式は, 今期首における貨幣資本 $p_{t-1} \omega_t^\nu$ の制約内で, 今期の生産活動を可能にする資本財 $A x_t^\nu$ の購入と投機目的の財 δ_t^ν の購入について決定されることを示している. 以上の性質を有する制約条件それぞれをすべて満たすような生産活動計画 x_t^ν, ならびに投機的活動計画 δ_t^ν の選択によって, 各期ごとに当該国家の厚生を最大化——本節の厚生関数の特定化の下では, それは総労働供給の最小化に等しい——するのが, 上記の最適化問題である.

　簡単化のため, 以下では定常均衡価格（すなわち, $p_t = p_{t-1} = p^*$）を考察する. その場合, 最適解 $(x_t^{*\nu}, \delta_t^{*\nu}) \in \boldsymbol{O}_t^\nu\left(p^*; (w_t^{\nu*}, r_t^{\nu*})_{\nu \in \mathcal{N}}\right)$ において,

$p^* x_t^{*\nu} - p^* A x_t^{*\nu} = p^* b$ となる.定常均衡価格の下での経済均衡は,以下のように定義される.

定義4 生存経済環境 $\langle \mathcal{N}, (A, L, b), (\omega_0^{Nh}, \omega_0^{Sh}) \rangle$（ただし $\omega_0^{Nh} + \omega_0^{Sh} = \overline{\omega}$）下における**世界市場再生産可能解**は,以下の性質を満たす価格体系 $\langle p^*; (w_t^{\nu*}, r_t^{\nu*})_{\nu \in \mathcal{N}} \rangle$ と生産活動プロフィール $(x_t^{*\nu})_{\nu \in \mathcal{N}}$ $(\forall t)$ である.
 (i) $(x_t^{*\nu}, \delta_t^{*\nu}) \in \boldsymbol{O}_t^\nu \left(p^*; (w_t^{\nu*}, r_t^{\nu*})_{\nu \in \mathcal{N}}\right)$ $(\forall t)$;（各主体最適化行動）
 (ii) $2b \leqq [I - A]\left(x_t^{*Nh} + x_t^{*Sh}\right)$ $(\forall t)$;（期末における需給バランス条件）
 (iii) $A\left(x_t^{*Nh} + x_t^{*Sh}\right) + \left(\delta_t^{*Nh} + \delta_t^{*Sh}\right) \leqq \omega_t^{Nh} + \omega_t^{Sh}$ $(\forall t)$.（各期首における総生産実行可能性）

すなわち,各期ごとの価格体系 $\langle p^*; (w_t^{\nu*}, r_t^{\nu*})_{\nu \in \mathcal{N}} \rangle$ と生産活動プロフィール $(x_t^{*\nu})_{\nu \in \mathcal{N}}$ が世界市場再生産可能解であるとは,この t 期における価格体系の下で各国は厚生最大化を実現するような生産活動を選択しており（条件 (i)）,かつその生産活動の下で世界全体での消費財の総需要を満たすだけの総供給が可能であり（条件 (ii)）,かつそのような生産活動はこの期に賦存する世界の総資本ストック量の下で実行可能である（条件 (iii)）ことを意味する.

ここで,**世界市場再生産可能解が不完全特化**であるとは,$x_t^{*\nu} \in \mathbb{R}_{++}^2$ & $\delta_t^{*\nu} = \boldsymbol{0}$ $(\forall t)$ が各 $\nu \in \mathcal{N}$ に関して成立する場合をさす.すなわち,不完全特化な世界市場再生産可能解の下では,すべての国家がすべての財の生産活動を何らかの程度行っている.一部の特定の財の生産活動のみに**完全特化**することで,その財の国内需要を超えた生産量は輸出するとともに,それ以外の財に関してはその国内需要はすべて外国からの輸入によって満たすというような極端な経済活動にはいずれの国もいたっていない状況での均衡状態を意味するのである.不完全特化再生産可能解の性質より,$p^* \in \mathbb{R}_{++}^2$ となり,また $[I - A]\left(x_t^{*Nh} + x_t^{*Sh}\right) = 2b$ となる.すなわち,$\left(x_t^{*Nh} + x_t^{*Sh}\right) = [I - A]^{-1}(2b)$ である.よって,$A\left(x_t^{*Nh} + x_t^{*Sh}\right) = A[I - A]^{-1}(2b) = \overline{\omega} = \omega_0^{Nh} + \omega_0^{Sh}$ となる.

いわゆる新古典派的ヘクシャー＝オリーン型国際貿易モデルでは,要素価格均等化定理とヘクシャー＝オリーン定理の成立が知られている.本章のような

マルクス派的ヘクシャー＝オリーン型国際貿易モデルにおいても，要素価格均等化定理は成立することが確認できる．

定理1（生存経済環境における要素価格均等化定理） 生存経済環境 $\langle \mathcal{N}, (A, L, b), (\omega_0^{Nh}, \omega_0^{Sh}) \rangle$（ただし，$\omega_0^{Nh} + \omega_0^{Sh} = \overline{\omega}$）下において，不完全特化な世界市場再生産可能解 $\langle p^*; (w_t^{\nu*}, r_t^{\nu*})_{\nu \in \mathcal{N}}, (x_t^{*\nu})_{\nu \in \mathcal{N}} \rangle$ が成立しているとしよう．このとき，もし $\frac{p^* A e_1}{L_1} \neq \frac{p^* A e_2}{L_2}$（ただし，$e_i$ は第 i 単位ベクトルを表す）ならば，$(w_t^{Nh*}, r_t^{Nh*}) = (w_t^{Sh*}, r_t^{Sh*})$ が成立する[8]．

定理1より，自由貿易均衡において要素価格均等化が実現していないケースがありうるとすれば，それは産業間の資本－労働比率に違いがないような特殊なケース——すなわち，$\frac{p^* A e_1}{L_1} = \frac{p^* A e_2}{L_2}$ の成立——であるか，もしくは完全特化的な均衡状態であるかのいずれかでしかないことがわかる．第一の，産業間の資本－労働比率に違いがないケースというのは，いわば第1財の生産技術と第2財の生産技術とに本質的な違いがない状況であって，貿易によって比較優位の原理に基づき国際分業を行うメリットがそもそも生じないという，きわめて特殊なケースである．そのようなケースは事実上，捨象してよいだろう．他方，第二の完全特化な貿易均衡が生じているケースの一例が，本章の第1節で言及したエマニュエルの不等価交換の理論である．

エマニュエル理論では，資本の国際間完全移動の想定の下，利子率こそ国際的均等化が実現されているが，賃金率はそれぞれの国の制度的・慣習的要因で決定されるという想定ゆえに，必ず国家間格差が生ずることになる．本節のモデルの枠組みでいえば，Nh 国の国内実質賃金ベクトルは Sh 国のそれよりも必ず大きいものと設定される．このように，そもそも要素価格均等化が実現しない設定の下で，産業間の資本－労働比率が異なる通常の技術的条件下で2種類の生産された財に関する貿易均衡が成立するとすれば，それは完全特化的な均衡でしかありえない——定理1はそのことを含意する．したがって，エマニュエルの不等価交換論の枠組みでは，より多くの資本ストックを蓄積している豊かな中心国が，より資本－労働比率の高い製造業に完全特化し，他方，貧しい周辺国はより資本－労働比率の低い農業なり鉱工業なりに完全特化すること

で，賃金率の国際間格差を維持したままでの貿易均衡が描写されることとなるのである．

他方，要素価格均等化が成立するような不完全特化な貿易均衡の場合であっても，ある種の国際分業の生成メカニズムの存立を読み取ることができる．それを示すのが以下の定理である．

定理2（生存経済環境における「准ヘクシャー＝オリーン定理」） 生存経済環境 $\langle \mathcal{N}, (A, L, b), (\omega_0^{Nh}, \omega_0^{Sh}) \rangle$（ただし，$\omega_0^{Nh} + \omega_0^{Sh} = \overline{\omega}$）下において，不完全特化な世界市場再生産可能解 $\langle p^*; (w_t^{\nu*}, r_t^{\nu*})_{\nu \in \mathcal{N}}, (x_t^{*\nu})_{\nu \in \mathcal{N}} \rangle$ が成立しているとしよう．さらに，$\frac{p^* A e_1}{L_1} > \frac{p^* A e_2}{L_2}$ であるとしよう．このとき，もし $p^* \omega_t^{Nh} > p^* \omega_t^{Sh}$ ならば，より富の豊かな Nh 国がより資本集約的な財1を輸出し，かつより労働集約的な財2を輸入する．対応して，より富の貧しい Sh 国がより労働集約的な財2を輸出し，かつより資本集約的な財1を輸入する[9]．

定理2を若干，幾何的に説明しよう．図6-1は2次元の非負実数空間であって，横軸は財1の生産活動水準を，そして縦軸は財2の生産活動水準を表している．このグラフ上で，生存消費ベクトルを購入可能とする純収入曲線 $p(I-A)x = pb$ が描かれている．この曲線は，法線ベクトルを $p(I-A)$ とし，かつその値が pb となるような平面方程式を描いたものであって，いずれの国にとっても共通の最小純収入制約を表すものである．この曲線の上方領域

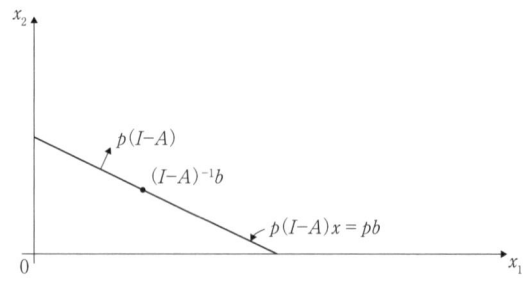

図6-1 生存消費ベクトルを購入可能とする純収入曲線

が純収入でもって生存消費ベクトル b を購入可能とする生産活動ベクトルの集合を意味する．

他方，図 6-2 は，同じく財 1 と財 2 の生産活動水準を表す空間上に，各国の資本制約曲線 $pAx^\nu = p\omega^\nu$ を描いたものである．Nh 国の方が富が大きいので，この国の資本制約曲線が一番上方に位置しており，貧しい Sh 国の資本制約曲線が一番下方に位置している．真ん中の制約曲線は，世界の平均的な資本賦存水準に対応した制約曲線である．いずれも法線ベクトルを pA とし，かつその値がそれぞれの資本賦存量 $p\omega^\nu$ となるような平面方程式を表すものであって，このそれぞれの曲線の下方領域が，資本賦存量の制約下で実効可能な生産活動ベクトルの集合を意味する．

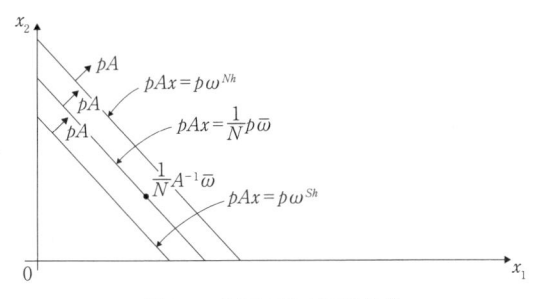

図 6-2　各国の資本制約曲線

以上の図 6-1 と図 6-2 を重ね合わせるとできあがるのが図 6-3 である．図 6-3 ではそれぞれの国の最小純収入制約と資本賦存量制約の二つの制約条件を

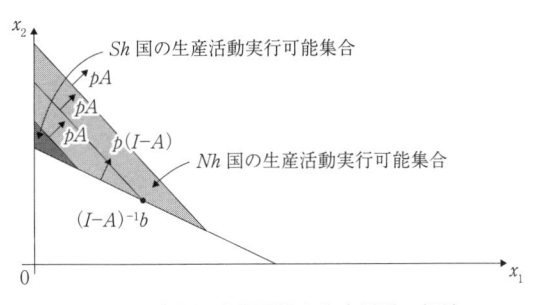

図 6-3　各国の実行可能な生産活動の領域

満たす実行可能生産活動の集合が描かれている．濃い射影領域がより貧しい Sh 国の集合であって，他方，薄い射影領域はより豊かな Nh 国の対応する集合である．図より明らかにより豊かな Nh 国の（生産の）機会集合の方がより貧しい Sh 国のそれより大きいことがわかる．

他方，各国に共通の厚生関数を表す無差別曲線を書き込んだのが図 6-4 である．各国共通の厚生関数は $1 - Lx^\nu$ だったので，それを表す無差別曲線とは結局，生産活動水準を表すこの非負 2 次元実数空間上で法線ベクトルを L とする直線として表現され，その無差別曲線は下方——ないしは南西方向——に位置すればするほど，より高い厚生水準を表すものと理解できる．

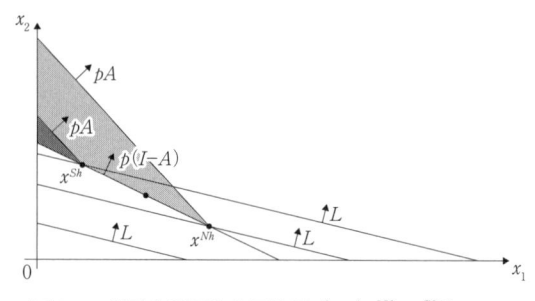

図 6-4　世界市場再生産可能解 $(p;(x^{Nh}, x^{Sh}))$

その結果，図 6-4 における点 x^{Sh} が，Sh 国がその二つの制約条件の下での厚生を最大にする最適生産活動ベクトルとなることがわかるであろう．同様に，図 6-4 における点 x^{Nh} が，Nh 国がその二つの制約条件の下での厚生を最大にする最適生産活動ベクトルとなる．このことは，均衡の条件（定義 4 (i)）が満たされていることを意味する．また，点 x^{Sh} と点 x^{Nh} とを結ぶ中点にちょうどベクトル $(I - A)^{-1} b$ を表す点が位置している．これは $(I - A)(x^{Nh} + x^{Sh}) = Nb$ の成立——ただし，ここでは $N = 2$ ——を意味し，均衡の条件（定義 4 (ii)）が満たされていることを意味する．ところで，ベクトル $(I - A)^{-1} b$ は同時にベクトル $\frac{1}{N} A^{-1} \overline{\omega}$ ——ただし，ここでは $N = 2$ ——に一致していた．したがって，点 x^{Sh} と点 x^{Nh} とを結ぶ中点にベクトル $\frac{1}{N} A^{-1} \overline{\omega}$ が位置しているということは，$A(x^{Nh} + x^{Sh}) = \overline{\omega}$ の成立——ただし，ここでは $N = 2$ ——を意味し，均衡の条件（定義 4 (iii)）が満たされていることを

意味する. 以上より, 図6-4は一つの貿易均衡状態を図示したものであると了解できるのである.

さて, この図を見ると, Nh国はこの国が消費する必要のある生存消費財ベクトルbを純産出するためにちょうど必要な生産活動ベクトル$(I-A)^{-1}b$に比べて財1の生産活動がより多く, かつ財2の生産活動がより少ないことが分かる. 同様に, Sh国はこの国が消費する必要のある生存消費財ベクトルbを純産出するためにちょうど必要な生産活動ベクトル$(I-A)^{-1}b$に比べて財1の生産活動がより少なく, かつ財2の生産活動がより多いことが分かる. このことは, $(I-A)x_1^{Nh} > b_1$かつ$(I-A)x_2^{Nh} < b_2$を意味し, 均衡においてNh国は$(I-A)x_1^{Nh} - b_1$だけの財1を輸出し, かつ$b_2 - (I-A)x_2^{Nh}$だけの財2を輸入していることを意味する. 同様に, Sh国は$(I-A)x_2^{Sh} - b_2$だけの財2を輸出し, かつ$b_1 - (I-A)x_1^{Sh}$だけの財1を輸入していることを意味する. 均衡であるということは, $(I-A)x_1^{Nh} - b_1 = b_1 - (I-A)x_1^{Sh}$であること, および$(I-A)x_2^{Sh} - b_2 = b_2 - (I-A)x_2^{Nh}$であることを意味する. ここで, 法線ベクトルを$pA$とする直線の方が法線ベクトルを$L$とする直線よりもその勾配が急であるということは, $\frac{pAe_1}{pAe_2} > \frac{L_1}{L_2}$であることを意味するので, 結局, 財1生産部門の方がより資本集約的であり, 財2生産部門の方がより労働集約的産業であることがわかる. したがって, Nh国のベクトルx^{Nh}の位置より, 自給自足経済であれば実行しなければならない生産活動$(I-A)^{-1}b$に比べて, この国はより資本集約的生産活動にシフトしていることがわかる. 同様にSh国はより労働集約的な生産活動にシフトしていることが分かる. つまり, 図6-4はより豊かなNh国がより資本集約的生産活動に不完全に特化することで資本集約的産業の生産物を輸出し, 他方, より貧しいSh国がより労働集約的生産活動に不完全に特化することで労働集約的産業の生産物を輸出していることを意味する. これが定理2が示していることである.

いわゆるヘクシャー=オリーン定理は, 新古典派的ヘクシャー=オリーン貿易モデルの想定の下で, より資本財が豊かに賦存している国では利子率が相対的に安くなるために, 費用最小化原理に基づく合理的選択として, より資本集約的産業に特化することを示す. また, 資本の貧しい国では相対的により労働賦存が豊かであることから賃金率が相対的に安くなるために, より労働集約的

産業に特化することが合理的選択となる,と示すことで国際分業生成のメカニズムを説明する.つまり,国際分業を生成するメカニズムは比較優位原理である.資本集約的産業によりシフトすることで資本財への需要が増えることが,豊かな国の利子率をより上昇させ——したがってこの国の資本集約的産業に対する比較優位さがより失われる——,労働集約的産業によりシフトすることで労働への需要が増えることが,貧しい国の賃金率をより上昇させる——したがってこの国の労働集約的産業に対する比較優位さがより失われる——ことから,結果的に均衡においては,生産要素の国際市場がないにもかかわらず,要素価格均等化が成立し,その時点でそれぞれの国はそれ以上のシフトを行う誘因を失う,というロジックになる.

　他方,同様のロジックで,われわれの定理2も,自由貿易の比較優位原理メカニズムの機能を説明する命題であると解釈できるとは限らない.財1産業が財2産業よりも資本集約度が高いのは,この均衡価格において,たまたまそうなったということであり,均衡にいたる以前の価格体系においては財2産業がより資本集約度が高かった可能性を許す.同様に,国の資本賦存量がより豊かなのはこの均衡価格においてそうなっているということであり,均衡にいたる以前の価格体系においては国の資本賦存の価値量が高く評価されている可能性を許す.したがって,比較優位原理に則って各国が相対的により豊かに所有する生産要素をより必要とするような産業にシフトするという国際分業メカニズムを媒介に,世界市場均衡が成立するというヘクシャー=オリーン定理の含意が必ず維持されているとはいいがたい.

4　自由貿易均衡における南北間搾取関係の原理的生成

　労働搾取の存在とは,一般に,非対称的な社会関係を媒介とする自由時間の配分に関する不均等な処遇の存在を含意する.同じ所得を得るために,ある主体はより多くの労働時間の提供が必要（⇔自由時間が少ない）であるのに対し,別の主体はより少ない労働時間の提供で十分（⇔自由時間が多い）という事態のシステマティックな生成が,労働搾取の存在の意味である.

　搾取の存在は,人々の善き生（well-being）に関する不均等の存在をも意味す

る．マルクスが繰り返し強調したように，生きていくための所得を稼ぐための必要労働時間から解放された自由時間は，人間にとっての創造的生の実現の源泉であり，したがって各主体の享受する所得と自由時間は彼の善き生（well-being）を評価する上で本質的な情報的基礎たりうる．

単なる所得等の不平等と労働搾取とは概念的にまったく異なる．所得一単位当たりの供給労働時間の不平等は，労働搾取の定義の必要条件であるが，それのみでは必要十分条件な定義とはいえない．なぜならば，離れ小島で互いに経済的交流のない経済主体間で，所得１単位当たりの供給労働時間の不平等が存在しても，それはある種の不平等の存在ではあっても，労働搾取の存在を意味しない．労働搾取は，生産活動を媒介に成立する社会的関係の性質に関する概念である（関係性の存在しない主体間について語ることは不可能な概念である）．

では，前節で定義し，議論した生存経済環境の下での労働搾取に関する数理的定義を与えることとしよう．

定義5 生存経済環境 $\langle \mathcal{N}, (A, L, b), \overline{\omega} \rangle$ において，世界市場再生産可能解 $\langle p^*; (w_t^{\nu *}, r_t^{\nu *})_{\nu \in \mathcal{N}}, (x_t^{*\nu})_{\nu \in \mathcal{N}} \rangle$ が成立しているとしよう．各国１人当たり国民が消費する生存消費財ベクトル b の純生産に要する社会的必要労働量は

$$\frac{1}{2} L \left(x^{*Nh} + x^{*Sh} \right) = \Lambda b = L [I - A]^{-1} b.$$

他方，各国 $\nu = Nh, Sh$ が，その１人当たり国民が消費する生存消費財ベクトルを購入可能とするだけの所得 $p^* b$ を稼得するために供給した労働量は $Lx^{*\nu}$ である．このとき，

$$\text{各国 } \nu \text{ は搾取国である} \iff Lx^{*\nu} < \Lambda b;$$
$$\text{各国 } \nu \text{ は被搾取国である} \iff Lx^{*\nu} > \Lambda b.$$

すなわち，生存消費財ベクトル b の純生産に要する社会的必要労働量よりもより多い労働供給を行う国――被搾取国――とより少ない労働供給を行う国――搾取国――とが存在することが搾取関係の存在を意味する．

労働搾取の形式的定義――数理的定式化――に関しては，さまざまな提案が

なされてきており，それ自体が大きな論争となってきた[10]．実際，労働搾取をどう数理的に定式化するかで，その概念を用いた経済システムの分析結果も変わってくる．したがって，この概念の定義の問題はきわめて重要なのであるが，幸いにして，本章が対象とするような経済モデルの下では，あらゆる主要な労働搾取の定義の提案いずれも，定義5の定式に還元される．すなわち，本章で考察する経済モデルのかぎりでは，労働搾取の妥当な定式化をめぐる論争問題からは独立して，以下の分析を進めることができるのである．

定義5を前提とするや，南北間で准ヘクシャー＝オリーン定理的な国際分業が生ずる状況であるならば，つねに南北間の搾取関係を見出すことができることを，以下の定理が示している．

定理3（生存経済環境における搾取関係生成定理） 生存経済環境 $\langle \mathcal{N}, (A, L, b), (\omega_0^{Nh}, \omega_0^{Sh}) \rangle$（ただし，$\omega_0^{Nh} + \omega_0^{Sh} = \overline{\omega}$）下において，不完全特化な世界市場再生産可能解 $\langle p^*; (w_t^*, r_t^*); (x_t^{*\nu})_{\nu \in \mathcal{N}} \rangle$ が成立しているとしよう．さらに，$\frac{p^* A e_1}{L_1} > \frac{p^* A e_2}{L_2}$ であるとしよう．このとき，もし $r_t^* > 0$ かつ $p^* \omega_t^{Nh} > p^* \omega_t^{Sh}$ ならば，より富の豊かな Nh 国が搾取者であり，より富の貧しい Sh 国が被搾取者である．逆に，$r_t^* = 0$ もしくは $p^* \omega_t^{Nh} = p^* \omega_t^{Sh}$ ならば，搾取関係は存在しない[11]．

定理3の成立は，先に見た図6-4および以下の**図6-5**より，確認できる．図6-4はこの定理3が想定する，$r_t^* > 0$ かつ $p^* \omega_t^{Nh} > p^* \omega_t^{Sh}$ の場合の不完全特化な世界市場再生産可能解を表している．図より明らかに Nh 国の労働供給 Lx^{Nh} は Sh 国の労働供給 Lx^{Sh} より少ない．いま，世界にはこの2国しか存在せず，かつこの均衡における総供給＝総需要の条件式 $(I - A)(x^{Nh} + x^{Sh}) = Nb$ より，生存消費財ベクトル b の純生産に要する社会的必要労働量 Λb は，$\Lambda b = L[I - A]^{-1} b = \frac{1}{N} L (x^{Nh} + x^{Sh})$（ただし $N = 2$）と表される．つまり，社会的必要労働量 Λb は，この貿易均衡配分における平均的労働供給量に一致している．したがって，図6-4より明らかに，$Lx_t^{*Nh} < \Lambda b < Lx_t^{*Sh}$ が成立している．これは，定義5より，より富の豊かな Nh 国が搾取者であり，より富の貧しい Sh 国が被搾取者であることを図示しているのである．

他方,$r=0$ かつ $p\omega^{Nh} > p\omega^{Sh}$ の場合の不完全特化な世界市場再生産可能解を表しているのが,以下の図 6-5 である.

図 6-5 では,Nh 国と Sh 国のそれぞれの最小純収入制約と資本賦存量制約

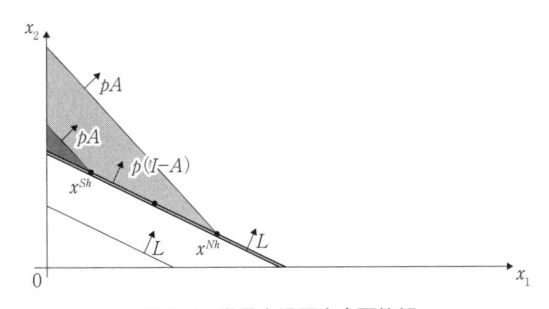

図 6-5　世界市場再生産可能解
$(p;(x^{Nh},x^{Sh}))$ ただし $p\omega^{Nh} > p\omega^{Sh}$ かつ利子率ゼロの場合

の二つの制約条件を満たす実行可能生産活動の集合は図 6-4 と同一のままである.しかし,いま,利子率 $r=0$ であるがゆえに,均衡における価格方程式は $p = pA + wL$ となる.これは図 6-5 における法線ベクトル $p(I-A)$ と法線ベクトル L とがスケールを別にすれば一致している状況として描かれている.この結果,$p(I-A)x^{Nh} = pb = p(I-A)x^{Sh}$ の直線と,それぞれの国の最適解における無差別曲線 Lx^{Nh} および Lx^{Sh} とが完全に一致してしまうことから,このような均衡状態では搾取関係は存在していないことを意味する.

最後に,$p\omega^{Nh} = p\omega^{Sh}$ の場合,その値は $\frac{1}{N}pA(x^{Nh}+x^{Sh})$ に一致するので,いずれの国もちょうど $L[I-A]^{-1}b$ だけ労働を供給して,純生産物 b を得るのが最適解となる.よってこの場合は,利子率がゼロであろうとなかろうとにかかわりなく,搾取関係は存在しないことが確認できるだろう.以上の議論より,定理 3 が成立することを確認できる.

上の定理において,**労働の不等価交換を表す不等式** $Lx_t^{*Nh} < \Lambda b < Lx_t^{*Sh}$ は,定義 5 の意味のみならず,より包括的な概念的定義を与えた定義 2 の観点からも,**労働搾取的関係の成立**を意味することを確認できる.生存経済環境下での世界市場再生産可能解では,Nh 国も Sh 国も生存消費財ベクトル b を購入可能な最小限の所得を得ている.しかしその所得を得るために投下している

労働量において格差があり，Nh 国は Sh 国よりも生存に必要な労働に拘束されない自由に処分できる時間をより多く享受できている．この現象は単なる富の不平等の問題ではない，搾取的社会関係の存在を意味する．

なぜならば，Nh 国のそのより多くの自由時間の享受は，Sh 国との交易的関係ゆえに可能となっているからである．Sh 国との交易関係がなく，閉鎖経済的に運営する場合には，いくら $\omega_t^{Nh} > A[I-A]^{-1}b$ だけの富をもっていても，$L[I-A]^{-1}b$ だけの労働時間を投下しなければならなくなる．Sh 国との交易による相互行為的生産関係があるゆえに，$Lx_t^{*Sh} - L[I-A]^{-1}b$ 分の労働の成果を Sh 国から領有することによって，Nh 国は $L[I-A]^{-1}b$ よりも少ない労働時間で生存可能性を確保できている．他方，Sh 国は Nh 国との取引関係の存在ゆえに，生存が可能となっている．この均衡価格体系の下で，Sh 国が Nh 国との取引関係から撤退しようと思っても，$p^*\omega_t^{Sh}$ の資本価値額では生存消費財ベクトルを自給自足的に生産することができない．その Nh 国に対する Sh 国の脆弱性を，Nh 国は利用することによって，Sh 国をして，自身の労働の成果の一部を Nh 国に提供するような資源配分に甘んじさせる市場取引が，システマティックに生成している．以上の議論は，第 2 節 (3) で紹介されたブローセリス (Vrousalis 2013) による定義 2 にまったく整合的である．

以上の議論はまた，労働搾取の問題といわゆる社会的排除などのような経済的抑圧の問題との違いを鮮明にする．後者の問題は，一部の社会的階層が労働市場から排除される等の問題を含むが，これらの経済的抑圧は，そうした被抑圧者の存在が抑圧者の経済的利益を直接的に改善しているという関係性は必ずしも存在しない．米国において，市場的経済社会に参入しない，ないしはそこから排除されたネイティブ・アメリカンは経済的に抑圧されているが，彼らは搾取されているわけではない．他方，労働搾取の場合，被抑圧者の存在ゆえに，抑圧者は経済的利益を享受できるという関係性が主要因にある．

5　結論

本章の第 3 節・第 4 節で検討したヘクシャー＝オリーン的自由貿易体制の下

では，自由貿易によって南北のいずれの国も何らかの経済的便益を得ているという「交易の利益」的性質，およびパレート効率的性質の実現については，明らかである．しかしながら，本章の定理3で紹介したように，自由貿易均衡下での国際的搾取関係の生成定理は，一方で交易を通じた国際分業の形成が，「交易の利益」の実現および経済的効率性の改善という光を意味すると同時に，生存のために必要不可欠な所得水準を得るために社会的・技術的に必要な労働時間を超えて「南」が働くことで，いわばその余剰的に働いた分の生産成果を「北」に無償奉仕するという意味合いを帯びる非対称的な経済取引の構造化でもあるという陰の部分を指摘するものである．換言すれば，経済的効率性という価値基準のみならず，別の評価基準で眺めれば，同じ自由貿易という経済行動に関してもまったく別の風景が見えてくることを指摘するものである．

　もっとも，伝統的な新古典派的貿易理論を支持する立場からすれば，なお，南北間のような富の格差のある国際間自由貿易が搾取関係として特徴づけられることに対して納得はしないであろう．そのことは，それらの論者が資本主義的な規範的価値体系を（暗黙裡に）前提しているならば，むしろ当然でありうる．資本主義社会経済システムの下では，市場における相互連関的経済取引に自由に関与し，そこから便益をうる自由を享受するという「市場への参加権」に関して，原則的にすべての経済主体に平等に開かれている．その「市場への参加権」に関して，主体にともなうさまざまな属性（国籍・性別・身分・出身家計階層・エスニシティ）による差別的取扱いはあってはならない，というのが資本主義における（市場契約論的）規範的価値体系である．したがって，貧しい「南」であっても市場に参加し，「北」との取引を行うことで便益を享受する権利を有するというのが，完全競争的市場の理念像である．その市場への参加の権利と自由が保障され，競争的市場のルールに従って交易が行われるかぎり，不正義の対象として批判されるべき要素は何もない．それが，資本主義における規範的価値体系である．

　他方，マルクス派は，「市場への参加権」に関する経済主体の対称性の保証のみでは，規範的正当性として不十分と考える立場にある．「市場への参加」に関して無差別的に保証されていても，参加によって市場における相互連関的な経済的意思決定のプロセスにおいて効力（effective power）を行使しえない

主体の存在・ないしは決定力 (decisive power) に関して非対称性の存在が見出されるならば，そのような社会経済的意思決定メカニズムは妥当とはみなせない，と評価するものである．本章で展開した生存経済環境下での南北間自由貿易の例で考えるならば，北との交易を断行されれば生存の脆弱性にさらされる南と，「南」との交易なしでの自給自足的経済運営でも生存が可能なくらいに十分に豊かな北との市場的取引交渉の場というものは，均等・対称的な決定力が行使されるプロセスとはならず，完全競争市場的とはいえ，結果的に南は北よりも 1 単位所得当たりより多くの労働の提供という資源配分に甘んぜざるをえない．そして南が北よりもより多くの労働を提供するがゆえに，北はより少ない労働であっても生存に必要な所得を確保できる，という構造が生ずるのである．

この構造において，南が北との交易をすることでしないよりは得をするのは当たり前であって，さもなくば，そもそも南はわざわざ北との交易に応じないだろう．しかし，南にとって，北との交易をする方が，しないよりもマシであり続けるギリギリのラインまで，北は南の剰余的な労働の供給による「レント」を抽出・取得することができるだろう．これが「搾取関係の生成」ということの意味である．なぜそういう非対称的決定力をともなう経済的意思決定プロセスが生ずるかといえば，本章でのモデル設定の下では，初期賦存としての富の所有量が違うからであり，南は自給自足では生存不十分なほどに貧しい富しか有さないからである．

しかしこのことは，搾取問題を単なる富の不平等問題に還元できるとみなすべきことを意味しない．富の不均等分布を媒介とする非対称的な意思決定力の構造こそが，グローバル不正義と同定される対象なのであり，そのような構造メカニズムの作用の結果としての労働の不均等交換こそが批判されるに値するのである．

注
(1) 国際的不等価交換論をめぐる論争を，新古典派の側から整理し再考した近年の研究と

しては，山崎 2007 を参照のこと．
（2）ここでは，賃金前払いモデルで考察することにしよう．すると自由貿易均衡価格体系は以下の方程式体系で定義される．

$$p_1 = (1+\pi)[pA_1 + w^N L_1] \quad ただし \ w^N = pb^N;$$
$$p_2 = (1+\pi)[pA_2 + w^S L_2] \quad ただし \ w^S = pb^S.$$

ここで，A_i は第 i 財産出 1 単位に要する投入財量のリストを表す 2×1 列ベクトル，L_i は第 i 財産出 1 単位に要する労働投入量を表すスカラー，p は各財の市場価格を表す 1×2 行ベクトル，そして b^ν $(\nu = N, S)$ は ν 国の実質賃金水準を表す 2×1 列ベクトルである．また，財 1 は製造業生産物，財 2 は農産物を表し，中心国（N）と周辺国（S）との間の制度的に決定された実質賃金格差は，$b^N > b^S$ によって表される．この方程式体系は中心国 N が産業 1 に完全特化し，周辺国 S が産業 2 に完全特化している状況を前提している．この価格方程式は以下のように書き換えることができる．

$$p = (1+\pi)pM$$
$$ただし \ M \equiv [A_1, A_2] + [b^N L_1, b^S L_2]$$

これは通常の連立 1 次方程式の解として，$p > \mathbf{0}$ の存在を解くことができることを意味する．

（3）戦後の米国を世界の覇権国家とする先進欧米資本主義諸国と低開発・旧植民地諸国との間の従来の中心－周辺的支配－従属構造は，第 1 次石油ショックやベトナム戦争での米国の敗北などを契機に，変更を余儀なくされ，代わって編成されてきた金融革命を媒介にする経済グローバリゼーションは，周辺諸国を低開発のままにとどめるような交易関係ではなく，むしろ先進諸国での利潤率低下傾向や資本過剰を解消すべく新たな経済開発を目的とした資本の投資先として位置づけるものである，といってよい．詳しくは Arrighi 1994，および水野 2011 を参照のこと．

（4）注 2 で論じたように，エマニュエル理論における貿易均衡価格体系は

$$p = (1+\pi)pM$$
$$ただし \ M \equiv [A_1, A_2] + [b^N L_1, b^S L_2]$$

であった．他方，周辺国が仮に自給自足体制下で経済活動を行う場合の国内均衡価格体系は

$$p^S = (1+\pi^S)p^S M^S$$
$$ただし \ M^S \equiv [A_1, A_2] + [b^S L_1, b^S L_2]$$

である．ここで $b^N > b^S$ であることより，投入産出行列 $[A_1, A_2]$ の分解不可能性を仮定すれば，$\pi^S > \pi$ となることが，ペロン＝フロベニウス定理より知られている．周辺国の労働者の実質賃金ベクトルは自給自足の下でも自由貿易体制下でも慣習的に b^S と不変のままである一方，貨幣資本 1 単位当たりの利潤収入は，π^S から π へと減

少する．このことは，自由貿易体制下における周辺国の国民所得はむしろ，自給自足体制下で達成しうる国民所得水準よりも低くなることを意味する．
(5) 譲渡可能な資産とは，いわゆる金融資産や物的資本財などをさす．他方，譲渡不可能な資産とは，個人に内在する才能（talent）やスキルのことをさす．
(6) 詳細は，吉原 2008；吉原 2014 を参照のこと．
(7) 内的資源とは，個人に内在する才能や労働スキル等をさす．対照的に，それ以外の譲渡可能な資源を外的資源（external resources）と呼ぶこともある．この概念の詳細については Cohen 1995 を参照のこと．
(8) 証明については，吉原 2014 および Yoshihara and Kaneko 2014 を参照のこと．
(9) 証明については，吉原 2014 および Yoshihara and Kaneko 2014 を参照のこと．
(10) 労働搾取の妥当な定義をめぐる論争問題に関しては，吉原 2013；吉原 2014，Yoshihara 2010, Yoshihara and Veneziani 2009, および Veneziani and Yoshihara 2014 などを参照せよ．
(11) 証明については，吉原 2014 および Yoshihara and Kaneko 2014 を参照のこと．

参考文献

Arneson, R., 1989, "Equality and Equal Opportunity for Welfare," *Philosophical Studies* 56: 77-93.

Arrighi, G., 1994, *The Long Twentieth Century: Money, Power and the Origins of Our Times*, Verso（＝土佐弘之監訳 2009『長い 20 世紀――資本，権力，そして現代の系譜』作品社）．

Cohen, G. A., 1989, "On the Currency of Egalitarian Justice," *Ethics* 99: 906-944.

――, 1995, *Self-ownership, Freedom and Equality*, Cambridge: Cambridge University Press.

Dworkin, R., 1981, "What is Equality? Part 2: Equality of Resources," *Philosophy and Public Affairs* 10: 283-345.

Emmanuel, A., 1972, *Unequal Exchange*, New York: Monthly Review Press.

Morishima, M., 1973, *Marx's Economics*, Cambridge: Cambridge University Press.

――, 1974, "Marx in the Light of Modern Economic Theory," *Econometrica* 42: 611-632.

Okishio, N., 1963, "A mathematical note on Marxian theorems," *Weltwirtschaftliches Archiv* 91: 287-299.

Roemer, J. E., 1982, *A General Theory of Exploitation and Class*, Cambridge, Mass.: Harvard University Press.

――, 1994, *Egalitarian Perspectives: Essays in Philosophical Economics*, Cambridge: Cambridge University Press.

――, 1998, *Eqality of Opportunity*, Cambridge: Harvard University Press.

Samuelson, P., 1976, "Illiogic of Neo-Marxian Doctrine of Unequal Ex.change," in D. A. Belsley et al. eds., *Inflation, Trade and Taxes: Essays in Honour of Alice Bourneuf*,

Columbus: Ohio State University Press.
Veneziani, R. and N. Yoshihara, 2014, "Exploitation in Economies with Heterogeneous Preferences, Skills and Assets: An Axiomatic Approach," *Journal of Theoretical Politics*, doi: 10.1177/0951629814538911.
Vrousalis, N., 2013, "Exploitation, Vulnerability, and Social Domination," *Philosophy and Public Affairs* 41: 131-157.
Wright, E.O., 2000, "Class, Exploitation, and Economic Rents: Reflections on Sorensen's 'Sounder Basis'," *The American Journal of Sociology* 105: 1559-1571.
Yoshihara, N., 2010, "Class and Exploitation in General Convex Cone Economies," *Journal of Economic Behavior and Organization* 75: 281-296.
Yoshihara, N. and S. Kaneko, 2014, "On the Existence and Characterizations of Unequal Exchange in the Free Trade Equilibrium under Heckscher-Ohlin International Economies," *mimeo*, The Institute of Economic Research, Hitotsubashi University.
Yoshihara, N. and R. Veneziani, 2009, "Exploitation as the Unequal Exchange of Labour:An Axiomatic Approach," IER Discussion Paper Series A. No. 524, The Institute of Economic Research, Hitotsubashi University.
マルクス，カール（岡崎次郎・時永淑訳）1970『剰余価値学説史（Ⅲ）』大月書店.
水野和雄 2011『終わりなき危機 君はグローバリゼーションの真実を見たか』日本経済新聞出版社.
山崎好裕 2007「国際的不等価交換の論理」『福岡大学経済学論叢』52 巻 1・2 号 13-29 頁.
吉原直毅 2008『労働搾取の厚生理論序説』岩波書店.
――，2013「資本主義分析の基礎理論研究の現状及び『新しい福祉社会』モデルの探求」『比較経済研究』50 巻 2 号 17-33 頁.
――，2014「マルクス的経済理論における置塩（1963）以降の進展――搾取理論の場合――」『季刊経済理論』50 巻 4 号 16-41 頁.

Comment
搾取理論に基づくグローバル正義観の刷新

松元雅和

　第6章（吉原論文）では，自由貿易原理に基づく議論では扱いきれない不正義が論じられていました．自由貿易であれば，国際分業が促進されるとともに，経済的効率性が改善され，それは誰にとっての利益にもなると考えられます．強制ではなく自発性に基づく市場取引においては，基本的にプラスサムの関係が想定されます．このように買い手売り手のどちらも得になる，すなわちそこに不正義はないというのが，自由市場経済のモデルです．それに対して本論文は，たとえ自由貿易下でも，たとえ合理的な国際分業が進んでも，北側諸国と南側諸国の間である種の搾取関係，すなわち不正義の関係が生じることを，マルクス主義のさまざまな理論的概念やフレームワークを使って展開し，数理経済学的に論証しています．自由市場下における経済主体の間に生じうるある種の不正義と，そのロジックを解明しており，いわゆる市場万能主義に警鐘を鳴らす点できわめて有益でした．

　従来のグローバルな分配的正義論では，さまざまな根拠に基づいて，グローバル社会のなかにも不正義があることが指摘されてきました．たとえば，チャールズ・ベイツのように道徳的恣意性に関するロールズのアイディアを拡張する，つまり資源が豊かな国，豊かでない国，あるいは経済規模が大きい国，小さい国，そのどこの国に生まれるかは道徳的に恣意的で根拠がないとして，グローバルな格差に不正義を見出す議論もあります．あるいはトマス・ポッゲの議論では，グローバルな制度編成を通じて北側諸国は南側諸国にある種の危害を加えている，危害は不正である，だからグローバルな南北関係のなかには不正義が含まれるとされます．他に，チャールズ・ジョーンズは基本的人権の観点から絶対的貧困の問題を取り上げます．絶対的貧困それ自体が，侵してはならない人権を侵すものであって，その存在自体が改善を要求するとしています．

吉原論文でも，国際社会には何らかの不正義があると明快に説かれています．さまざまな論者が指摘するように，だからこそグローバル正義論が要請されるわけですが，吉原論文は，グローバルな不正義，国際社会の不正義の存在とあり方を，経済主体間の特殊な経済関係と見ます．しかも，それをマルクス主義概念の「搾取」としている点で，従来の分配的正義論とは一線を画しています．これまでのグローバル正義論が，国内の分配的正義論の拡張版・応用版として展開されてきたとすれば，まったく異なる視点から，分配の問題ではなく搾取の問題として不正義を特定する試みとなっています．

　とくに興味深いと思ったのは，意思決定や権力をグローバルに存在する不正義の中心に据えている点です．ここで，搾取とは「経済的意思決定における非対称的な権力（power）関係」とされています（143頁）．つまり，意思決定や権力の次元で不正義が生じている．私の専門は政治学ですが，意思決定や権力といった概念は従来，政治学が得意な分析対象としてきたものです．それに比べて，伝統的な正義論のフレームワークは，必ずしもこうした次元を中心にしてきたわけではありません．むしろ伝統的な正義論のフレームワークは，グローバル正義論であっても，政治学というよりは倫理学や経済学，あるいは法学の理論的語彙と相性がよいものとなっています．たとえば義務論と帰結主義，分配の公正，効用と権利などです．こういった概念を用いながら，正義論は展開されてきました．

　そういった従来の正義論に比べると，吉原論文は，権力関係という，従来政治学が対象としてきた，かなり特定の，あえていえば政治的な人間関係，誰かが別の誰かに言うことをきかせるという現象にこそ不正義の存在を認め，同定しています．そういう正義論のあり方は，政治学にとって大変参考になるものでした．搾取論もその一つですが，グローバル正義論の文脈を離れて，ある種の政治学固有の正義論の可能性を見せてくれているのではないかと思います．

　付言すると，現代政治哲学の分配的正義論のなかにも，そういったモーメントは，主流ではないものの，含まれています．森村論文にもありましたが，関係的平等主義という考え方があります（123頁）．関係的平等主義は平等論の一種として捉えられますが，それは，吉原論文が展開する「権力」という特殊な人間関係に焦点をあてるような正義論に踏みこんでいるといえます．

一方で，これまではロールズ，ドゥオーキンら従来の正義論で扱われていたのが分配的平等論だったため，分配の公正性や測定基準などを同定することが，正義論の主たる焦点だと捉えられてきました．他方で，たとえばマイケル・ウォルツァーの『正義の領分』(*Spheres of Justice*) は，以上の論者とは異なる平等論の次元を指し示しています．この立場は，私の見立てではその後，アイリス・マリオン・ヤング，デイヴィッド・ミラーの正義論，エリザベス・アンダーソンの平等論へと続いています．こうした論者は，分配的平等論とは異なる社会関係的な次元に平等の本質を見ようとします．

　そうした関係的平等論の系譜が政治哲学にもあり，かれらは，ここで吉原論文が問題にしている人間の「支配」や「抑圧」の関係性――それはグローバル社会においては北と南というかたちで現れますが――，もっと一般化すれば人間の間で現れる支配や抑圧の関係性に不正義の起源を求めるという点で相通じる部分があり，今後のグローバル正義論に対する有益な論点を提供しているといえます．

第7章 「食」とグローバルな正義

伊藤恭彦

1 はじめに

　本書全体でも示されているように，グローバルな正義に対する世界的な関心が高まっている．一社会内部にのみ妥当する規範ではなく，国境を越えて妥当する規範として正義を構想しようとする知的な営みは非常にスリリングなものである．現在も次々と新しいグローバルな正義の構想が提出され，世界的な議論が深まっている．そもそも，グローバルな正義に対するこうした関心の出発点は，世界に偏在する飢餓，貧困，そして地球上に存在する巨大な格差である．ピーター・シンガーの言葉を借りれば「食料，住居，保健医療の欠如から生じる飢餓と死は悪いことである」(Singer 1972: 231) という認識である．

　貧困と格差は人類の歴史とともに古いといえるかもしれない．そしてどの時代や社会においても，貧困者に対する救済倫理が語られてきた．その意味で現代の貧困と格差に対する関心は，過去の救済倫理の延長線上にあるともいえる．しかし，グローバルな正義という規範が立ち上がった際の関心は，過去の倫理的関心の単純な延長ではない．今日の関心はグローバリゼーションという現象のなかでの飢餓と貧困問題にある．グローバリゼーションによって世界市場が形成され，この市場を媒介にして，世界中の人々の生産，消費，生活が結びつけられ始めたのである．この結びつきのなかで，ある人々は非常に豊かであり，別の人々は非常に貧しく，生死の境をさまよっている．このような非対称的関係は正しいのだろうか．さらに豊かな人々は国境の向こう側にいる人々の惨状に対して何らかの責任を負っているのではないだろうか[1]．現代のグローバルな正義論興隆の背後にあるのは，こういった問いかけである．

本章ではグローバルな正義を「食」という観点から考察していきたい．分配的正義の言葉を使えば，食料の分配，とりわけグローバルな食料の分配を正義という観点から考察していくことにする．食料という特殊であるが，人間にとって不可欠の財に着目する理由は以下の点にある．

第一は飢餓と貧困が端的に食料の問題であるからである．世界の貧困地帯では，食料不足による栄養摂取不良から，健康破壊，各種の疾患，そして早すぎる死が蔓延している[2]．1人の人間が生きていくのに必要なカロリーは1日約2200キロカロリーである．アメリカ合衆国では1人平均4000キロカロリー近く，日本でも1人平均3000キロカロリー近くを摂取している．これに対して，コンゴやソマリアといった貧困国では1500キロカロリー程度しか摂取できていない．

第二は，今示した摂取カロリーの違いからもうかがえるように，地球上の食料分配がきわめて歪だからである．現在，世界では約130億人が十分な栄養を摂取できる量の穀物が生産されている．にもかかわらず，約10億もの人々が飢餓または慢性的栄養失調の状態におかれている．食料の歪な分配は，地球上の格差を端的に示しているといえる．

第三は食料の分配を通して，国境を越える関係を考察してみると，世界の食料分配をコントロールしている制度が，重層的な加害構造をもっていることがわかってくるからだ．130億人分の食料が生産されているにもかかわらず，富裕国が大量の食料を手にし，貧困国が生存に必要な食料を手に入れることができないという事実を，直感的であれ不正なことと考える人は多いだろう．ここからさらに一歩進んで，この事態は富裕国による貧困国への加害だと主張する人もいるかもしれない．後述するように，この主張は必ずしも間違いではない．しかし，以下で検討するように，食料問題は富裕国が食料の分配制度を媒介にして貧困国の人々に害を加えているだけでなく，この加害を通して富裕国の人々自身も大きな不利益（場合によっては加害）を被っているのである．

以下では食料という特殊な財に着目して国境を越えるグローバルな正義について検討を進めたい．この検討では，食料がもつ栄養供給財としての側面と商品としての側面のみが取り扱われる．言うまでもなく食料は栄養供給財や商品以外の側面をもっている．たとえば，それは人と人との関係をとりもつ社会的

財(饗宴や一家の団らんに不可欠な財)でもあるし,また神と人間とを結びつける宗教的な財でもある.さらには食文化という言葉があるように,食は文化そのものでもある.本章ではこうした側面にはあまり配慮しないで食料の分配という点で議論を進めたい.

2 グローバル・フードシステム

(1) 食の工業化とフードシステム

　資本主義経済は生産と消費の分裂を推し進める.食料についても例外ではない.食料の生産者と食料の消費者は異なる人間であるし,両者は地理的にも遠く離れている場合がほとんどである.資本主義経済の発展とともに,この分裂はさらに深まっていく.現在,食料は「フードシステム」と呼ばれる巨大な生産,加工,流通のメカニズムを通して消費者に供給されている.フードシステムは農業,漁業,畜産業といった生産者を上流に,流通業と加工業を中流に,小売りを下流にする巨大な河川に喩えられることが多い(高橋 2005).食料がフードシステムというメカニズムによって供給されることは,何も現代資本主義経済に限らない.ある種のフードシステムは大昔から存在していたといってよい.しかし,第二次世界大戦後に形成された富裕国の現代フードシステムは,いままで人類がもっていたシステムとはまったく質を異にする.その違いとは現代フードシステムが「食の工業化(食料生産の第二次産業化)」をともなっている点にある.

　「食の工業化」が富裕国で進展した経緯を家庭における食事の変化を通して簡単に振り返っておこう.かつて人間の食事は圧倒的に「内食」であった.毎日の食事を,家族の誰かが家庭で調理し,家庭で食べていた.食材の購入はフードシステムによって支えられていたが,調理は家庭で行われていた.第二次世界大戦後,とくに経済成長のなかで「外食」が登場した.「外食」は家族外の人が調理し,家庭の外で食べるもので,月に一度は家族で「外食」するというのが,豊かさのシンボルであった時代もあった.さらに近年,急速に拡大しているのが「中食」である.これは家族外の人が調理したものを家庭で食べるやり方である.ファストフード店でテイクアウトして,家庭で食べるのは「中食」

の典型だが，夕食の副菜をスーパーの総菜コーナーで購入するのも「中食」の事例だといえる．電子レンジで温めるだけで食べることができる冷凍食品などは，かぎりなく「中食」に近い「内食」である．長引く不況のなか，日本では外食産業市場はやや縮小したが，中食市場は順調に拡大している．

　「中食」の登場の背後には，現代人のライフスタイルの変化から生まれる「孤食」「個食」「別食」の増加がある．単身者が自宅において一人でとる食事を「孤食」，家族の食事時間が異なるため，家族がバラバラの時間にとる食事を「個食」，家族のメンバーごとにメニューの異なる食事を「別食」と呼ぶ．このような食の個人化傾向とかつて家庭で調理を担っていた女性の社会進出により，いまや調理は家庭外のシステムに大きく依存することとなった．

　「中食」を支えているのが食品産業である．食料はそもそも価格弾力性が低く，さらに人間の消化能力には限界があるために，市場規模には自ずと限界がある．しかし「中食」の広がりによって食品産業は急成長することになる．調理の簡単さ，おいしさ，さらには栄養などの付加価値をつけることで，食品産業は市場規模を拡大することに成功する．食品産業は食料をある種の工業的メカニズムで生産している．誰にでも好まれる味や保存期間の延長は，工業的，科学的技術を食料生産に応用した結果生まれたものである．これを「食の工業化」と呼ぶ．

　食の工業化をマイケル・ポーランは「レトルト食品や冷凍食品など加工度の高い食品や精製された穀物．巨大な単栽培で，化学物質を使用して植物・動物を促成栽培（飼育）する．近代農業によって生産された砂糖や脂肪など，安価なカロリーの大量生産．生物学的多様な人間の食生活を，ほんのひと握りの主要農産物，とりわけ小麦，コーン，大豆などに狭めてしまうこと」（Pollan 2006: 10 = 2009: 28-29）と批判的に定義している．周知のように工業的に生産される食品には多種多様な食品添加物が使用されている．食品添加物の安全性についてはさまざまな議論がされてきたが，ここでは1点だけ確認しておきたい．それは食品添加物の生産にトウモロコシをはじめとした膨大な穀物が使われていることである．たとえばトウモロコシからはクエン酸，乳酸，グルコース，果糖，マルトデキスタリン，エタノール，ソルビトール，マンニトール，キサンタンガム，加工デンプン，デキストリン，シクロデキスタリン，グルタ

ミン酸ナトリウムなどが作られる（Pollan 2006）.

さらに食の工業化を重要な構成要素としたフードシステムは，現在，グローバルに連結し始めている．とくに富裕国の食料は世界各地から農作物を買い集めるアグリビジネス，大手食品メーカー，メガ小売店とスーパーマーケット・チェーンから構成される，グローバル・フードシステムによって食料供給がされている．グローバル・フードシステムが大量の食品を供給することによって，富裕国の小売店には選択に困るほど多種多様な食材が並び，それにより富裕国の豊かな食が可能になっているのである．

(2) グローバル・フードシステムの陰

グローバル・フードシステムは少なくとも富裕国には非常に豊かな食料を供給している．しかし，あまりによく知られたことだが，このシステムはきわめて大きな問題を抱えている．ここでは2点指摘したい．

第一はグローバル・フードシステムが富裕国に豊かな食を提供する裏側には，貧困国の食料不足があるという点だ．先に述べたように，現在，地球上では130億人分の穀物が生産されている．にもかかわらず，約10億人が慢性栄養不足状態におかれている．世界的に見れば穀物は過剰生産状態にあるなかで，食料不足が起こる理由は多数ある．ここで注目したいのは，富裕国の豊かな食を支えるために非常に多くの穀物が消費されていることである．富裕国の豊かな食の中核は肉食である．豊かさの拡大は肉食の拡大とパラレルな現象だといえる．大量の穀物消費によって，拡大する肉食は支えられている．牛肉1キログラムを生産するのに約10キログラム，豚肉1キログラムを生産するのに約6キログラムの穀物，鶏肉1キログラムを生産するのに約2キログラムの穀物が飼料として使われている．そして，大量の肉消費に対応するために，精肉は工場畜産といわれる体制のなかで生産されている[3]．シンガーのいう「逆向きのタンパク工場」（Singer 1975）が富裕国の豊かな食を支えると同時に，世界的な穀物の流れを支配している．さらに食の工業化は食品添加物生産のためにも穀物を消費している．穀物を大量に消費して生産された食品の多くは，食されることなく廃棄されていく．富裕国に豊かな食を提供しているグローバル・フードシステムは貧困国や途上国から食料を収奪するシステムだともいえ

る．

　第二はグローバル・フードシステムが富裕国に提供している食が，じつは富裕国の人々にも危害を加えている点だ．富裕国の市民の少なくない人々が，今日，いわゆる「生活習慣病」[4]に苦しんでいる．たとえば2007年糖尿病の患者数を世界の地域別に見ておこう．北米では2830万人，欧州では5320万人，東南アジアでは4650万人，中東では2450万人である．日本でも約250万人の患者数である．「生活習慣病」の原因が食生活だけにあるわけではない．ただ食生活については動物性蛋白質の過剰摂取が，糖尿病など生活習慣病発症の原因の一つとして指摘されてきている．グローバル・フードシステムは世界の穀物を富裕国の豊かな食生産に振り向けながら，安価な食肉を提供している．これにより肉の過剰摂取が起こり，それは結果的に富裕国の人々の健康を脅かしている．「生活習慣病」といった疾患にならなくとも，富裕国では「太りすぎ」が社会問題にもなっている．「太りすぎ」はさまざまな疾患の潜在的要因と考えられている．この問題について，マリオン・ネスレは「人々が豊かになると「食の移行（nutrition transition）」が始まるということである．人々は伝統的な植物中心の食生活をやめ，より肉類，脂肪，加工商品を食べるようになる．その結果，肥満とそれに関連する慢性的な疾患の急速な増加である」（Nestle 2002: 16 = 2005: 18）[5]．

　グローバル・フードシステムは，貧困国から穀物を収奪し，富裕国に「豊かな」食を提供しているが，その「豊かな」食自体にも問題があり，結果的に富裕国の人々の健康をも傷つけているのである．この点をラジ・パテルは以下のように的確に指摘している．

　　これまでになく大量の食料が生産されるようになった現代において，世界人口の8人に1人が飢えている．この8億人が飢えているという現実は，その人口を上回る10億もの人々が太りすぎているという，歴史上初めて生じた現象と同時に発生している．……世界で生じている"飢餓"と"貧困"は，同一の問題から派生している現象である．飢餓を撲滅することは，じつは蔓延する糖尿病や心臓病を予防することにつながり，同時に，さまざまな環境と社会の問題を解決することにも寄与する．太りすぎの人々と

食料不足の人々は，農地から食卓に食料を届けているフードシステムを通じてつながっている．食料を販売している企業は，利潤追求という動機にもとづいて，私たちが何を食べるのかを決定し，制約し，私たちの食に対する考え方に影響を与えている．(Patel 2007: 1 = 2010: 20)

この点を別のデータからも確認しておきたい．表7-1は，人間の死に関わる条件を富裕国と貧困国について10位まで表示したものである (Kerbo 2006)．貧困国では食料不足とそれにともなう栄養不足が死亡につながる条件となっているのに対して，富裕国では嗜好品，食べ過ぎ，運動不足が死亡につながる条件となっている．概略的にいえば，富裕国では飽食によって，貧困国では食料不足によって人々が死んでいくのである．パテルはこれらが二つのかけ離れた現象ではなく，グローバル・フードシステムによって結びついた一つの現象として捉えるべきだと主張しているわけだ．図7-1に整理したように，現代のグローバル・フードシステムは，貧困国のみならず富裕国の人々を不幸にするシステムなのである[6]．

表 7-1 死亡に関わる条件比較

	貧困国	富裕国
1	食料不足	喫煙
2	危険な性行為	高血圧
3	危険な水，浄水の欠如	アルコール摂取
4	屋内固形燃料の使用	高コレステロール
5	亜鉛不足	太りすぎ
6	鉄不足	野菜・果物摂取不足
7	ビタミンA不足	運動不足
8	高血圧	不適切な薬物摂取
9	喫煙	危険な性行為
10	高コレステロール	鉄不足

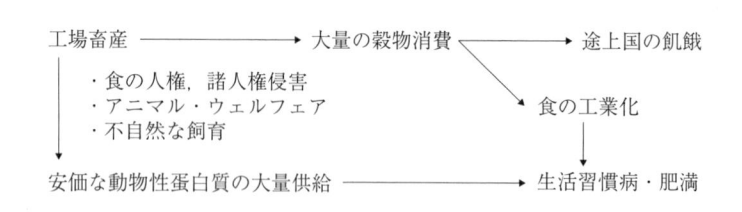

```
工場畜産 ─────────→ 大量の穀物消費 ─────→ 途上国の飢餓
  │ ・食の人権，諸人権侵害              ↓
  │ ・アニマル・ウェルフェア          食の工業化
  │ ・不自然な飼育
  ↓
安価な動物性蛋白質の大量供給 ─────────→ 生活習慣病・肥満
```

図 7-1　グローバル・フードシステムの問題点

3　グローバル・フードシステムと正義

(1) 適切な食への人権

　パテルの理解に従えば，グローバル・フードシステムは貧困者に危害を加えながら，富裕者にも不利益を与えるシステムなのである．この理解はフードシステムが「構造的暴力」と呼んでもよい特徴をもっていることを示した点で特筆に値する．貧困国と富裕国を巻き込む食の問題が地球的な広がりをみせるなかで，食料問題をグローバルに規制するための規範も構想され，一部は国際機関の政策にも盛り込まれている．その規範は「適切な食への人権 (the human rights to adequate food)」と呼ばれている．1996 年に開催された世界食料サミットでの宣言（ローマ宣言）において，この権利は初めて明確に定式化された．宣言では「すべての人は適切な食への権利および飢餓から免れる権利とともに，安全で栄養のある食料を手に入れることができる権利をもつ」と述べられていた．

　「適切な食への人権」に関する国際的な議論をリードしているジョージ・ケントは，この権利を以下のように解説している．

　　適切な食への人権はかなり広い概念である．それは貧しい国だけでなく豊かな国にも適用される．豊かな国で暮らす貧しい人だけでなく中間層と富裕層にもこの権利は関連している．さらにこの権利は貧しい人々の飢えだけでなく，中間，上層階層の人々の食事が肥満，心臓疾患，癌，その他の食料に関連した疾患を引き起こすことにも配慮している．適切な食の権利

は学校給食と監獄食にも関係している．鉄不足による貧血，ヨウ素不足，ビタミンA不足といった微量栄養素の管理を主導するのは，豊かな国であれ貧しい国であれ，人権アプローチである．安全な飲料水は人間の食事に不可欠であるが，それも適切な食の権利の一部と見なされなくてはならない．食品の安全も適切な食の権利の本質的要素である．(Kent 2005: 2)

「適切な食への人権」は貧困国と途上国の飢餓のみならず先進国の健康破壊をも視野に入れた権利である．簡単にいえば地球上の誰もが安全で栄養のある食料を入手できる権利が「適切な食への人権」なのである．この権利からすれば，現在，貧困国で起こっている飢餓と栄養不足は深刻な権利侵害となる．のみならず富裕国で起こっている食料を原因とする健康被害や安全とはいえない食品の流通も権利侵害となる．つまり「適切な食への人権」は貧困国の食料不足のみならず，それと表裏の関係になっている富裕国の飽食をも統一的に捉える規範であり，本章のグローバル・フードシステムが貧困者に危害を加えながら，富裕者にも不利益を与えるシステムという事態に対応した規範だといえる．

ケントは「適切な食への人権」についてとくに二つのことを強調している．一つはこの権利が単なる生物的ニーズに対応した権利ではないということだ．「飼育場で飼われている動物としてではなく，尊厳をもった人間として処遇される」(Kent 2005: 46) ことを，この権利は要求している．たとえば，飢餓状態にある人々にどんなに栄養価が高いからといっても，その人々が宗教上の禁忌としている「食」を提供してはならないのである．単に生命を維持するための食ではなく，尊厳をもった人間の生のための食が保障されなければならない．

もう一つはこの権利が人間の力量に関わる規範であるという点である．食料があればそれで良いということではなく，みずからの力で食料にアクセスできることをこの権利は重視している[7]．受動的な食料の受け取り手や消費者ではなく，自活しみずからの力で食料を獲得する主体であることが望ましいのである．この権利は，たとえば次のようなことを求める．貧困地帯や飢餓地帯に対して緊急援助として食料を提供することは必要なことである．しかし，彼女ら／彼らを受動的な被援助者に固定しないようにしなくてはならない．尊厳をもった主体としてみずからの力で食料を獲得していくことが重視されねばなら

ない. そのような力量形成を可能とする条件整備をこの権利を求める. したがって, 政府は人々が行っている食料調達活動を, 問題がない場合には尊重し, 問題がある場合には保護し, 問題を解決するための策を促進し, 食料が不足した場合には提供するという, 「尊重」「保護」「促進」「提供」という役割を果たすことが期待される.

このように「適切な食への人権」は, 一方での極端な食料不足, 他方での極端な飽食という現代のグローバル・フードシステムが抱える問題点に対応した規範であるといえる. グローバルな正義論は, 貧困の解消をめざすことを課題とし, 国境を越えるすべての人々の生存権を保障することを一つの狙いとしている. 「適切な食への人権」は, 第1章 (宇佐美) で検討されたグローバルな生存権をより具体化した規範なのである[8].

パテルが主張するように貧困国と富裕国はグローバル・フードシステムを介してつながっており, その点で「適切な食への人権」は, 貧困国にも富裕国にも危害を与えるグローバル・フードシステムを規制するための規範としては有効であるといえる. しかし, 貧困国が直面している食料問題と富裕国が抱える食料 (食品) 問題とはまったく質を異にすることもたしかである. そこで, 以下では「適切な食への人権」を実現するための規範を貧困国と富裕国とが直面している問題に応じて提示したい. この規範は「適切な食への人権」を実現するために, グローバル・フードシステムを規制するためのものである.

(2) グローバル・フードシステムと強制

130億人分の穀物が生産されているにもかかわらず, 満足な食料を得られない人がいるという事態, すなわち深刻な生存権侵害が起こっている事態を念頭においたとき, 道徳的に優先されるのは明らかにグローバル・フードシステムにおいて最も不利な立場におかれている人々, すなわち, 生存に必要なカロリーさえも摂取できていない人々であろう.

貧困国も含めて地球全体で適正な食料分配がなされれば, 飢餓と栄養不足による死から免れることができるにもかかわらず, 富裕国の飽食——肉食, 加工食品, 食べ過ぎ, 大量の食料廃棄——によって十分な食が得られない人々を生み出していることは, 明らかにグローバル・フードシステムがある種の加害を

貧困国の人々に与えているといえる.この事態はトマス・ポッゲのいう「危害」に該当する.

> より恵まれた人々——私たち——は,予見ができて回避もできる根源的不平等を(再)生産することで不正な共有の制度秩序を支持しているかぎり,最悪の状態におかれた人々に危害を与えている.(Pogge 2005: 42)

　私たちは自分たちに豊かで便利な食を提供してくれる現在のフードシステムを暗黙であれ支持している.そのように考えれば,私たちはポッゲがいうように地球上で最悪の状態におかれている人々,すなわち生存に必要なカロリーを摂取できていない人々に危害を与えているといえる.肉を食べ,加工食品を食べることは,それを通して間接的にであれ,誰かの入手可能であった穀物を奪っている.しかし,このような理解に対しては次のように反論されるかもしれない.グローバル・フードシステムも基本的には自由な市場メカニズムによって支えられており,食料以外の商品と同じように,高く値がつくところに流れるのである.フードシステムを市場として捉えるならば,グローバル・フードシステムは必ずしも最悪の状態にある人々に危害を加えているわけではなく,その人々が食料を入手できないのは自然の成り行きか不運にすぎないともいえるかもしれない[9].

　フードシステムをこのように市場として理解するならば,食料問題は貧困国の経済力の上昇と購買力の向上によって解決されると考えられるだろう.事実,1980年代以降,IMF(国際通貨基金)と世界銀行は「食料安全保障政策」によって,途上国の食料増産とその世界市場への組み込みを進めてきた.これは途上国の食料生産を増やし,それを輸出産業とすることで途上国が貧困状態から脱出することを狙った政策といえる.「食料安全保障」を実現するためにIMFと世界銀行が途上国に提案したのが「構造調整プログラム」(Structural Adjustment Programs)である.「構造調整プログラム」は1980年代における途上国の累積債務問題を背景に登場した.それは累積債務を抱えた国に対して,IMFが①通貨の引き下げと輸出力強化,②政府支出の削減による政府規模の縮小,③価格統制の撤廃,④国営企業の民営化などを条件に,貸出を行う政策である.

「構造調整プログラム」は途上国・貧困国経済の近代化を実現しようとした政策であり，多くの国々が採用した．しかし，先進国基準の市場自由化を急激に進めることと輸出競争力のある農業産品への重点的生産傾斜は，多くの途上国の農業生産に深刻なダメージを与えた．科学技術を応用し，食料の増産によって食料難から脱出しようとする「食料安全保障政策」は逆に途上国の農業が伝統的にもっていた強さを破壊したのである[10]．

　本章で注目したいのは「構造調整プログラム」を採用させるプロセスには深刻な「強制」という問題が含まれていた点にある．簡単にいえばIMFは累積債務を抱えた国に対して，「こちらの条件をのまないと貸し付けしないぞ」と迫り，グローバル・フードシステムに途上国を強引に引きずり込んだのである．これはある種の強制である．強制や制裁は国際公共政策においても有効な手段であるが，強制や制裁は正当なものでなければならない．それでは正当な強制とは何か．ここではニコル・ハッスーンの議論を手がかりに検討してみたい．

　ハッスーンは現代の国際制度は数々の実効的な権力装置をもち，貧困国にさまざまなインパクトを与えているが，このインパクトのなかには強制も含まれているとしている．彼女は輸出入，関税制度，金融制度，食料市場，経済制裁，航空規制，武器輸出，軍事介入などをこの種の制度としてあげている．このような国際制度であれ，その他の制度であれ，制度は必ず何らかの強制，すなわち制裁力に裏づけられたルールをともなうが，強制は正当なものでなければならないと主張する．ある制度上の強制が正当であるためには，強制力をともなったルールに従う者たちに，ルールに自発的に合意できる十分な自律性を保証しなくてはならないとハッスーンはいう．彼女はこれを「自律性議論（Autonomy Argument）」と呼び，以下のように定式化している．

　　①強制的な制度は正当なものでなければならない．
　　②強制的な制度が正当であるためには，自発的にそのルールに従ったり，従わなかったりする十分な自律性を，ルールに従おうとする人々に保証しなければならない．
　　③この自律性を確保するために，すべての人に何らかの食料と飲料水を保証しなければならず，ほとんどの人々に何らかの住居，教育，保健医療，

社会的支援，感情的な財が必要となる．
④多くの強制力をもった国際的な制度が存在している．
　したがって，これらの制度はそれに従う人々に食料と飲料水，それ以外に十分な自律性のために必要なあらゆるものを保証しなければならない．
（Hassoun 2012: 45）

　「構造調整プログラム」を受け入れたすべての国々が，自律性のための基礎条件（食料や飲料水）を欠いていたわけではないだろう．しかし，累積債務という悪条件を背景に，「構造調整プログラム」を受け入れざるをえない状態におかれていたことは間違いがない．その意味でここにある種の正当とは言い難い強制が働いていたということができよう．さらに一歩進んで，このプロセスを「搾取」ということもできるかもしれない．
　たとえばリチャード・ミラーは弱い立場にある人間の困難な状況につけ込んで利益をえることを「搾取」だとしている．これはたとえ，そのプロセスで弱い立場にある人間が何らかの利益を得たとしてもやはり「搾取」であり不当だとミラーはいう[11]．

　　…現在，先進国の個人，企業，政府は生産，流通，金融のプロセスならびにそれを規制している制度枠組みの両方で発展途上国の人々の利益を奪っているのである．したがって，先進国の人々は世界の貧困者の利益を促進するために，生じた利益を放棄する義務を有している．（Miller 2010: 59）

　貧困国では依然として深刻な食料難が続いている．他方でこの間，世界の穀物生産量は増加している．食料難が起こるのは食料の公正な分配がされていないからに他ならない．いままで検討してきたように，グローバリゼーションを通して，途上国と貧困国の食料生産システムは「食料安全保障」の美名の下，グローバル・フードシステムに組み入れられたのである．その結果が富裕国へのさらなる穀物流出とローカル・フードシステムとしての伝統農業の破壊であった．グローバル・フードシステムが純粋な市場であったとしても，そこへの途上国の編入は正当とはいえない強制の産物であった．強制的なグローバル・

フードシステムへの組み入れによって，途上国の人々の「適切な食への人権」が侵害されている．国際的な制度によって途上国にかけられる不当な強制からの解放，これが公正な食料分配，すなわち「適切な食への人権」実現の第一歩であり，グローバルなレベルでの生存権実現の出発点だと考えられる．

(3) 自由な食品市場の陥穽

　飢餓と貧困に苦しんでいる国々の人々に比べれば，富裕国に住む人々には深刻な食料問題はないようにみえる．食料問題どころか，スーパーマットや食品小売店に行けば過剰といえるぐらいの食品が並んでいる．富裕国のほとんどの市民は無数の選択肢のなかから食品を選び，食べきれなければ廃棄している．何を食べるのかで悩むことはあっても，食べられないことで悩むことはまずない．このような「豊かな」食生活が可能になっているのは，前述のように第二次世界大戦後に進んだ急速な「食の工業化」のためである．そして工業メカニズムによる食料生産のために富裕国はグローバルに食料と原材料を調達している．その一つの帰結が貧困国からの食料収奪であることは先に見たとおりである．

　富裕国に住む人々は，自由に食品を選択しているが，その選択肢のほとんどは「食の工業化」によって準備されたものである．食べるという行為は，人間に不可欠の営みであるが，あまりに日常的でほとんど熟慮することもない．ライフスタイルの変化にともない，加工食品への依存度はますます高まっていく．食品産業は食料市場という規模が限られた市場で確実に利益をあげるために「くせになる味」を開発し，消費者に提供する．「くせになる味」の中心が肉食味である．スナック菓子やサラダ・ドレッシングなどには肉系の味が添加されていることが多い．これによりネスレのいう「食の移行」がさらに進展する．ネスレは「一般に，いったん肉を食べられるようになると，経済的な逆転によってやむえなくなった場合か，宗教，文化または健康上の理由から納得した場合を除き，元の植物中心の食生活に戻ることはない」(Nestle 2002 : 16 = 2005 : 19)という．

　食品市場には独特の力が働いている．そもそも食品を購入しないという選択はありえない．日々，生きるために購入し続けなければならない．そうした力

が作用するなかに，さらに「食の移行」が食品産業によってもたらされる．加工食品と肉食が生活習慣病の原因のすべてであるとの見方は極端であるが，生活習慣病をすべて個人の自己責任に帰すことも問題である．食料という特殊な財が「工業」商品化していくのが，富裕国のトレンドである．人間の生存に不可欠の食料を他の商品と同等レベルの自由な選択に委ねることは，必ずしも望ましいことではない．市場の強制力がより強く働く以上，食料以外の商品市場とは別の次元で考えなくてはならない．貧困国の食料事情に比べればはるかに豊かな食生活を享受しているが，それも富裕国市民が，みずからの食を完全にコントロールできているわけではない．食料の自由な選択や健康は，たしかに所得によって獲得することができる．実際，富裕国では貧しい人々ほど肥満傾向にあり，病気がちである．高所得者は高価であっても安全な食品を買ったり，運動不足を解消するための時間や財を購入したりすることができる．しかし，食品市場が力の場である以上，所得の上昇だけで食料と健康問題が解決できるわけではない[12]．この問題もフードシステム改革に関わっている．

　富裕国における食料に関連した強制という問題を解決するための規範は貧困国のそれとは異なる．貧困国の場合は先に見たように食料生産における強制からの解放が「適切な食への人権」を保障するための第一歩であった．富裕国の場合は，食品市場という力の場からの解放，あるいはもう少し穏当にいえば，力の緩和が必要である．そのためには食品に関わる情報の徹底した開示，トレサビリティの拡大が求められるだろう[13]．十分な情報に基づく消費者の選択がそれを通して可能となる．この条件が整備されて始めて，食品購入に対する自己責任が問えるはずである．

4　おわりに——グローバルな正義と食料主権

　以上見てきたように，貧困国の人々も富裕国の人々も，まったく次元を異にするが，相互に連関した食料問題に直面している．食という人間の生存にとって不可欠な財はグローバル・フードシステムのあり方によって左右され，このシステムを貧困国の人々はもちろんのこと，富裕国の人々も十分にコントロールできていない．食料の適正な分配，すなわち，すべての人に対して「適切な

食への人権」を保障することが,グローバルな正義の大きな課題なのである.そして,「適切な食への人権」を保障するためには,グローバル・フードシステムを適切な形で制御することが求められる.そのための第一歩が,食料の生産と消費おいて強制から解放されること,あるいは不当な強制を正当な強制に転換することである.それはすべての人がみずからの食に対して自己決定を行使できるようにすることだともいえる.

　この主張は食料問題を市場経済の拡張によって解決しようとする「食料安全保障政策」に対するオルタナティブとして提唱されている「食料主権(food sovereignty)」と重なるものでもある.

　「食料主権」をいち早く提起した国際的な農民団体ビア・カンペシーナ(La Via Campesina)は「食料主権」を次のように定義している.

　　食料主権は農業商品の外国へのダンピング売りをさせず,みずからの農業と食料政策を定義できる人々,国々,国家連合の権利である.食料生産は現地消費に優先権を与え,現地共同体のニーズに従って食料生産と消費を組織する.食料主権は国民の農業,生活財生産を保護し規制する権利と剰余農業生産物と低価格輸入製品の流入を阻止する権利を含む.土地を所有していない農民と小規模農家は土地,水,種子,生産資源と適切な公共サービスにアクセスできなければならない.食料主権と持続可能性は貿易政策よりも優先される課題である.(Schanbacher 2010: 54)

　「食料主権」を掲げる運動は,当初は途上国の貧しい農民の運動であったが,現在では先進国の農業生産者をも巻き込む運動として広がりつつある.この運動の拡大を受けて,FAO(国際連合食糧農業機関)も「食料主権」を積極的にアジェンダに載せ始めた.さらに「食料主権」を生産者の権利としてではなく,消費者の自己決定権をも含んだ概念として拡張され,同時に持続可能な食料生産のあり方をも提起している[14].グローバル・フードシステムを人権に沿う形で変革すること,ここに「食料主権」の根本的な狙いがある.この点をウィリアム・シャンバッファーは次のように述べている.

食が人権であるという根本的な主張において，食料主権モデルは現行のフードシステムが人権侵害状況を形成しているという考えを具体化している．単に食が基本的人権であるということ，すなわち，健康で栄養があり文化的に重要な食料にアクセスできる権利であるということ単に主張するのではなく，食料主権はさらにこの基本的人権を保障しえないことは人権侵害であると論じている．農民の権利は消費者が何を食べるのか，そしてみずからが消費するものがどのように誰によって生産されたのかを決定する権利をも含んでいる．（Schanbacher 2010: 102）

　本章の冒頭で指摘したように，地球全体での食料の分配はおよそ公正とはいえないものである．不公正な分配を通して，飢えと健康破壊が地球規模で進行している．グローバルな正義，すなわち国境を越えて妥当する正義が存在するかどうかという議論は，現在も係争中である．食料という人間にとって最も基礎的な財に焦点を当てたとき，そしてその食料がグローバルな関係のなかで生産されている現実を踏まえたとき，グローバルな正義の最低限の要求として「適切な食への人権」を全員に保障することにある点にほとんどの人が納得できるのではないだろうか．
　食という日常的な問題から出発するならば，グローバルな正義は私たちの生活に立脚した重要な規範として浮かび上がってくる．

注
（1）国境を越える正義を考える場合，今日，二つの立場がある．一つは「関係論的アプローチ」であり，もう一つは「非関係論的アプローチ」である．前者は正義が制度や相互行為といった人と人との関係を前提にした規範であるから，国境を越える関係があってはじめて正義が構想しうると考える．後者は関係の有無にかかわらず，すべての人間は尊重されなければならないという規範からだけで正義が構想できると考えるこの点の簡潔な整理として（Armstrong 2012）を参照．
（2）食料なしで人間は生きていくことはできない．しかし，逆に食料があれば人間的な生活が送れるわけではない．普遍的な豊かさとは何かという問題も，規範理論で提起されているが，本章は豊かな生活の最も基礎的な条件である「食」にのみ焦点をあてて

いる．
(3) 本章では工場畜産の問題点を人間の「食」という観点からのみ考えている．このような見方に対しては，アニマル・ウェルフェアという観点やスピシーシズムという観点から批判されることは十分に承知している．食を考えるときに，人間と動物，さらには人間と自然という論点は重要であるが，本章では立ち入らないことにする．
(4) 日本では「生活習慣病」という言葉が定着している．英語では lifestyle related disease であるが，ドイツ語では Zivilisationskrankheit，すなわち「文明病」と表現される．本章では「生活習慣病」とは何かという問題には触れないが，「生活習慣病」が個々人の生活習慣の問題（自己責任）ではなく，後述するようにあるシステムを背後にして発症していることを踏まえれば，「文明病」の方が適切な表現だと考えられる．
(5) 富裕国に住む人々が等しく「食の移行」にともなう健康問題に悩んでいるわけではない．概して貧しい人々ほど肥満傾向で不健康である．この点については（Wilkinson and Pickett 2009）を参照．
(6) グローバル・フードシステムについて本章で扱うことができない重要な論点がある．それはこのシステムがもはや持続不可能なレベルに達しているかもしれないという点だ．これを最もショッキングに描いたポール・ロバーツは次のように述べている．「まったく同じ外見をした動物が何千頭も飼われている飼育場や，同じ植物が何エーカーもの土地を埋め尽くす広大な工場式農業．農場に流れ込んではこぼれ出す大量の飼料や肥料，アトラジンやラウンドアップなどの農業用化学物質．浸食が進む土壌．農薬耐性を持つ害虫．森が農地に変わり，農地がショッピングセンターに変わる姿．低下する地下水面を追いかけるようにますます深く掘られる灌がい用井戸．低賃金の労働力を求めてどこまで延びる貨物用航空路．低い利益率や少ない在庫，そして時間あたりの処理能力の要求レベルがどんどん上がり，失敗の余地がなくなっていくなかで，細く長く延びていくサプライチェーン……．このような極限状況におかれた食経済が，もしも許容限度を超える"万が一の事態"に遭遇したとき，瞬時にこのシステムは機能不全に陥り，棚やショーケースはあっという間に空になってしまうだろう」（ロバーツ 2012: 490）．
(7) この点はアマルティア・センの食料に対する権原論アプローチと重なっている（セン 2000）．
(8) 社会権規約 11 条に「適切な食料」の権利と「飢餓から免れる基本的な権利」が規定されている．
(9) グローバル市場を含めて市場をこのように理解する問題点については（伊藤 2013）を参照．
(10) 勝俣誠は「構造調整」について「アフリカ側の利益になるとされたこの経済改革のメニューは，アフリカ諸国政府にとってはほとんど選択の余地のない，いわば「定食ダイエットメニュー」として押しつけられた」と捉え，これを呑まない「北」からの新規の貸し出しが止まり，その国は破滅への道を辿ることになると評価している（勝俣

2013: 190).
(11) ミラーは砂漠で生死の境をさまよっている人に対して，自分の奴隷になることを条件に救うことを搾取の事例としてあげている．砂漠での死よりも奴隷になることの方がより良い選択であるが，ここでは他者の弱みにつけ込んで契約をしている点が「搾取」なのである．
(12) ジョン・ロールズは基本的社会財の文脈で健康について次のように述べている．基本的社会財は「人がどのような合理的な人生計画を抱いていようとも，役に立つ．ことがらを単純にするために，社会が意のままに配置しうる主要な基本財は，権利，自由，機会および所得と富であると想定しよう．以上は社会的な基本財である．健康，体力，知能，想像力といった他の基本財は，自然的な財に含められる．自然的財をどのように所持しうるかは，基本構造の影響をこうむるけれども，それらの財そのものは基礎構造の直接的な統制下におかれるわけではない」（Rawls 1999: 54 = 2010: 86）．健康が社会の基礎構造の直接的な統制下にはおかれないという認識は，やや狭すぎる．本章で検討しているように，食は社会の基礎構造によって意のままに分配され，それによって健康に非常に大きな影響を被る．さらに労働環境も健康に大きな影響を与える．健康そのものは分配できないにしても，健康が「善き生」の基礎を構成する以上，健康条件の適正な分配は正義論に欠かすことができない論点である．
(13) 安全面でのトレサビリティのみならず，富裕国で流通している輸入食品が途上国の人権侵害に加担していないことも分かるトレサビリティ（フェアトレードの徹底）も重要であろう．これを「人権トレサビリティ」と呼べるかもしれない（伊藤 2010）．
(14) 「食料主権」をめざす生産者の運動は「フード・ジャスティス」という主張も展開している．「フード・ジャスティス」は「どこで，どんな食料がどのように作られ，運ばれ，分配され，アクセスされ，食べられるのかということに関する利益とリスクが公正にシェアされることを保障する」(Gottlieb and Joshi 2010: 6) 規範である．この議論の広がりについては（二村 2013）を参照．

参考文献

Armstrong, Chris, 2012, *Global Distributive Justice: An Introduction*, Cambridge University Press.
Gottlieb, Robert and Anupama Joshi, 2010, *Food Justice*, The MIT Press.
Hassoun, Nicole, 2010, *Globalization and Global Justice: Shrinking Distance, Expanding Obligations*, Cambridge University Press.
Kerbo, Harold, 2006, *World Poverty:Global Inequality and the Modern World System*, McGraw-Hill.
Kent, George, 2005, *Freedom from Want: The Human Right to Adequate Food*, Georgetown University Press.
Miller, Richard, 2010, *Globalizing Justice: The Ethics of Poverty and Power*, Oxford University Press.

Nestle, Marion, 2002, *Food Politics:How the Food Industry Influences Nutrition and Health*, University of California Press（＝三宅真季子・鈴木眞理子訳 2005『フード・ポリティクス――肥満社会と食品産業』新曜社）.

Patel, Raj, 2007, *Stuffed and Starved:The Hidden Battle for the World Food System*, Melville House Publishing（＝佐久間智子訳 2010『肥満と飢餓――世界フード・ビジネスの不幸のシステム』作品社）.

Pogge, Thomas, 2005, "Real World Justice," in Gillian Brock and Darrel Moellendorf (eds.), *Current Debates in Global Justice*, Springer.

Pollan, Michael, 2006, *Omnivore's Dilemma: A Natural History of Four Meals*, Penguin Books（＝ラッセル秀子訳 2009『雑食動物のジレンマ――ある４つの食事の自然史』東洋経済新報社）.

――, 2009, *In Defense of Food: An Eater's Manifesto*, Penguin Books（＝高井由紀子訳 2009『ヘルシーな加工食品はかなりヤバい――本当に安全なのは「自然のままの食品」だ』青志社）.

Rawls, John, 1999, *A Theory of Justice*, revised ed., Harvard University Press（＝川本隆史・福間聡・神島裕子訳 2010『正義論 改訂版』紀伊國屋書店）.

Schanbacher, William, 2010, *The Politics of Food: The Global Conflict between Food Security and Food Sovereignty*, Praeger.

Singer, Peter, 1972, "Famine, Affluence, and Morality," *Philosophy and Public Affairs* 1 (3): 229-243.

――, 1975, *Animal Liberation*, Harper Collins Publisher（＝戸田清訳 2011『動物の解放』人文書院）.

Wilkinson, Richard and Kate Pickett, 2009, *The Spirit Level: Why Greater Equality Makes Societies Stronger*, Bloomsbury Press（＝酒井泰介訳 2010『平等社会――経済成長に代わる，次の目標』東洋経済新報社）.

伊藤恭彦 2010『食の人権――安全な食を実現するフードシステムとは』リベルタス出版.

伊藤恭彦 2013「グローバル・ジャスティスの可能性――国境のむこうにいる人々への義務を考える」内藤正典・岡野八代編『グローバル・ジャスティス――新たな正義論への招待』ミネルヴァ書房，133-152 頁.

勝俣誠 2013『新・現代アフリカ入門――人々が変える大陸』岩波書店.

セン，アマルティア（黒崎卓・山崎幸治訳）2000『貧困と飢饉』岩波書店.

高橋正郎編 2005『食料経済――フードシステムからみた食料問題』理工学社.

二村太郎 2013「グローバリゼーションと食の権利」内藤正典・岡野八代編『グローバル・ジャスティス――新たな正義論への招待』，ミネルヴァ書房，117-129 頁.

ロバーツ，ポール（神保哲生訳）2012『食の終焉――グローバル経済がもたらしたもうひとつの危機』ダイヤモンド社.

Comment
ゼロサムゲームを越えて

桜井　徹

　第7章（伊藤論文）のテーマである飢餓と貧困の問題は，私自身の興味とも重なっていて，興味深く拝読しました．また，非常に読みやすく，学生も含めて，いろいろな人たちにアクセスしやすい論文だというのが，私の印象です．

　伊藤論文の厳密な検証にはさまざまな経験的データや数値も必要になりますが，現時点で私はその種のデータを持ち合わせていないので，ここでは第2節(2)「グローバル・フードシステムの陰」に関わる二つの疑問を提示して，コメントに代えたいと思います．

　一つ目は，「グローバル・フードシステムが富裕国に豊かな食を提供する裏側には，貧困国の食料不足がある」としつつ，「富裕国に豊かな食を提供しているグローバル・フードシステムは貧困国や途上国から食料を収奪するシステムだ」と述べられている点です（177頁）．ここでは，富裕国と貧困国が，限られた食糧を奪い合う《ゼロサムゲーム》のシステムに組み込まれているかのように描かれている印象を受けました．言い換えると，伊藤論文がいう「グローバル・フードシステム」という特定の経済システムが，世界的な貧困に対する第一義的な責任を負わされているように読み取れます．

　たしかに，近年，食の工業化やアグリビジネスのグローバル化は急速に進展，拡大してきました．しかし，表現のせいもあるのかもしれませんが，「富裕国の豊かな食を支えるために非常に多くの穀物が消費されている」（177頁）という著者の指摘には，どこか，かつての《新マルサス主義》を私に想起させるものがありました．ここでは詳論を避けますが，マルサスの人口論に触発された新マルサス主義の論者たちは，19世紀から20世紀初頭にかけて，一般大衆が生殖の自由を行使すると，人口増加のみならず食糧不足や貧困層の増大や犯罪の増加等さまざまな深刻な社会問題を招きかねないという，社会の持続可能性

に関する危機感に基づいて，理性的な産児制限を唱導していました．限られた量の食糧をグローバルなレベルで階層相互が奪い合っているというイメージを喚起することは，とりわけ富裕国が「食の自由」，すなわち「どういう食糧をどれだけ摂取するかを決定・選択する自由」を集団的に行使すると，それによって世界規模では貧困層に皺寄せがいき食糧不足に陥るという，新マルサス主義の残り香を感じさせるものがあります．

すでにアマルティア・センが『自由と経済開発』で強調したように，20世紀後半，緑の革命の名の下に世界規模で農業改革が行われ，食糧生産は人口増加を大きく上回るペースで増加し，世界の食糧生産量そのものに大きな危機は存在しないことが指摘されてきました．この点は伊藤論文も言及しています．センは，問題は食糧生産量ではなく，誰が食糧へのエンタイトルメント（受給権，権限）をもっているかだと主張しました．「食糧生産そのものの成長を欠いていることがサハラ以南アフリカの諸問題の大きな特徴なのではない．むしろ，経済成長の全般的欠如が問題なのだ」というセンの主張は，新マルサス主義を超えたところに問題解決の活路を見出すべきだという方向性を指し示す点で，いまだにわれわれに重要な示唆を与えると思います．

私自身は，グローバル・フードシステムという経済システムの一部を非難することや，「適切な食への人権」を唱えることのみでは，飢餓や貧困の構造的解決は図られないのではないかと感じています．より抜本的な解決のためには，とくに飢餓や貧困の深刻な地域において，食糧生産や加工のプロセスを部分集合とする経済システムの成長をいかに導き，実現するか，さらには，このような経済成長，とりわけ持続的で安定的な経済成長を可能ならしめるような政治的・法的環境を整えるためにいったい何が必要か，をより広い見地から検討することが必要ではないでしょうか．その意味で，食糧問題・飢饉は，単なる経済問題というよりも，むしろ政治問題だと認識した上で取り組むことが重要ではないかと考えています．

オックスフォード大学の経済学者ポール・コリアーが一連の著作で強調していますように，食糧問題・飢饉を部分集合とするアフリカの貧困や内戦等を解決に導くには，単に経済の次元の改革ではなく，むしろ民主主義の根幹にも関わる――国民的アイデンティティや安全保障などの――政治的基盤の慎重な調

査・検討が不可欠です．食糧問題の解決・緩和にも，グローバル・フードシステムと形容されるものよりも射程の広いものに取り組むことが必要だと，私自身は思っています．言い換えると，食糧問題や飢餓は，経済問題としてよりもむしろ政治制度の改革と安定の問題としてとらえ，解決手段を探るというスタンスをもつべきではないでしょうか．

　第二点は，グローバル・フードシステムは貧困国だけでなく，富裕国にも危害を与えているという指摘についてです．多くの人々が，グローバル・フードシステムのせいで生活習慣病や肥満など現代的健康問題を突きつけられるにいたっていると主張されています．私が細かい表現にこだわっているのかもしれませんが，伊藤論文が「生活習慣病をすべて個人の自己責任に帰すことも問題である」としつつ，「人間の生存に不可欠の食料を他の商品と同等レベルの自由な選択に委ねることは，必ずしも望ましいことではない」（187頁．傍点は桜井）と述べている点は気になりました．これを文字どおり受け取ると，貧困国の人々には保障すべきだと著者自身が述べていた「食への人権」を，富裕国の人間には否定しているようにも読み取れます．「食料を他の商品と同等レベルの自由な選択に委ねる」のが望ましくないとしたら，具体的にはどうするべきなのか．この点に関して，伊藤論文の処方箋は必ずしも明らかではありません．

　このように，第4節では富裕国の「食への権利」に対する否定的ニュアンスを感じるものの，富裕国の人間にとっての「食への人権」を具体的にどう捉えているのかは，私にははっきりとは読み取れませんでした．「食品市場という力の場からの解放，あるいはもう少し穏当にいえば力の緩和が必要である」，あるいは「食品に関わる情報の徹底した開示，トレサビリティの拡大が求められる」（187頁）という指摘は，むしろ消費者の自由な選択に資する市場改革を主張するものだといえます．だとすると，「食品市場という力の場からの解放」といっても，いったいどういう市場改革が必要なのか．この点に関しては，具体的な指示内容に欠けている印象をもちました．衣食住という表現からもうかがえるように，「食への権利」はわれわれの生活・生存にとって基本的かつ重要なものです．それを自由な選択に委ねずして，どういう制度が必要だと考えているのか．抽象的なスローガンを超えて，具体的な処方箋をぜひ聞きたいと

思いました．

第8章 多国籍企業の政治的責任

神島裕子

> 世界の多くの場所で，グローバルな人権の情況は悪化している．この惑星の何億もの人々にとって，屈辱と，彼らの最も基本的な人権の体系的な毀損が，いまでも日々の生活の基幹をなしている．だが，もし諸国家がますます，この受け入れられない状況に自力では取り組めないようになっているならば，立ち上がって，このような情況の改善に責任を負うべきなのは，いったい誰なのか．(Wettstein 2009:158)

1 はじめに

18世紀イギリスのアダム・スミスが構想した市場経済社会は，経済活動を行う主体の内に「公平な観察者」がいてはじめて正義にかなったものとなる．この構想では，経済主体の諸行為の道徳的正邪の基準は，「公平な観察者」の視点，すなわち「共感（sympathy）」という道徳感情によって担保される「適宜性の感覚（the sense of propriety）」であるとされた．アマルティア・センは，スミスの『道徳感情論』250周年記念版に書いた序文のなかで，次のように述べている．

> 社会契約はその性質からして主権国家のメンバーに制限される．それは当該国家の市民たちの間で交わされる契約なのだ．そのため，幾人かの哲学者が試みてきたものの，社会契約のアイディアをグローバルな世界に拡張するのは難しい．グローバルな主権国家が不在の今日ではグローバルな正義というアイディアは不合理であるという主張に数多くの哲学者が駆られてきたのは，まさに契約論的な推論の方法による．公平な観察者というス

ミスの装置は，この限界に打ち勝つ．主権国家内部のメンバーを名宛人とする随意契約というかたちで問題を提起することによってではなく，公平な裁定人たちをいたるところから呼び覚ますことによって．公平な推論へと向かうためには，公平な裁定人たちの評価が熟考されなければならない．グローバルな混乱への対処は，スミス流の取り組みを結局のところ必要とする．(Sen 2009: xviii-xix.)

スミス流のアプローチでは，「公平な観察者」の視点は，国境を越えたものとなりうる．そのような視点があってはじめて，グローバルな正義の構想において，世界の区分けの仕方がじつは多様でありうることが，つまり国家やネーションだけが道徳的単位ではないということが，さらには国家やネーションだけが政治的な責任を負うのではないということが，見えてくるだろう．センによる指摘にあるように，「国または「国民」の「原初状態」は，人間の行為が国境を越えた効果を持つとき，多くの場合，特に制約となる．もし多国籍企業の活動の効果を評価あるいは精査しようとすれば，それは実際に行っていること，すなわち，国境を越えて活動し，ビジネスにとって便利なように法的登録や納税地やその他の事柄に関する決定を行っているということを見なければならない」(Sen 2010 = 2011: 217)．スミス流のアプローチは，グローバルな正義における多国籍企業の道徳状態を，無理なく主題としうるのである[1]．

では，市場経済社会のグローバル化のなかで，企業にはどのような責任があるといえるのだろうか．本章では，その経済的な性質のため，これまで法哲学・政治哲学においては二次的な考察対象となってきたと思われる多国籍企業に着目し，グローバルな正義におけるこれら主体の道徳的・政治的な責任について論じてみたい．

そこで議論を進めるために，第1節ではジョン・ロールズの社会的協働論を導きの糸とする．ロールズの国内正義論では社会的協働の果実を公正に分配すること（分配的正義）が要求されるが，この場合の社会的協働は「相互有利性」を求めるものであり，それゆえその正義の構想はある一定の存在者たちを事後的な慈善の対象とするものであった．ロールズは後に自身の社会的協働論から「相互有利性」の条件を取り去り，協働それ自体を善と位置づけたが，その協

働の枠組みはあくまでもデモクラティックな政治社会すなわち国家であるとされた．

　第2節では，グローバルな分配的正義に懐疑的な見解として，サミュエル・フリーマンとデイヴィッド・ミラーの主張を検討する．フリーマンは，デモクラティックな国家を枠組みとする社会的協働があってはじめて分配的正義が成り立つというロールズ的な前提に立って，グローバルな分配的正義の非現実性を説いている．それでもなお，ロールズの国際正義論が公正な国際経済秩序とビジネス・労働慣行を重要視していることを強調するフリーマンの構想には，グローバルな社会的協働なるものを認め入れる余地があるように思われる．他方で世界の第一義的な道徳的単位を「ネーション」とするミラーは，普遍的人権を認め，そのリストのあらゆる場所での保障を要求していることで知られている．だが彼は，グローバルな社会的協働なるものの公正さをも，グローバルな正義の原理の一つとして要求している．ミラーはその「多層的な倫理的立場」を深めることで，グローバルな正義におけるネーション以外のアクターの責任について，考察を深めることができるだろう．

　第3節では，グローバルな正義において多国籍企業が果たすべき政治的責任を論じているフロリアン・ヴェットシュタインの議論を素描する．彼は，多国籍企業がグローバルな正義の遂行主体（agents）としてもつケイパビリティに着眼し，多国籍企業をグローバルな領域における「準政府的制度（qusai-governmental institution）」として位置づけている．ネーションや国家，またそれらの連合体のみを世界の政治的な単位とするアプローチと異なり，多国籍企業にも積極的な政治的責任を負わせる視座で構成されたグローバルな正義論は，グローバルな市場経済社会における「公平な観察者」を増進する可能性を含んでいると思われる．

2　導きの糸としてのロールズの社会的協働論

　ジョン・ロールズの「社会的協働（social cooperation）」論とはどのようなものであったのか．彼は『正義論』のなかで，社会に関して以下の想定をしている．

相互の関係を拘束する一定の振る舞いのルールを承認し，かつそれらのルールにおおむね従っている人々が結成する，ほぼ自足的な連合体（self-sufficient association）だ，と．次なる想定として，参加者の利益（good）を増進することをねらった協働のシステムがどんなものであるかを明記するのがこうした振る舞いのルールである，としよう．その場合，社会とは〈相互の相対的利益（ましな暮らし向きの対等な分かち合い）を目指す，協働の冒険的企て〉（a cooperative venture for mutual advantage）なのだけれども，そこには利害の一致だけではなく衝突も顕著に見られるのが通例である．社会的な協働によって，各人が独力でひとり暮らしを続けるのと比べて，ましな生活が可能となるがゆえに，利害の一致が成立する．（Rawls 1999a = 2010: 7）

このようにロールズは，他の社会に依存せずとも存立しうる社会内部における，全員の利益向上をめざす協力体制として，社会的協働を捉えていた．これはいってみれば経済的に自立した，男女の婚姻関係のようなものだろう．社会が〈相互有利性のための協働の冒険的企て〉であると想定されるからこそ，導出される正義の諸原理は，どの当事者に対しても公平なもの，すなわち「社会の基礎的諸制度における権利と義務の割り当て方を規定するとともに，社会的な協働がもたらす便益と負担の適切な分配を定める」ものであることが重要なのである（Rawls 1999a = 2010: 7）．

だがこのような協働の観念では，何らかの理由で相互有利性をもたらさない人々はそもそも社会のメンバーとして認められず，また時機に応じてメンバーから外されてしまいかねない．婚姻関係において，みずからの負担が増えるだけの相手との結婚は，「愛情」がなければ，そもそも成立しないだろうし，またたとえばDVや借金などの不利益をもたらす相手との結婚は，やはり「愛情」がなければ，いずれ解消されるだろう．このことから容易に想像されるように，このような社会的協働論を下敷きにする正義論に対しては批判があり，その一つがマーサ・ヌスバウムによるものである．ヌスバウムによれば，ロールズが「相互有利性」を持ち出すのは彼が社会契約説をとっているからであり，

それゆえに伝統的な社会契約説の理論家たちと同様の視点から構成された彼の正義論は，契約の相手方として相応しくない存在者たち，つまり障碍者，外国人，人間以外の動物を，第一義的な正義の対象から本質的に排除するものとなっている（Nussbaum 2006 = 2012）．

　社会契約説をとるロールズ正義論の限界は，グローバルな正義に関する彼の考察においても顕著である．ロールズが後年に展開した「諸人民の法（The Law of Peoples）」と呼ばれる国際正義論は，要約すると，リベラルな諸原理（国際法として実際に認められてきた諸原理）によって統制される「諸人民の社会（Society of Peoples）」において，奴隷および隷従からの自由，良心の（平等ではない）自由，大量殺人やジェノサイドからの民族集団の安全といった限定的な普遍的人権の保障を要求するものであった[2]．ロールズが『正義論』で提示した格差原理のような分配的正義の原理は，グローバルな領域に関しては何ら提示されなかった（Rawls 1999b = 2006）．

　もちろんロールズが普遍的人権なるものを持ち出している以上，いかに限定的であっても，そのリストにある自由の充足について真剣に考慮するならば，食糧や水，基本的な保健衛生，基本的な読み書きに関する教育といった〈財〉の分配の必要性が見えてくるはずである．だがロールズは，この問題をグローバルな分配的正義の問題としては捉えていない．そうではなく，「諸人民の社会」のメンバーに課される「援助義務（duty of assistance）」の問題としているのである[3]．この「援助義務」に加えて，「飢饉と旱魃のさいに諸人民が相互に援助する」原理や，「リベラルな諸人民」と「まっとうな諸人民」が相互に「基本的必要」を満たしあうことに関する相互援助のための規定が提示されている（Rawls 1999b: 38 = 2006）[4]．これら原理や規定は従来，慈善の義務に関わるとされてきたものだといえるだろう[5]．

　いったい，「社会の基礎的諸制度における権利と義務の割り当て方を規定するとともに，社会的な協働がもたらす便益と負担の適切な分配を定める」原理を要求するロールズの「社会的協働」論は，どこにいってしまったのか．現今のグローバルな市場経済社会は，〈相互の相対的利益（ましな暮らし向きの対等な分かち合い）をめざす，協働の冒険的企て〉として，見立てられえないのだろうか．

仮にロールズが伝統的な社会契約説に従って「諸人民の法」の諸原理を導出したとして，その場合，相互有利性のための契約には，途上国や破綻国家は含まれないだろう．そうした諸国が他の諸国に利得をもたらすケースは，限定的だからである．したがって，それら諸国はルール決定の話し合いの場から排除され，第一義的な正義の対象ともならない．そうした諸国のニーズや期待は，グローバルな正義のシステム設計に盛り込まれない．このことは，現在の国際秩序を形成している国際機関における意思決定が先進諸国に有利なものとなっていることと，図らずも合致している．そのため先に言及したヌスバウムによれば，もしロールズが社会契約説を維持しつつ途上諸国を包摂するグローバルな正義を構想するとすれば，国家は自己利益のみを追求する合理的な主体であるという伝統的な構想を捨て，契約の目的を「相互有利性」から「人間の交友」および「人間の尊重」に変えるしかない，ということになる（Nussbaum 2006 = 2012）．

だが仮にそうであったとしても，「社会的協働」という観念が手放される必要はないのではないか．なぜなら，相互有利性に欠いた社会的協働なるものは，十分に考えうるからだ．現代日本をはじめとするほとんどの福祉国家には，この相互有利性を欠いた社会的協働論が当てはまるだろう．それでもなお，ロールズの言いまわしを借りれば，「社会の基礎的諸制度における権利と義務の割り当て方を規定するとともに，社会的な協働がもたらす便益と負担の適切な分配を定める」ための正義の原理は必要とされている．

じつのところ，『政治的リベラリズム』におけるロールズは，社会的協働が「相互有利性のため」でなくともよいことを，次のように示唆している．

> 秩序だった政治社会は，もう一つの仕方においても善である．それというのも，共通の最終目的——その達成には多くの人々の協働が要求される——があるときにはいつでも，実現された善は社会的だからである．その善は，他者がなしている適切な活動に基づく市民たちの相互依存のなかで，共同の行いを通じて実現されている．したがって，（もちろん毎度のことながら不完全ではあるけれども）無理なく正義にかなったデモクラティックな諸制度を確立し，かつ長期にわたってうまく運営することは，大きな社会

的善であり，またそのようなものとして正当に評価されている．おそらくそうした制度は世代にわたって徐々に改変されるだろうし，もちろん廃止もあるだろうけれど．このことは，人々が歴史上の重要な成果の一つとして，デモクラティックな諸制度の確立と運営に言及しているという事実によって示されている．（Rawls 1996b: 204）

『政治的リベラリズム』におけるロールズの構想は，『正義論』と比べてかなりの程度まで観念化・脱経済化されている．その意味でここでの「協働」と「社会的協働」には異なりがあるだろう．だが，「協働」は相互依存のなかの「共同の行い」である以上，そこに経済活動が含まれるとみなしてもよいはずだ．そしてこの協働は，『政治的リベラリズム』におけるロールズによれば，それ自体が政治的・社会的な善である．たとえ相互にとって有利でなくとも，喪われてはならない善なのである．

だが，上の引用文に続く叙述にあるように，ロールズが社会的協働の枠組みとしているのは，みずからがデモクラティックであることに誇りをいだく「デモクラティックな人民」である．『政治的リベラリズム』におけるロールズの社会的協働論はなお，ドメスティックなものである．そしてこの見解は彼の国際正義論に受け継がれ，グローバルな分配的正義の拒絶につながっている．はたして，それ自体が善であるという社会的協働の観念はグローバル化しえないのだろうか．次節では，ロールズの国際正義論を基本的に支持する側に立つミラーとフリーマンの主張を確認することにしたい．

3 政治的に分断された世界の正義論——フリーマンとミラー

(1) フリーマンの国内的な社会的協働論

ロールズ研究者のフリーマンは，ロールズの国際正義論を，「ロールズ主義のコスモポリタンたち」からの批判に対して擁護する立場をとっている（Freeman 2007: 261）．なぜか．一つにフリーマンは，ロールズがグローバルな分配的正義の原理を拒絶していることについて，「ロールズにとって分配的正義は社会的に，したがって国内的に，確立される」ものであるとして，また

「ロールズが分配的正義を社会的に〔著者注：国内的に〕説明している理由は，政治的・制度的なものである．そうした理由は，デモクラティックな社会の諸条件下で，そしてデモクラティックな社会の基本的諸価値と両立するかたちで，所得と富を創造し，分配し，享受するために必要な社会的諸条件と関わりのあるものである」として，ロールズが社会的協働およびそれにともなう分配的正義が生じる枠組みをデモクラティックな国家としていることを是認している (Freeman 2006: 244&258)．フリーマンの解釈では，ロールズ流の分配的正義は社会的協働を前提とし，また自分たちの社会的・経済的な運命を政治的に決定するという人民の能力を必要とする．社会的協働は，経済的であるのみならず，政治的なものでもあるため，体系的な基本法のシステムがなければ，社会的協働は成り立たない．社会的協働は，国境によって区切られた社会と政治の舞台があって，はじめて可能となる．こう述べるフリーマンの議論は，『政治的リベラリズム』におけるロールズを実直に代弁したものだといえるだろう．

　フリーマンが掲げるもう一つの理由は，ロールズの「諸人民の法」構想が，理想的な情況に限定されたもの，すなわち理想理論であることにある．周知のように，ロールズが想定する「諸人民の社会」には 2 種類の人民が存在する．「リベラルな諸人民」は，自国民の基本的利益に供する道理的に正義にかなった立憲民主政府をもち（制度），個々の市民はジョン・スチュアート・ミルが「共感」と呼んだものによって結ばれているため同じ政府の枠組みにとどまることを望んでおり（文化），道理的かつ合理的で，互恵性の原理に従って適当な条件で他人民と協働するという，正と正義の政治的（道徳的）構想に従う道徳的性質をもつ (Rawls 1999b: 23-25)．他方の「まっとうな諸人民」は，「その基本的な諸制度が，政治的権利と正義（政治的決定において市民が結社や集団を通じて実質的な役割を担う権利を含む）に関して，ある種の特定条件を充たしており，また，その市民が「諸人民の社会」の道理的で正しい法を尊重するよう導いている，リベラルでない諸社会」である (Rawls 1999b: 3)．リベラルではないが「まっとうさ (decency)」をそなえた「階層社会」あるいは「協議的階層社会」，さらには特定の結社の一員であることによって人々の善の構想が包括的に規定される「結社主義の社会」は，立憲民主政府こそもたないが，他国に対して脅威とはなっておらず，また，正義という共通善の構想の下に市民を

して政治に関与させており，市民に異議を申し立てる権利も与えている（Rawls 1999b: 61）．フリーマンによれば，ロールズの国際正義論が「私企業による困窮した人々の搾取」や「奴隷的服従やアパルトヘイト」さらには「エスニック・クレンジング」や「奴隷制や強制労働」といった不正義を生み出している現行の諸条件に応答していないというさまざまな批判は，ロールズの理論が2種類の人民によって構成された理想的な「諸人民の社会」を想定したものであるということを，認めていないことによるのである（Freeman 2007: 261）．

このようにして，ロールズ正義論のグローバルな適用をめざすコスモポリタンたちを「深刻な失敗をしている」ものとして非難するフリーマンも（Freeman 2006: 258），国境の外部で生じている事態に関心がないわけではない．彼は，ロールズの国際正義論が，「豊かな人々や多国籍企業による，貧しい人々の経済的搾取の防止という目的において，適切なものなのかどうか」という問題を提起して，次のように述べている．

> リベラルな諸社会は，市民の経済的搾取を許可しない．なぜならば，他の多くの取りうる協働条件よりも，市民たちの情況を悪くしてしまうと考えられるからだ．同様にして，国内で正義に関する共通善の構想を押し進めるまっとうな社会も，外国企業もしくは多国籍企業がみずからのメンバーを搾取的なやり方で利用することを許さないだろう．また，ロールズの「諸人民の法」には，私企業と貧困国の政治的代表者が搾取的な経済的取引を行うことを「諸人民の社会」が制限する余地が多分にある．ロールズがグローバルな分配的正義の原理を提示していないからといって，「諸人民の社会」における経済的交流の一般ルールが純然たるレッセフェールであるわけではない．（Freeman 2007: 262）

さらにフリーマンは次のことも述べている．

> ウォルマートは開発途上諸国にある村々の全村民を雇用しているが，それによって生産されるのはたった一製品である．これは問題であり，部分的にはそれに対処するグローバルな基礎構造がないことが問題である．おそ

らく，この問題や他の問題に対処するために，ロールズの「諸人民の法」にはいくつかの追加事項が必要だろう．たとえば，公正なビジネスと労働慣行を確実なものとし，搾取を防御するために，グローバルなビジネス慣行を規制するための，国際的な諸制度を取り入れる余地をもうけるなどして．ロールズは明らかに，「諸人民の法」にその余地を残している．だが，この問題に対して，コスモポリタンたちは間違った解決策を模索している．それは，豊かな諸国から貧しい諸国の貧しい人々に富をただ再分配するグローバルな分配原理では，取り組むことができない問題であり，ましてや解決することができない問題である．(Freeman 2006: 258)

以上から読み解けるフリーマンの構想は，しかしながら，以下で紹介するミラーの構想と同様に，グローバルな社会的協働なるものに対しては，懐疑的である．曰く，「グローバルな社会的協働は，所得と富の生産，使用，また享受の助けとなるものかもしれないが，必要なものではない．こうした事実は分配的正義にとって根本的な重要性をもつべきである」(Freeman 2006: 258)．だが，「グローバルな社会的協働は……必要なものではない」という言明は，途上諸国や旧植民地諸国，さらには国際経済秩序のあり方に大きく左右される先進諸国の多くの人々にとって——有り体にいえば世界人口のボトム 99％にとって——受け入れられるものではないだろう[6]．グローバル経済のなかで多大な利益を得ている人々がいる一方，他方でわずかな利益も得ていない人々がいるという事実こそが，「分配的正義にとって根本的な重要性をもつべきである」からだ．

格差原理のグローバルな適用や，グローバルな原初状態下でのグローバルな格差原理の必然的選択などを論じるチャールズ・ベイツ，トマス・ポッゲ，コク - チョー・タン，ブライアン・バリー，トマス・スキャンロンなどの提案を無意味だと断定するフリーマンの思想は (Freeman 2006: 245)，世界にはデモクラティックな国家の基礎構造に相当する基礎構造が不在であるという前提に，引っ張られすぎているように思われる．そのため先に引用した箇所でフリーマンが述べているように，彼は「豊かな諸国から貧しい諸国の貧しい人々に富をただ再分配するグローバルな分配原理では，取り組むことができない問題であ

り，ましてや解決することができない問題」があると認めているにもかかわらず，そうした問題について，積極的に論じる契機を生み出せていないのではないだろうか．問われるべきは，ウォルマートのような多国籍企業の道徳状態であり，またそれらが，グローバルな正義においてどのような責任を果たしうるのかである．

(2) ミラーのナショナルなグローバル正義論

　ナショナリズム論で知られるミラーは，社会契約論とは別の，独自の人権論に基づいて，「複数のネーションからなる世界のための正義を意味すべき」グローバルな正義の構想を展開している（Miller 2007: 267 = 2011: 323）[7]．ネーションそれ自体を一つの善として捉えるミラーであるが，グローバルな正義の原理を二つ提示しており，その一つが「基本的人権の普遍的保護」である．そのため彼の構想においては，人々が人類全体に対して負う人権保障という一般義務が，同国人に対する特別義務につねに優先する．あらゆる場所での普遍的な基本的人権の保護という理念に抵触するナショナリズムの要求は，なんであれ認められないのである．

　もう一つのグローバルな正義の原理は「国際的協働の参加諸国のあいだで純利得を平等にするために，協働の費用と便益を公正に配分すること」である（Miller 2011: 26-27）．この原理から，ミラーが，複数のネーションが国際的な協働に従事している世界を前提としていることがうかがえる．これは一見すると，ロールズの社会的協働論をグローバルに拡張したもののようであり，さらには国家やネーション以外の行為主体に何らかの正義の義務を負わせる可能性を含んでいるようでもある．実際ミラーは，ロールズとトマス・ネーゲルに従って，「同一の正義の原理ないし諸原理は，それが適用される人間的実践や人間関係のいずれにも妥当するという観念」である「一元論」を拒絶している．だが他方で，ネーゲルが採用している「単純な二元論」，すなわち「社会・経済的な正義の諸原理は主権国家の領域内でのみ通用するのであり，国境の外では正義の消極的な義務と人道主義的な義務だけが負わされるとする観念」も拒絶している（Miller 2007: 277 = 2011: 334-335）．この重要な点について，ミラーは具体的に次のように述べている．

分配的正義にまつわる諸問題は，多様な人間的結合の形態の中で生じているのであって，たとえば職場，学校，教会，そして家族においてさえ，強制力による脅しは本質的な役割を担っていない．もちろんそうした人間的結合は，通常は国境の内部に存在しているのであるが，国境内部での利益と負担の分配が正義の諸原理に服する理由を説明する上で，この事実が決定的に重要であるとは思えない．賃金の公平性をめぐる問題は，国内企業で生じるのと同様に，多国籍企業においても生じる．平等な処遇の原則は，ローマ・カトリック教会の構成員だけでなく，他の国際的な教会の構成員にも，そしてその他の教会の構成員にも適用される．ネーション横断的な次元で個人と集団との間に存在している一連の複雑な関係（強制力を伴う関係もあれば，そうでないものもある）を考慮するならば，こうした複雑さを反映したグローバルな正義の理論を発展させる必要があり，それは一元論でも単純な二元論でも不十分なのである．（Miller 2007: 277-278 = 2011: 335, 傍点は筆者）

このような「多層的な倫理的立場」（Tinnevelt and De Shutter 2011）をとるミラーが認めるだろう「ネーション横断的な次元で個人と集団との間に存在している一連の複雑な関係」の一つとして，グローバルな市場経済があるだろう．ポスト・ウェストファリア的な国際社会における新しい規範の源流として，有機体的な相互依存に着目しているカルロス・コードリエール＝リアルによれば，この相互依存こそが，連帯に基づく一群の規範をもたらすのであり，その規範の一つとして社会正義に関する積極的義務がある（Cordourier-Real 2010）．もし関係の複雑さを考慮に入れたグローバルな正義の理論が必要なのであれば，正義の義務を積極的に遂行する主体として，ネーション以外の主体も大いに考えうるだろう．

だが，ミラーは「国際的協働の参加諸国のあいだで純利得を平等にするために，協働の費用と便益を公正に配分すること」の具体的な方法としては，国家間の経済的取り決めの公正さ，つまり彼の言葉では「貧しい社会に発展のための適切な機会を与えるような規則をそなえた国際秩序」の確保があると述べる

にとどまっている（Miller 2007: 251-253 = 2011: 302-303）．

　このような留保がなされる理由は，ミラーがネーションに第一義的な価値をおくナショナリズムの立場から「社会正義とグローバルな正義の区別」を行っている．否，行わなければならないことにあるのだろう（Miller 2007: 17 = 2011: 24）．ミラーによれば「社会正義は，国家がその市民に対してさまざまなものを積極的に提供することを要求する．もし政府の怠慢のために，市民が適切な医療サービスや住宅供給，あるいは高齢者支持を受けられないまま放置されているとしたら，それは不正行為なのである」（Miller 2007: 256 = 2011: 306）．他方でミラーは，グローバルな正義について，「人びとが自分たちには責任のない，社会の外部で起こった出来事の結果として，人間らしい生活を送ることができない場合，彼らを支援する一般的な責任が課されるのであり」，それにより国家や自発的組織といった一定の行為主体に「救済責任が発生し，それが正義の義務を生じさせる」としている（Miller 2007: 254-255 = 2011: 304）．ここでミラーが説く社会正義と，グローバルな正義は，困窮した人々を積極的に支援するという点では同じである．

　そのためミラーは，グローバルな正義の原理の一つである「国際的協働の参加諸国のあいだで純利得を平等にするために，協働の費用と便益を公正に配分すること」を，グローバルな社会的正義の原理とは呼ばない．もし呼ぶとするならば，「社会正義とグローバルな正義の区別」が危うくなってしまうからだ．したがって，ミラーによる「社会正義とグローバルな正義の区別」は，世界を分断する政治的な単位をネーションとすることによるものであり，仮に彼がその「多層的な倫理的立場」から「ネーション横断的な次元で個人と集団との間に存在している一連の複雑な関係」の正義について考察を深めてゆくならば，その区別の意義は薄まり，またネーション横断的な次元で世界をつなげる正義の遂行主体について構想することができると思われるのである．

4　多国籍企業の政治的責任

　本節では，スイスのザンクトガレン大学でビジネス倫理学を講じるフロリアン・ヴェットシュタインが2009年の著作『多国籍企業とグローバルな正義

――準政府的制度が有する人権に関する責務』で展開している議論の要点を見てゆくことで，グローバルな正義における多国籍企業の政治的責任に関する考察の端緒としたい．

(1) 正義の遂行主体 (agents) としての多国籍企業

　本章のエピグラフにある問いを立てるヴェットシュタインは，オノラ・オニールの「正義の遂行主体 (agents of justice)」論に従って，正義の遂行主体を第一義的なもの（主要なもの）と第二義的なもの（副次的なもの）に峻別している[8]．正義の遂行主体は，正義を遂行する力があり，統制がきき，またケイパビリティがある主体を意味するのだが，現代社会では「社会の支配的な諸制度として言及されるもの，つまり他の諸制度や諸個人に対してある一定の権威を行使する諸制度」(Wettstein 2009: 155) が主要な遂行主体であり，これは社会のまっとうさに対して最も影響力をもつとされる．他方で副次的な遂行主体とは，主要な遂行主体の要求を充たすことで，正義の実現に寄与する類いの諸制度のことである．

　正義の主要な遂行主体は従来，国家とそのドメスティックな諸制度であると想定されてきた．グローバルな領域においても，国際正義の主題と遂行主体は，国家であるとされてきた．それ以外の諸制度と諸個人は，正義の副次的な遂行主体だと考えられてきたのである．だが，国連やWTO，IMFや世界銀行といった国際機関の存在感が増している今日では，正義の主要な遂行主体を国家に限定することは難しくなっている．他方で，国家が自国民の人権の保障に失敗しているどころか，自国民の人権に危害を加えていることも，よく知られた事実となっている．さらに，国家の排他的なコントロールからこぼれ落ちた領域も増え続けている．

　そこでヴェットシュタインが着目するのが，さまざまな領域でトランスナショナルな影響力をおよぼしている主体の一つであり，また「ある種の不正な諸状況を変革するために必要とされるケイパビリティを実際のところ効果的に維持している遂行主体」である (Wettstien 2009: 160-161)，多国籍企業である[9]．ここで多国籍企業とは，一般に「一カ国以上で，諸活動，つまり事業もしくは所得を生みだす資産を所有しかつコントロールする企業」として定義され，そ

の特徴はクロスボーダー的な組織構造であるとされている（Wettstien 2009: 10）[10]．

このようにヴェットシュタインは多国籍企業に白羽の矢を立てているが，グローバルな正義の文脈では，多国籍企業はこれまで，批判の対象であることがむしろ多かっただろう．スーザン・ジョージによるアグリビジネスへの根本的な批判や（ジョージ 1984），より最近ではピーター・シンガーやポッゲによる原油採掘企業や製薬会社への批判などがある（Singer 2002 = 2005, Pogge 2008 = 2010）[11]．

しかし，多国籍企業に影の側面があるとすれば，光の側面もある．1999 年の世界経済フォーラムで当時の国連事務総長コフィ・アナンが提唱した「グローバル・コンパクト」は，多国籍企業を，人権，労働，環境，腐敗防止の分野におけるグローバルな正義の遂行主体とみなすものとなっている[12]．また，現今の国際経済秩序がグローバルな貧者に加害的であることを率先して問題視してきたポッゲも，近年では，医薬品の「新薬開発レジーム」を提唱し，グローバルな正義において多国籍企業が果たしうる責任を論じている．このレジームは，製薬会社とバイオテクノロジー企業のイノベーションの観点からそれら企業が有する特許権を保護する必要性に鑑みて，各国政府の拠出による「ヘルスインパクト基金」を設置し，新薬開発の効果（どれだけの人命が救われたか）に応じて，基金から各企業に対して報奨金を与えるという制度である．ポッゲによれば，このインセンティブがうまく働けば，企業は新薬の価格をなるべく安くすることで，できるだけ多くの人に利用してもらおうとするはずである（Pogge 2008 = 2010）．

(2) 準政府的制度としての多国籍企業

グローバルな正義において企業が果たしうる責任については，これまで積み上げられてきた CSR（企業の社会的責任）論やフェアトレード論から学ぶところが大きい．そのなかでヴェットシュタインの議論にある新しさは，彼が多国籍企業を，グローバルな領域における「準政府的制度」として位置づけようとしていることにある[13]．

では，この「準政府的制度」とは何か．少し長いが，ヴェットシュタイン自

身に説明してもらおう．

> グローバルな政治経済において，規制が不足しているグローバル市場の広がりと並行して，国家によるコントロールが縮減しているというまさにこの文脈において，多国籍企業が唯一無二の主要な制度でないにせよその一つとして登場してきた．多国籍企業は国民政府の制御から少なくとも部分的には逃れているし，また人々と市場に対してだけではなく，諸政府に対してさえますます，権威（authority）を有するポジションを得てきた．今日，こうしたトランスナショナルなネットワーク型の組織は，グローバルなレベルで，私が「準政府的」と呼ぶつもりのポジションで，実効的に作用している．多国籍企業に新しい種類の正義の責務を生じさせるのは，この権威を有するポジションである．この正義の責務は，伝統的には政府と排他的に結びついてきたものである．（Wettstien 2009: 13-14）

このように，多国籍企業がグローバルな政治経済において有するようになった権威によって，その政治的責任が生まれるのである．

そして，多国籍企業は公共的なものでもある．ヴェットシュタインによれば，新古典派のビジネス・モデルでは，企業の目的は利潤の最大化であり，企業の力は蓄積された富の量で測られる．そのため「私企業」の力は市場内部での分析対象となってきたが，他者との関わりのなかで成立する「平等な自由」が本来的に公共的なものであるのと同様に，その方針や活動が人々の生活に影響する企業も本来的には公共的なものである（Wettstein 2009: 181-183）．経営学者ピーター・ドラッカーにならってこの力を構造的な力と捉えるヴェットシュタインは，グローバルな社会のなかで国家による統制から自律した存在となりつつある，正義の主要な遂行主体として行為する多国籍企業の道徳的責任とは，何であるかを問うている（Wettstein 2008: chap. 8）[14]．たしかに，毎年スイスのダボスで開催される世界経済フォーラムの年次大会の出席者には各国首脳に比肩するように多国籍企業のトップたちが連なっていることからしても，ヴェットシュタインが述べているように，企業には政治的で公共的な力があることが見てとれるだろう．

(3) 多国籍企業の責任

それでは多国籍企業の責任とは何か．ヴェットシュタインは「権利基底的なコスモポリタン的正義の観点から」次のように述べている．

> 権利基底的なコスモポリタン的正義の観点から多国籍企業の社会的役割を吟味すると，コーポレート・シティズンシップ（社会の一員としての企業の義務）および企業の社会的責任の伝統的解釈の諸前提に別れを告げ，次の段階に移るべきことが示唆される．社会的責任の議論を諸徳の領域を超えて社会正義の圏域まで拡張し，また企業の社会的責任という概念と通常は結びつけられている自発性の想定を捨てるべきことが示される．正義の責務は自発的なものでも潜在的な経済的ペイオフに依存するものでもない．それは道徳的に負われたものであり，ゆえに無条件でかつ強制的なものである．（Wettstein 2009: 280, 丸括弧内は筆者）

このように，多国籍企業の責任は〈慈善の義務〉ではなく〈正義の義務〉であるというのが，ヴェットシュタインの回答である．だが彼は多国籍企業の責任を「正義の責務」に限定することなく，より緩やかな「徳基底的な諸義務」や「選択的で自発的な責任」といった他の種類の道徳的責任をもあわせもつホーリスティックな枠組みのなかで捉えようとしている．彼の構想においては，先に示唆したように企業の力は富の量ではなく構造変革のケイパビリティで測られるのだが，このケイパビリティのある企業が，正義の遂行主体としての義務を負う．この「ケイパビリティの原理」は，咎めのある主体にその分に応じて義務を分配するという「寄与原理 (contribution principle)」とは異なる（Wettstein 2008: 137)[15]．多国籍企業のケイパビリティに応じて，その道徳的責任の度合いも変化するのだ．

具体的な責任の果たし方としてヴェットシュタインが掲げる事例の一つは，「ブラッド・ダイアモンド」の名称で知られるアフリカの紛争地帯の鉱業および鉱産物の貿易に携わる企業に代表されるような人権侵害につながるビジネスを行わないこと，つまり人権侵害への直接的・間接的な「共謀 (complicity)」

に携わらないことである．また，リーバイ・ストラウスやGAPといったアパレル企業のグローバルな価値連鎖を通じた人権の保護もある．さらに，人権侵害を行っている不正な政府に対して，その経済的・政治的な影響力を用いて侵害を止めるよう説得することも，強力な多国籍企業の責務として考察されている（Wettstein 2009: chap. 9）．

多国籍企業の社会的責任を正義の観点で捉えることは，企業の振る舞いが人びとの道徳的権利に対してどのような帰結をもたらすかに着目すべきことを意味する（Wettstein 2008: 281）．そうした振る舞いの効力は，ヴェットシュタインがみずから指摘しているように，それら企業が途上諸国にはびこる社会的問題を経済成長ではなく人権の観点で解釈する能力と，それら企業のビジネス・モデルが人権の実現にどれだけ供与しうるかにかかっている（Wettstein 2009: 317）．相互有利性を条件としない，それ自体が善であるグローバルな社会的協働はグローバルな分配的正義を要求するが，そこで分配されるのは人権保障という価値にかかわる便益と負担であり，その遂行主体の一つとして多国籍企業がある．ネーションや国家に限定されない政治的な遂行主体を構想し，それに世界をつなげる責任をもたせたヴェットシュタインの議論は，昨今のグローバルな正義論に，風穴を一つ，空けてくれたように思える．

5 おわりに

2013年10月，安倍晋三首相がトルコを訪問し，大成建設他が受注したマルマライ・プロジェクトの開通式典に参加し，シノップ原発プロジェクトの三菱重工とフランスアレバ社のトルコ政府との契約締結を祝賀した[16]．このことからも見てとれるように，政府の実務は企業の事業と直に交わっている．もはや国を挙げての海外での公共事業が展開されているといっても過言ではないだろう．各国の政治的アジェンダ，そしてそれを支えている，あるいはそれに異をとなえている生活者たちの思想は，グローバルな市場経済社会のなかで，多国籍企業の影響をたしかに受けている．

本章で素描的に紹介したヴェットシュタインが注意深く指摘しているように，「新たに登場してきた正義の主要な遂行主体は，国民国家を全面的にとって代

わるものではない．そうではなく，国民国家が弱体化しつつある特定領域においてそれを補完するものである」（Wettstein 2009: 161）．多国籍企業の位置づけがあくまでも「準政府的」であるのは，このためである．正義の遂行主体としての多国籍企業が形成する「準政府的制度」は，あくまでも，包括的なグローバル正義の構想におけるサブシステムであることが，強調されるべきであろう．

　だがサブシステムではあっても，重要であることに変わりはない．グローバルな社会における人間の生活は，国境を越える他者とのつながりのなかにある．正義の遂行主体として多国籍企業がもつべき市場原理を超えたモチヴェーションは，「公平な観察者」たらんとする個々の生活者の倫理と，それを根底におく法によって，高められるものではないだろうか．

注
(1) センの潜在能力アプローチを基底とした「開かれた不偏性」のグローバルな構想については，本書第3章（後藤）に詳しい．
(2) ロールズが「諸人民の法」で想定している「人民」は，自己完結的でナショナルな共同体であり，外部に対して主権を有しているというように，現今の主権国家システムにおける国家に近似しているため，本章ではこの観念に特段の検討を加えずに議論を進める．
(3) 全部で八つからなる「諸人民の法」の第8原理がこの「援助義務」であり，具体的には「諸人民は正義に適ったあるいはまっとうな政治的・社会的制度の実現を妨げるような不利な条件の下にある他の諸人民を援助する義務を有する」と定められている．
(4) ここで述べられている「基本的必要」とは，各自がその所属する社会の権利，自由，機会を利用しうる状態であるために充足されているべきもので，経済的手段と制度的な権利および自由が含まれる（Rawls 1999b:38）．
(5) ロールズは人為的な「責務（obligation）」と自然本性的な「義務（duty）」を区別している．後者には①「相互援助の義務」と②「他者に危害を加えない義務」および「他者に不必要な苦しみを生じさせない義務」が含まれる．契約説では社会的協働は人為的なものであるから，ロールズにそくしていえば，社会的協働がもたらす便益と負担に関する責任すなわち分配的正義に関する責任は「責務」，それ以外の自然本性的な責任は「義務」に置き換えることが適切なのかもしれない．
(6) 2014年度のダボス会議（世界経済フォーラム年次大会）に先駆けて，国際NGOのオ

216　II　制度と実践

　　ックスファムは，世界人口の最富裕層1％が世界の富の半分を独占していること（世界の最富裕85人の資産総額が世界人口の半分の総資産額と等しいこと）を発表した．
（7）ミラーの人権論の根拠の希薄さについてKamishima 2014を，それに対するミラーの応答としてMiller 2014を，それぞれ参照されたい．
（8）ここでヴェットシュタインが参照しているのは，オニールの二論文（O'Neil 2001; O' Neil 2004）である．
（9）ここでケイパビリティは，「所得，富，資源もしくは機会を，所望の達成・成果（achievements）に変換する能力」と解釈しうるとされており（Wettstein 2009: 192），センのケイパビリティ論に類似のものとなっている．
（10）『広辞苑』（第六版）によれば，多国籍企業は「対外直接投資を行って，複数の国に定着した生産と流通の拠点をもち，国際的規模で事業活動を行う企業．多くの国に子会社や在外支社をもち，売上高・資産・収益・雇用などの海外比率が高い．超国籍企業」である．
（11）グローバル・フードシステムの不正義に企業が関与している可能性について，本書第7章（伊藤）が示唆深い．
（12）「グローバル・コンパクト」には10の原則があり，それらは次のとおりである．原則1：企業は，国際的に宣言されている人権の保護を支持，尊重すべきである．原則2：企業は，自らが人権侵害に加担しないよう確保すべきである．原則3：企業は，組合結成の自由と団体交渉の権利の実効的な承認を支持すべきである．原則4：企業は，あらゆる形態の強制労働の撤廃を支持すべきである．原則5：企業は，児童労働の実効的な廃止を支持すべきである．原則6：企業は，雇用と職業における差別の撤廃を支持すべきである．原則7：企業は，環境上の課題に対する予防原則的アプローチを支持すべきである．原則8：企業は，環境に関するより大きな責任を率先して引き受けるべきである．原則9：企業は，環境に優しい技術の開発と普及を奨励すべきである．原則10：企業は，強要と贈収賄を含むあらゆる形態の腐敗の防止に取り組むべきである．これらについて，国連グローバル・コンパクトのURLを参照．(http://www.unglobalcompact.org/AboutTheGC/TheTenPrinciples/index.html)．訳語はグローバル・コンパクト・ジャパン・ネットワークのURL（http://www.ungcjn.org/gc/principles/index.html）から拝借した．
（13）これは「準公共的制度（quasi-public institution）」とも呼ばれる．
（14）ここで参照されているドラッカーの著作は，Drucker, 1993 = 1993である．
（15）これはアイリス・マリオン・ヤングの「政治的責任」概念と類似のものであり，またその概念によって補強されるものであるとされている（Wettstein 2008: 137）．
（16）安倍首相のトルコ訪問について，次の外務省のホームページを参照．http://www.mofa.go.jp/mofaj/kaidan/page18_000094.html

参考文献

Cordourier-Real, Carlos R., 2010, *Transnational Social Justice*, London: Palgrave Macmil-

lan.
Drucker, Peter F., 1993, *The Post-capitalist Society*, New York: Harper Business（＝上田惇生・佐々木実智男・田代正美訳 1993『ポスト資本主義社会── 21 世紀の組織と人間はどう変わるか』ダイヤモンド社）.
Freeman, Samuel, 2006, "Distributive Justice and The Law of Peoples," in R. Martin and D. Reidy (eds.), *Rawls's Law of Peoples: A Realistic Utopia?* Oxford: Blackwell.
――, 2007, "The Law of Peoples, Social Cooperation, Human Rights, and Distributive Justice," in *Justice and the Social Contract: Essays on Rawlsian Political Philosophy*, New York: Oxford University Press.
Kamishima, Yuko, 2014, "Needs, Capabilities and Global Justice," in Tetsu Sakurai and Makoto Usami (eds.), *Human Rights and Global Justice: The 10th Kobe Lectures, July 2011*, Stuttgart: Franz Steiner Verlag.
Miller, David, 2007, *National Responsibility and Global Justice*, New York: Oxford University Press（＝富沢克・伊藤恭彦・長谷川一年・施光恒・竹島博之訳 2011『国際正義とは何か──グローバル化とネーションとしての責任』風行社）.
――, 2011, "National Responsibility and Global Justice," in H. De Schutter and R. Tinnevelt (eds.), *Nationalism and Global Justice: David Miller and His Critics*, London: Routledge.
――, 2014, "Human Rights and Global Justice: A Response," in Tetsu Sakurai and Makoto Usami (eds.), *Human Rights and Global Justice: The 10th Kobe Lectures, July 2011*, Stuttgart: Franz Steiner Verlag.
O'Neil, Onora, 2001, "Agents of Justice," *Metaphilosophy* 32 (1-2): 180-195.
――, 2004, "Global Justice: Whose Obligations?" in Deen K. Chatterjee (ed.), *The Ethics of Assistance: Morality and the Distant Needy*, Cambridge: Cambridge University Press, pp. 242-259.
Nussbaum, Martha C., 2006, *Frontiers of Justice: Disability, Nationality, Species Membership*, Cambridge, Mass.: Harvard University Press（＝神島裕子訳 2012『正義のフロンティア──障碍者・外国人・動物という境界を越えて』法政大学出版局）.
Pogge, Thomas, 2008, *World Poverty and Human Rights*, 2nd ed., Cambridge: Polity Press（＝立岩真也監訳 2010『なぜ遠くの貧しい人への義務があるのか──世界的貧困と人権』生活書院）.
Sen, Amartya, 2009, "Intoroduction," in Adam Smith, *The Theory of Moral Sentiments*, London: Penguin Classics.
――, 2010, *The Idea of Justice*, London: Penguin Books（＝池本幸生訳 2011『正義のアイデア』明石書店）.
Rawls, John, 1996, *Political Liberalism*, expanded ed., New York: Columbia University Press.
――, 1999a, *A Theory of Justice*, revised ed., Cambridge, Mass.: Harvard University

Press（＝川本隆史ほか訳 2010『正義論 改訂版』紀伊國屋書店）.
———, 1999b, *The Law of Peoples*, Cambridge, Mass.: Harvard University Press（＝中山竜一訳 2006『万民の法』岩波書店）.
Singer, Peter, 2002, *One World: The Ethics of Globalization*, New Haven and London: Yale University Press（＝山内友三郎・樫則章監訳 2005 『グローバリゼーションの倫理学』，昭和堂）.
Tinnevelt, Ronald and Helder De Schutter, 2011, "Global Justice as Justice for a World of Largely Independent Nations? From Dualism to a Multi-level Ethical Position," in Helder De Schutter and Ronald Tinnevelt (eds.), *Nationalism and Global Justice: David Miller and His Critics*, London: Routledge.
Wettstein, Florian, 2009, *Multinational Corporations and Global Justice: Human Rights Obligations of a Quasi-Governmental Institution*, Stanford: Stanford University Press.
ジョージ，スーザン（小南祐一郎・谷口真理子訳）1984『なぜ世界の半分が飢えるのか──食糧危機の構造』朝日新聞社.

Comment
社会契約説とグローバル正義論

桜井　徹

　第8章（神島論文）は，アダム・スミス，アマルティア・センをはじめとするグローバルな正義の枠組の構想を，ロールズ批判を足がかりに構想しており，非常に論旨が明快で興味深い論文です．この神島論文の要諦は，後半部分のヴェットスタインの著作『多国籍企業とグローバルな正義』の紹介とそれに対する共感にあると思いました．以下，二つの点でコメントしたいと思います．

　まず，著者の論旨そのものに関わるものではありませんが，何度か繰り返されるマーサ・ヌスバウムと神島さんの社会契約説への評価についてです．この点では，私自身の認識とずれがあります．たとえば神島論文は，ヌスバウムのロールズ批判を引いて，「ロールズが「相互有利性」を持ち出すのは彼が社会契約説を取っているからであ」る（200頁）と主張し，その結果，ロールズは相互有利性にこだわるがゆえに，「障碍者，外国人，人間以外の動物を，第一義的な正義の対象から本質的に排除する」（201頁）と述べています．その他にも，「社会契約説をとる正義論の限界」（201頁）といった表現から，社会契約説という枠組が，ロールズのグローバル正義論の妨げになっているというのが基本的な考え方のようです．

　しかし，私自身は，社会契約説の射程と含意をもっと慎重に見極めなければならないと考えています．社会契約説の歴史を振り返ると，ロールズのいう合意当事者間の相互有利性（mutual advantage）は，社会契約の必要条件では必ずしもありませんでした．たとえばロックは端的に，「どれほどの人数であろうと，人々が結合して一社会を構成し，その結果，すべての人が自然の法の執行権を放棄してそれを公共の手に委ねるときはいつでも，そこに，またそこにのみ，政治社会，あるいは市民社会がある」といっています（『統治二論』89節）．つまり，自然法の執行権，具体的には裁判権と刑罰権を自然人が分有す

ることなく，共同社会に譲渡し，その裁判権，刑罰権に服する意思を示したときに，政治社会を成立させる社会契約が成り立つと考えます．これは，ホッブズ，ルソーにもいえる点です．

　相互有利性をめざして，当事者たちは社会契約を選んだのではないという点は重要です．とりわけロックの場合明らかなように，経済的利得のための相互行為は自然状態ですでに想定されているからです．ロールズにおける社会契約では《相互有利性のための共同的企て》という点が重要ですが，そういったいわば《経済的利得のための合意》というニュアンスは，社会契約説の系譜に照らせばむしろ異質なもので，ロールズ独特の社会契約説理解です．

　社会契約説の系譜においては，自然状態における個人がみずからの自然権を放棄することが最も重要な契機で，したがってこの放棄はあくまでも自発的な選択に依存しています．ロックにとって，すべての人間が自然権を放棄しなければならないということはなく，この社会契約に参加する人もいれば，参加しない人がいてもかまいません．自然権の放棄は個人の自発的な選択であることが，ロックにとっては重要でした．

　ここを理論的に突き詰めて考えると，とくに最近数十年間に議論されている政治社会の《メンバーシップの境界線》問題に関して，社会契約説の伝統は問題を抱えていることが見て取れます．この点は注目に値すると思います．つまり，リベラルな民主主義国家の成員資格の画定は，じつは社会契約説の伝統だとうまく説明できない．ロックの合意理論に従って，リベラルな国家の成員資格が，加入を希望する個人——政治社会が成立したあとでは「移住者」になります——の自発的合意のみに依拠するのであれば，その政治社会は，当該政治共同体への忠誠を誓い，立法権や裁判権などが課する国民の義務を遵守する意思を表明するすべての人間を，外国人であろうと誰であろうと，すべて受け入れなければならなくなります．それを拒絶する論理を社会契約説はもちません．

　ところが，現実の世界ではそんなことはなく，リベラル国家といえども，生まれや血統によって構成員の包摂と排除を行ってきました．これはいまも変わらない事実です．アルバート・ジュールは，「自発的合意によっては，境界線の設定を正当化できない」という評価すらしています．そのように考えると，社会契約説の基本的方向性は《排除》よりむしろ《包摂》に向けて大きな可能

性をもつといえないでしょうか．一定の権力に包摂されることをみずから望む個人に対して，社会契約説が拒む固有の論理をもたないという点は，社会契約説の――実践的欠陥としてよりも――理論的豊穣さとしてもっと注目されていい．もちろん，ヌスバウムが言及する《動物》になると難しい問題があるでしょう．しかし私自身は，障碍者，外国人等に対する社会契約説の包摂可能性にもっと着目して，そこからグローバル正義の新たな枠組を構築するという方向性も追究に値するのではないかと思っています．

　2点目は，ヴェットスタインそして神島論文が，オノラ・オニールの論文を引用しつつ，多国籍企業を「正義の遂行主体」として位置づける点についてです．

　オニールのいくつかの洞察は，ヴェットスタインと神島論文の根底にある認識をおそらく提供しており，非常におもしろく思いました．たとえばオニールは，「企業が利益の最大化だけに関心をもつという想定は，国家が自己利益からのみ行動するという「リアリズム」の想定と同じようなものに，私には見える」といいます．要するに，どちらもナイーブであり，「責任を負う会社または企業という観念は，リベラルな国家という観念に負けず劣らず一貫している」というわけです．意表を突くような説得力を私は感じました．つまり，私たちが《リベラルな国家》を信じるのであれば，《責任をもつ会社》もそれに劣らぬほどリアリティをもつ観念ではないかというのが，オニールのいわんとするところです．

　オニールは，神島論文と同じく，多国籍企業のケイパビリティは非常に豊かで幅広いという点に着目して，「多国籍企業は，いっそうの正義にも，いっそうの不正義にも寄与する広範なケイパビリティをもちうるし，発展させうる」とか，「企業の力はそこそこ正当な国家を支援し，強化するために使用することができる」と述べています．ただし，気になるのは，オニールが，多国籍企業が行いうることを描写するときに必ず"can"という助動詞を用いている点です．いま私は「うる」と訳しましたが，彼女が"can have"あるいは"can be used"と述べるときは，単なる可能性の表現としても読み取れることに注意が必要です．可能 (can) は，義務 (ought) も必然 (must) も含意しません．極端なことをいえば，可能性ならば何についてもいえるので，可能性をいかに実

現させるか，そしてその仕組み，制度をいかに構築するかこそが重要です．

　さらにいえば，多国籍企業は「正義の遂行に際して，誰に対して責任を負うのか」という疑問も，払拭されないままでいます．リベラルな民主主義国家は，どんな国も――日本の場合も――曲がりなりにも立憲主義的憲法によって，国民に対して，たとえば「健康で文化的な最低限度の生活を営む権利」（憲法25条）を保障する責務を課せられています．この場合，国家が誰に責任を負うのかは立憲主義の構造により明確にされています．他方，多国籍企業のアカウンタビリティの対象はいったい誰なのか．それは消費者なのか，労働者なのか，地域住民なのか，個々の政府なのか，あるいはもっと広い範囲の人々なのか．これについてはもっと掘り下げた検討が必要だと感じました．

　神島論文の末尾には，「多国籍企業がもつべき市場原理を超えたモチヴェーション」（215頁）という，やや足早な言及があります．神島論文は，このモチヴェーションが「「公平な観察者」たらんとする個々の生活者の倫理と，それを根底におく法によって，高められる」と結論づけるわけですが，ここが最も重要で最も難しい問題ではないでしょうか．つまり，多国籍企業が市場原理を超えたモチヴェーションをもつといったときに，その根拠は何なのか，また，このモチヴェーションはどれだけの射程をもちうるのか．これら二つの課題をわれわれは課せられているように思います．このことはゆるがせにできないというのが，私自身の現在の認識です．

　神島論文は，注12でグローバル・コンパクトに触れています．これはたしかに，今日では参加企業の自発的なイニシアティブによって運営されているといろいろな場で広報されていますが，正式名称は"The UN Global Compact"で，1999年の世界経済フォーラム（ダボス会議）の席上で当時のコフィー・アナン国連事務総長が提唱したことに始まります．その意味では，出発点は国連のイニシアティブにあった．こういった由来もあらためて想起していいのではないか．これは出発点だけの問題にすぎないという評価も可能かもしれませんが，グローバル企業がもつ正義へのモチヴェーションが何に根拠をおき，どれだけの射程をもちうるのかはあらためて真剣に考えなければいけないと考えています．

人名索引

＊内容的に言及されている人名のみをあげた．

あ行
アーヌソン, リチャード　142
アナン, コフィ　211
安倍晋三　214
アリストテレス　94
アンダーソン, エリザベス　24, 172
井上達夫　29, 82, 96-98
ヴァレンティニ, ローラ　98
ヴェットシュタイン, フロリアン　199, 209-214, 216
ウェルマン, クリストファー　108
ウォルツァー, マイケル　117, 118, 172
エマニュエル, アルジリ　136-138, 155
置塩信雄　140
オニール, オノラ　4, 79, 210

か行
カント, イマヌエル　iii, 88, 89, 92, 94, 95, 99, 102
グッディン, ロバート　24
クリスプ, ロジャー　10-12
グリフィン, ジェイムズ　20
グレン, パトリック・H.　46
ケント, ジョージ　180, 181
コーエン, ジェラルド　142
コードリエール＝リアル, カルロス　208
コール, フィリップ　114, 120

さ行
サミュエルソン, ポール　137
シャンバッファー, ウィリアム　188
シュー, ヘンリー　3, 9, 14
ジョージ, スーザン　211
ジョーンズ, チャールズ　170
シンガー, ピーター　3, 4, 85, 89, 92, 97, 173, 177, 211
スキャンロン, トマス　206

スミス, アダム　71, 140, 197, 198
セン, アマルティア　iii, 10, 55-57, 62, 64, 65, 67, 69-71, 73-75, 78, 190, 197, 198, 215

た行
ダイアモンド, ジャレド　126
タン, コク‐チョー　94, 206
ドゥオーキン, ロナルド　8, 46, 49, 82, 97, 142, 172
ドラッカー, ピーター　212, 216

な行
ニールセン, カイ　28
ヌスバウム, マーサ　4, 200, 202
ネーゲル, トマス　70, 82, 207
ネスレ, マリオン　178, 186

は行
パーフィット, デレク　9, 10, 23
ハッスーン, ニコル　99, 184
パテル, ラジ　178, 179, 182
バリー, ブライアン　206
ハルサニー, ジョン　58
プーフェンドルフ, ザミュエル・フォン　95, 96
ブキャナン, アレン　85
プラトン　94
フランクファート, ハリー　10, 11
フリーマン, サミュエル　199, 203-206
ブローセリス, ニコラス　139, 143, 144, 147, 148, 164
ベイツ, チャールズ　3, 4, 19, 170, 206
ベンハビブ, セイラ　111
ホーフェルド, ウェズリー　94
ポーラン, マイケル　176
ポッゲ, トマス　iii, 3, 4, 23, 28, 29, 74, 85, 89-92, 96, 97, 99, 170, 183, 206, 211

ま行

マーリース, ジェームス　58
マスグレイブ, リチャード　58
マルクス, カール　135, 137, 139, 140, 161
ミーゼス, ルードヴィヒ・フォン　109, 127, 128
ミラー, デイヴィッド　29, 30, 47, 103, 113, 116, 124, 172, 199, 203, 207-209, 216
ミラー, リチャード　185, 191
ミル, ジョン・スチュアート　90, 204
森嶋通夫　140

や行

ヤング, アイリス・マリオン　172, 216

ヨプケ, クリスチャン　111

ら行

ライト, エリック・オーリン　139, 143, 146, 147, 149
ラズ, ジョゼフ　19
リカード, デイヴィッド　140
リッセ, マティアス　125, 126
ローティ, リチャード　19
ローマー, ジョン　139, 141-143, 148, 149
ロールズ, ジョン　iii, iv, 3, 35, 55-60, 62-71, 73-75, 78, 82, 93, 94, 113, 114, 170, 172, 191, 198-207, 215
ロバーツ, ポール　190

事項索引

あ行
足による投票　119
位置　65
　　──的客観性　70
移動の自由　109, 110, 112-115, 124
宇宙主義　85, 86
　　──者　98
運の平等主義者　123
援助義務　201
大きな政府　128
オーストラリア　126, 128

か行
加害　174, 182
間－位置的査定　70
環境破壊　126
関係主義　83, 86
　　──の問題点　84
関係的平等主義者　123
完全義務　95
帰化　111
危害　183
既得権　122, 127
逆相依存的厚生原理　147, 149, 150
強制　83, 98, 184, 185, 187, 188
匡正的正義　3
共和主義　119
グローバリゼーション　31
グローバル・コンパクト　211
グローバル・フードシステム　177-179, 181, 182, 184, 185, 188, 190
グローバルな経済的正義　3
グローバルな正義　3, 31
グローバルな分配的正義　3, 21
グローバル不正義　139
経済的搾取　146, 148, 149
経済的自由　115, 116

経済的脆弱性　145, 146
結社の自由　116, 117
合意の重合化　39
交易の利益　137, 139, 165
貢献インセンティブ　63
厚生主義　10
公正としての正義　58
構造調整　190
　　──プログラム　183-185
公平な観察者　197, 215　→「不偏的観察者」も参照.
功利主義社会厚生モデル　59
国際的搾取関係　165
国際的不等価交換　136, 137
　　──論　135, 166
コスモポリタン　108, 111, 114, 118, 122
国家主義　81, 82, 86, 97
コミュニタリアン　117
　　──ナショナリズム　118

さ行
搾取　185, 191
　　──（的）関係　138, 139, 149, 150, 160, 161, 163, 165, 166
仕送り　124
資源主義　10
実行可能性　87
自発的な不遇性原理　142, 149
市民的及び政治的権利に関する国際規約　112
社会契約　56
社会正義とグローバルな正義の区別　209
社会的協働　83, 199, 207, 214
　　──論　203
社会的コネクション・テーゼ　45
社会保障　122, 123
自由競争　122
私有財産　109

――権　115
自由時間　151, 160, 161, 164
自由主義　110, 127, 128
　――者　109
十分主義　4, 10-12
自由貿易　135, 139
　――均衡　137, 138
出国　109-111, 113-115
　――税　110
　――の自由　112
準政府的制度　199, 211
順応的選好形成　10, 11
准ヘクシャー＝オリーン定理　156
消極的義務　89, 91, 95, 96
　――論　90, 92
（状態）比較アプローチ　56, 72
食の工業化　175, 186
食料安全保障　183, 185
　――政策　188
食料主権　188, 189
所有関係的搾取（理）論　139, 141-143
自律性　184, 185
人権　5, 6, 13-16, 89, 91, 197, 201, 207, 214
　→「ヒューマン・ライツ」も参照.
　哲学的――観　19, 20
人口抑制　126
人道的介入　18
人道の義務　92-95, 99
人道の積極的義務　96, 100
シンボリック・ネットワーク　36
人類の共有財産　125
水準低下の異議　9
頭脳流出　124
生活習慣病　178, 187, 190
正義の義務　81, 89, 92-96
　正義の自然義務　→「正義の義務」を参照.
　正義の積極的義務　→「正義の義務」を参照.
正義の構成条件　33-36
正義の射程　81, 87
正義の情況　35
正義論　199
政治的リベラリズム　202
生存権　8, 9, 15, 16, 182, 186

政府間分業　16
世界市場再生産可能解　154, 158, 163
積極的義務　89, 91, 92, 95, 96
説明のナショナリズム　90
潜在能力アプローチ　10
相互性　60

た行
退出の自由　114
多国籍企業　198, 205, 207, 208, 210, 213
多数決　118
多文化主義　121
地球主義　81, 86, 87, 97
ティボー・モデル　119
適切な食への人権　180-182, 187-189
投下労働価値説　140
道徳感情論　197
道徳的コスモポリタニズム　85, 98
動物　98, 99
トレサビリティ　187, 191

な行
ナショナリスト　111, 113, 122
ナショナリズム　120
南北間の搾取関係　162
難民　108, 112
日本　107-109, 112
日本国憲法22条　112
入国　109-115
人間社会の一般的事実　65
人間的ニーズ　113, 116
人間の発展　22
ネットワーク　38

は行
排除原理　147, 149, 150
白豪主義　126
非関係主義　83, 85-87, 89
非搾取的な経済的抑圧　149, 150
非同一性問題　23
ヒューマン・ライツ　37　→「人権」も参照.
平等主義　9, 10
開かれた不偏性　57, 71

フードシステム　175, 177, 179, 180, 187
フード・ジャスティス　191
不完全義務　95
福祉国家　111, 120
不偏的観察者　11　→「公平な観察者」も参照.
文化的アイデンティティ　120, 121
分配的正義　3, 139, 142, 148
分配的不正義　149
ヘクシャー＝オリーン定理　154, 159, 160
ヘクシャー＝オリーン的自由貿易　164
ヘクシャー＝オリーン的貿易理論　137
貿易の利益　138

ま行
マルクス派的ヘクシャー＝オリーン型国際貿易モデル　152

無体財産権（知的財産権）　99
モラル・ネクサス　40

や行
優先主義　10
要素価格均等化定理　154, 155

ら行
リアリスト　122
リバタリアン　108, 115, 128
領有原理　147
歴史上の不正義　22, 23
労働の不均等交換　141, 146, 150
労働の不等価交換　163　→「労働の不均等交換」も参照.

執筆者紹介（50 音順，＊編著者）

伊藤　恭彦（いとう・やすひこ）
名古屋市立大学大学院人間文化研究科教授．政治哲学専攻．『貧困の放置は罪なのか』（人文書院，2010 年），『食の人権』（編著，リベルタス出版，2010 年），『国際正義とは何か』（デイヴィッド・ミラー著，共訳，風行社，2011 年），『さもしい人間』（新潮新書，2012 年）ほか．

宇佐美　誠（うさみ・まこと）＊
京都大学大学院地球環境学堂教授．法哲学専攻．『公共的決定としての法』（木鐸社，1993 年），『決定』（東京大学出版会，2000 年），『法学と経済学のあいだ』（編著，勁草書房，2010 年），『ドゥオーキン』（共編著，勁草書房，2011 年），『法思想史の新たな水脈』（共編著，昭和堂，2013 年）ほか．

神島　裕子（かみしま・ゆうこ）
中央大学商学部准教授．政治哲学専攻．『世界政治を読み解く』（共著，ミネルヴァ書房，2011 年），『正義のフロンティア』（M. ヌスバウム著，翻訳，法政大学出版局，2012 年），『マーサ・ヌスバウム』（中央公論新社，2013 年）ほか．

後藤　玲子（ごとう・れいこ）
一橋大学経済研究所教授．経済哲学専攻．『アマルティア・セン』（共著，実教出版，2001 年），『正義の経済哲学』（東洋経済新報社，2002 年），『福祉の公共哲学』（共編著，東京大学出版会，2004 年），『福祉と正義』（共著，東京大学出版会，2008 年），*Against Injustice* (coeditor, Cambridge University Press, 2009),『正義への挑戦』（監訳，晃洋書房，2011 年）．

桜井　徹（さくらい・てつ）
神戸大学大学院国際文化学研究科教授．法哲学専攻．『リベラル優生主義と正義』（ナカニシヤ出版，2007 年），『自我の源泉』（C. テイラー著，共訳，名古屋大学出版会，2010 年），『はじめて学ぶ法哲学・法思想』（共編著，ミネルヴァ書房，2010 年）ほか．

施　光恒（せ・てるひさ）
九州大学大学院比較社会文化研究院准教授．政治哲学専攻．『リベラリズムの再生』（慶應義塾大学出版会，2003 年），『ナショナリズムの政治学』（共編著，ナカニシヤ出版，2009 年），『「リベラル・ナショナリズム」の再検討』（共著，ミネルヴァ書房，2012 年）ほか．

瀧川　裕英（たきかわ・ひろひで）
立教大学法学部教授．法哲学専攻．『責任の意味と制度』（勁草書房，2003 年）『立法学のフロンティア第Ⅲ巻立法実践の変革』（共著，ナカニシヤ出版，2014 年），$Judicial\ Minimalism : For\ and\ Against$ (coeditor, Franz Steiner Verlag, 2012) ほか．

長谷川　晃（はせがわ・こう）
北海道大学大学院法学研究科教授．法哲学専攻．『権利・価値・共同体』（弘文堂，1991 年），『解釈と法思考』（日本評論社，1996 年），『公正の法哲学』（信山社，2001 年），『法のクレオール序説』（編著，北海道大学出版会，2012 年）ほか．

松元　雅和（まつもと・まさかず）
関西大学政策創造学部准教授．政治哲学専攻．『リベラルな多文化主義』（慶應義塾大学出版会，2007 年），『実践する政治哲学』（共著，ナカニシヤ出版，2012 年），『平和主義とは何か』（中公新書，2013 年）ほか．

森村　進（もりむら・すすむ）
一橋大学大学院法学研究科教授．法哲学専攻．『権利と人格』（創文社，1989 年），『財産権の理論』（弘文堂，1995 年），『ロック所有論の再生』（有斐閣，1997 年），『自由はどこまで可能か』（講談社現代新書，2001 年），『増補版 政治における合理主義』（M. オークショット著，共訳，勁草書房，2013 年）ほか．

吉原　直毅（よしはら・なおき）
一橋大学経済研究所教授．理論経済学専攻．『マルクスの使いみち』（共著，大田出版，2006 年），『労働搾取の厚生理論序説』（岩波書店，2008 年），$Rational\ Choice\ and\ Social\ Welfare$ (coeditor, Springer, 2008) ほか．

グローバルな正義

2014年10月20日　第1版第1刷発行

編著者　宇佐美　誠

発行者　井　村　寿　人

発行所　株式会社　勁草書房

112-0005　東京都文京区水道2-1-1　振替　00150-2-175253
（編集）電話 03-3815-5277／FAX 03-3814-6968
（営業）電話 03-3814-6861／FAX 03-3814-6854
本文組版　プログレス・平文社・松岳社

©USAMI Makoto 2014

ISBN978-4-326-10238-9　Printed in Japan

〈(社)出版者著作権管理機構 委託出版物〉
本書の無断複写は著作権法上での例外を除き禁じられています。
複写される場合は，そのつど事前に，(社)出版者著作権管理機構
（電話 03-3513-6969，FAX 03-3513-6979，e-mail: info@jcopy.or.jp）
の許諾を得てください。

＊落丁本・乱丁本はお取替いたします。

http://www.keisoshobo.co.jp

著者	書名	副題	訳者・判型	価格
D・パーフィット	理由と人格	非人格性の倫理へ	森村進訳	10000 円
A・セン	合理的な愚か者	経済学＝倫理学的探究	大庭・川本役	3000 円
R・M・ヘア	道徳的に考えること	レベル・方法・要点	内井・山内監訳	4100 円
若松良樹	センの正義論	効用と権利の間で	四六判	3000 円
M・オークショット	政治における合理主義	［増補版］	嶋津・森村他訳	4500 円
瀧川裕英	責任の意味と制度	負担から応答へ	A5判	3500 円
P・シンガー	あなたが救える命	世界の貧困を終わらせるために今すぐできること	児玉・石川訳	2500 円
安藤馨	統治と功利	功利主義リベラリズムの擁護	A5判	4000 円
宇佐美・濱編著	ドゥオーキン	法哲学と政治学	A5判	3300 円

＊表示価格は 2014 年 10 月現在．消費税は含まれておりません．